“十四五”普通高等教育

电力供需分析预测方法

张福伟　编
牛东晓　主审

中国电力出版社
CHINA ELECTRIC POWER PRESS

内 容 提 要

全书共分8章。首先介绍了电力市场分析预测的概念和电力市场调研。其次，阐述了社会经济分析预测的步骤与内容、主要预测方法。再次，介绍了电力需求预测的分类与特点、电力负荷曲线及其特性指标和预测方法，包括经典预测方法、时间序列预测方法、回归预测方法、投入产出预测方法、灰色预测方法和定性预测方法等。最后，介绍了电力供应分析、电力供需分析及其未来发展趋势等。

本书可以作为普通高等院校电气工程、工商管理专业的本科生和研究生相关课程的教学用书，也可供从事电力规划、计划的工程技术人员和研究人员参考。

图书在版编目（CIP）数据

电力供需分析预测方法 / 张福伟编 .—北京：中国电力出版社，2022.1（2022.11重印）
"十四五"普通高等教育系列教材
ISBN 978-7-5198-5491-1

Ⅰ.①电… Ⅱ.①张… Ⅲ.①供电－市场需求分析－分析方法－高等学校－ 教材 Ⅳ.①F407.616.9

中国版本图书馆CIP数据核字（2021）第054081号

出版发行：中国电力出版社
地　　址：北京市东城区北京站西街19号（邮政编码100005）
网　　址：http://www.cepp.sgcc.com.cn
责任编辑：牛梦洁
责任校对：黄蓓　王海南
装帧设计：赵姗姗
责任印制：吴　迪

印　　刷：三河市航远印刷有限公司
版　　次：2022年1月第一版
印　　次：2022年11月北京第二次印刷
开　　本：787毫米×1092毫米　16开本
印　　张：10.25
字　　数：253千字
定　　价：32.00元

前　言

电力是一种难以大量储存、产供用同时完成的特殊商品，电力工业又是技术和资金密集型产业，在资源稀缺的环境条件下，做好电力市场分析预测工作十分重要和必要。

电力市场分析预测工作是促进电力工业健康稳定发展的重要环节，也是做好电网公司与发电公司战略、规划工作和经营活动的基础。为适应社会主义市场经济体制的要求，以经济效益为中心，了解市场，分析市场，研究市场，把握市场，立足市场，必须做好电力市场的分析预测工作，深入研究电力市场的供需状况及未来走势。

本书内容主要包括电力市场调研，社会经济分析与预测，电力需求预测及方法，电力供应分析，电力供需分析，电力供需分析的发展趋势。本书内容具有实用性和综合性。实用性是指对国民经济、社会和电力消费历史数据进行分析，发现其演变规律，从而预测中长期的电力需求和供给，是做好电力规划的前提；综合性是指中长期电力需求预测涉及的电力系统和用户用电特性、区域经济社会规划和预测方法等多方面的知识综合运用。通过本书的学习，学生可以掌握中长期电力供需预测的基本理论与方法，培养分析问题与解决问题的能力，为从事相关工作奠定基础。

本书得到华北电力大学与北京市共建工商管理特色专业建设基金的资助，在此表示感谢。感谢研究生阿迪娜·卡尼、杨静在书稿写作过程中给予的帮助。

本书在编写过程中参考了国内外出版的一些专著、教材、期刊文章以及一些研究生论文，在此谨向这些专著、教材、期刊文章以及研究生论文的作者和出版单位表示诚挚的谢意。

限于编者的学识水平，有疏漏和不足之处，恳请读者批评指正。

张福伟

2021 年 9 月

目录

第一章 概 述

第一节 电力市场分析预测简介

一、电力市场分析预测的含义

电力市场分析预测是指运用科学的方法对影响电力市场供求变化的诸因素进行调查研究，分析和预见其发展趋势，掌握电力市场供求变化的规律，为电力市场发展决策提供可靠依据。

电力供求矛盾是电力市场中的基本矛盾，实际上电力供给和电力需求从来不会一致，但又必定要经常趋向于相互平衡。电力供求矛盾的运动有一定的规律性。电力市场预测就是调查过去和现在的已知，研究已知中的真实情况，分析真实情况的演变规律，掌握这个规律以判断未来。电力市场分析预测的可靠程度，取决于人们对电力市场中客观规律的认识程度。各种电力预测方法是否科学，也主要看它是否反映了电力市场中客观规律的要求。

电力市场分析预测是编制行业规划的基础，也是电力企业编制企业规划、计划、投资项目以及进行经营活动的基础。

电力市场分析和电力市场预测具有密切的联系，电力市场分析的目的是更准确地对电力市场进行预测。电力市场分析的内容包括：①国民经济发展与电力消费的关系；②国民经济发展形势和趋势；③电力市场结构，包括电源结构和电网结构，以及电源结构与电网结构的综合规划；④电力市场的需求侧分析等。通过电力市场分析，可以系统地研究全国电力供需发展变化历程及其走势，最重要的是找出电力供需平衡的发展变化规律，用以指导电力市场预测工作。

电力市场预测按照预测的期限长短可以分为中长期预测、年度预测和短期预测等，按照预测的内容可以分为电力供给预测和电力需求预测。电力需求预测又可以分为电量预测和电力负荷预测，“电量”是流量概念，是指在一定期限内电力需求的总量；“电力负荷”是存量概念，是指在某一时点上电力的需求情况，如高峰负荷、低谷负荷等。电力需求预测的重点是对电力负荷进行预测。电力供给预测主要是对电力的供应能力进行预测，包括对装机容量、发电量、电网运输能力、网省间电力电量交换能力等的预测。

二、电力市场分析预测的意义

电力作为基础性产业，对经济的发展具有重要的支撑作用。实践证明，电力供应不足会影响到经济的发展速度。例如，在“六五”期间我国电力供应严重短缺，用电增长速度明显低于经济增长速度，制约了经济的发展；“七五”期间由于实行多家集资办电政策，电力快速发展，以往积累的用电潜力得以释放，用电量快速增长，超过经济增长速度，为经济的增长创造了有利条件；“九五”后期开始，我国一些地区又出现了电力供应的紧张局面，2003年由于干旱天气和用电供煤急剧下降、全国用电负荷攀升等原因，全国共有23个省份出现电力供应紧张局面，严重影响了人们的生活和生产。电力供应紧张必将对我国经济的发展产生不利的影响；而电力供应能力过大，又会造成资源的浪费，甚至导致产生企业间的过度竞争，对生产的发展同样会产生不利影响。因此，我们需要对电力的供给和需求情况进行预测，在此基础上对电力工业的总体发展进行规划，以保证电力的供给和需求保持大致平衡。

从电力弹性的数据看，我国经济发展对电力发展的依赖性增加。我国从 2000 年起，出现了连续 4 年电力消费弹性系数大于 1 的增长，这说明我国再一次出现了电力消费的超前增长。此外，我国近年的经济增长主要是由汽车行业、电子行业、房地产行业的增长拉动的，具有内生增长的特点，这说明我国经济将继续保持快速增长的势头。生产用电、生活用电的增长都将保持比较强劲的势头，但是我们需要对电力需求进行相对准确的预测，以使电力供应的增长能够满足生产和生活的需要。

正确地进行电力市场的分析预测，既是为了满足供应国民经济各部门及人民生活充足电力的需要，又是电力工业自身健康发展的需要。电力市场分析预测工作既是电力规划工作的重要组成部分，又是电力规划的基础。全国性的电力市场分析预测，为编制全国电力规划提供依据，它规定了全国电力工业的发展水平、发展速度、能源动力资源的需求量，电力工业发展的资金需求量，以及电力工业发展对人力资源的需求量。地区或电网范围内的电力市场分析预测结果，则是地区或电网范围内电力规划的基础，它为地区或电网的电力发展速度、电力建设规模、电力工业布局、能源资源平衡、地区或电网间的电力余缺调剂，以及地区或电网资金和人力资源的需求与平衡提供可靠的依据。

此外，目前我国正在进行电力行业的市场化改革。电力市场分析预测是商品经济发展的产物。在市场经济条件下，生产和消费都离不开市场。电力产品要通过电力市场卖给消费者，其电力产品价值要通过电力市场才能实现，电力消费者的需求要通过电力市场才能得到满足。因此，电力市场供求情况及其变化，对电力企业的生产及电力产品销售有着重大的影响。分析预测电力市场供求变化趋势，对于电力企业营销、规划决策关系较大。

因此，电力市场分析预测是一项十分重要的工作，它对保证电力工业的健康发展以及促进国民经济社会的发展具有十分重要的意义。

三、电力市场分析预测的原理

电力市场分析预测，之所以能够对电力市场未来发展变化趋势作出符合实际的估计和评价，主要是因为运用了事物发展具有的连贯性、类推性、相关性三个原理。

1. 连贯性原理

电力市场是一个连续发展的过程，将来的电力市场形势是在过去和现在的基础上演变而来的，因此，在进行电力市场预测时，必须首先从搜集历史和现实的信息入手，然后推测将来的变化。时间序列预测法就是根据这一原则建立起来的。

2. 类推性原理

电力市场经济活动也有自己的模式。封闭、垄断容易形成卖方市场，造成电能资源短缺；开放、竞争必然形成买方市场，优化电能资源的配置。电力供不应求，电价上涨；电力供过于求，电价下跌。因此，电力经济活动的模式是可以认识的，它具有某种规律性。既然如此，那么观察到电力市场中的某种先兆，就可以根据以往的经验推断出将会发生的变化，并进一步预测电力市场未来的情况。

3. 相关性原理

从电力市场中观察到的经济现象预测其变化情况，在定量预测分析中的因果关系回归预测技术就是根据相关性原理推导出来的。从分析造成电力市场相关变化的原因入手，去探求预测电力经营目标的发展规律并用于预测，是十分有效的方法。

四、电力市场分析预测的特点

电力市场分析预测具有以下特点。

(1) 既要做需求预测，又要做供给预测。电力市场分析预测的目的是使电力市场的供需情况基本平衡，所以既要做电力的需求预测，又要做电力的供给预测。电力供给预测主要对电力的投资情况、装机情况进行预测，而电力需求预测影响因素比较多且复杂，所以，电力市场分析预测的重点是对电力市场的需求进行预测。

(2) 既要做短期预测，又要做中长期预测。电力需求预测可以分为即期预测（日或周）、短期预测（12～24个月）、中期预测（2～5年）和长期预测（5年以上）四种。

1) 即期预测用于编制发电机的运行计划、确定旋转备用容量、控制检修计划、估计收入、计算燃料及购入电量的数量和费用。在此期限内，发供电的固定成本及燃料储备均不变，预测只是一种手段，以促使现有的发电机组及电厂在最经济的状况下运行。这一般是在电网调度部门由编制运行方式的人员做出预测。在这方面，已开始实施计算机控制。

2) 短期预测与即期预测一样，发电的固定成本也不变。这种预测除了用于电厂经济运行外，还用于确定检修计划、确定电力系统间的交换功率、水力发电工程的水库和水文情况的估计、核电厂燃料棒的管理，以及确定燃料和购电的数量和费用。在这期间还有可能调整输变电建设计划。这种预测主要在电力公司的运营与计划部门中进行。

3) 中期预测的期限大致与电力工程项目的建设周期相适应，因此，对电力部门来讲这种期限的预测至关重要。根据这种预测的结果，做出发电项目的建设计划，包括电厂项目的建设地点、发电方式、建设规模、建设进度安排以及相邻电力网间的售受电关系。同时，中期预测也是输变电工程建设计划的依据，还是配电计划、电价研究及其他与电力发展有关的经济研究的基础。我国电力规划部门所做的预测，主要是指这种预测。

4) 长期预测用于战略规划。它包括对发电能源资源的长远需求的估计、确定电力工业的战略目标、确定电力新科技发展及科技开发规划，以及长远电力发展对资金总量的需求估计等，均需要从长期电力需求预测的结果出发，做出分析和判断。在进行长期预测时，必须了解各种类型电力需求的发展趋向、系统中各地区电力需求的特点及其变化趋势。

(3) 既要做电力预测，又要做电量预测。在电力、电量预测中，电量预测是基础，它不仅关系到电力建设的规模，而且也关系到能源资源的需求与平衡。此外，在做好电量预测的同时，还要做好最大负荷预测和负荷特性预测。

(4) 既要做全国的电力市场分析预测，又要做分地区的电力市场分析预测。由于规划的地区范围不同，因此电力市场分析预测的范围也不同。全国电力规划进行全国范围内的电力市场分析预测，地区或电网电力规划则应做地区或电网范围内的电力市场分析预测。由于电力传输与销售只能在电网内进行，因此，电网范围内的电力市场分析预测更为重要，它不仅关系到电网范围内的电力工业发展水平和速度，也是确定各电网间的售受电力电量的重要依据。

(5) 电力市场分析预测受不确定因素影响较大。电力供给预测受燃料供应、水库丰枯期、备用容量、机组检修等影响，以及电网传输能力的影响等；电力需求预测受经济发展、产业结构调整、区域经济政策、各用电部门和用电设备的用电特性和用电方式变化等影响，以及气候变化的影响等。经济发展状况还受到政治因素的影响。上述因素中，许多因素具有很大的不确定性，如政治经济条件、天气变化等，往往难以准确预料，这就给电力市场分析预测工作带来了较大的困难，使电力市场分析预测具有较大的不确定性。此外，目前我国正面临着电力市场的改革，厂网分开后，电源公司的自主决策权增大，电网和电源点的综合优化问题变得相对困难，这使得我国电力市场的分析预测工作变得更加复杂和不确定。因此，电力市场的分析预测人员应该对可能影响到预测结果准确性的各因素做出科学合理的分析和判断，对这些因素下可能发生的变化或变化的可能性和趋势做出定量与定性相结合的预测。

第二节 电力市场分析预测的基础

一、电力市场分析预测的基本内容

电力市场分析预测需要对经济指标、电量需求指标、负荷及负荷特性指标、电力供给指标等进行预测。

1. 经济指标

经济指标主要包括：人口数量，国内生产总值，第一、第二、第三产业增加值，高耗能工业的发展，能源市场环境的变化等。

宏观经济预测的主要任务是根据规划区域经济发展的历史和现状以及政府经济发展计划，利用市场经济理论、结合我国的实际国情，对社会发展和宏观经济数据进行分析，如人口、国民核算体系、投入产出分析、行业主要经济指标等有关数据，应用宏观经济预测模型对规划区域的社会和经济发展进行预测，揭示规划区域未来经济发展的各种可能的情景。它同时也是需求预测、社会经济等分析研究的重要输入信息。

针对宏观经济预测中的人口预测分析，可采用总量模拟和分组模拟计算方法来预测人口变化，它既包括总人口和家庭户数的增长，又包括按城乡、年龄、性别分组的人口和家庭户数的变化。宏观经济对人口的预测，是能源需求预测和社会经济进行居民用能分析的重要依据。

宏观经济预测中的经济预测以投入产出方法为基础，从总需求和总供给两个方面对国民经济进行分析（如消费和投资、就业和收入等），分析时要结合我国的体制和政策，重点研究劳动力和劳动生产率、资本累积和资本存量、技术进步等关键因素，对国民经济各行业的产值和增加值以及就业等重要数据进行预测。预测结果包括产业或产品结构、国内生产总值（GDP）、国内收入和产出、各行业主要经济指标（价格、就业人数、总产出、行业 GDP、投资、资本存量）等经济参数。

2. 电量需求指标

电量需求指标主要包括：全社会年需电量，第一、第二、第三产业和居民生活需电量，重点行业需电量，地区需电量，季节需电量等。

3. 负荷及负荷特性指标

按照用户的不同，负荷可以分为城市民用负荷、商业负荷、工业负荷、农村负荷以及其他负荷。城市民用负荷主要是城市居民的家用负荷。商业负荷与工业负荷是各自为商业与工业服务的负荷。在我国，农村负荷是指广大农村所有的负荷（包括农村民用电、生产与排灌用电以及商业用电等）。其他负荷包括市政用电（如街道照明）、公用事业、政府办公、铁路与电车、军用以及其他等负荷。

在以上各类负荷中，城市民用负荷具有常年增长及明显的季节性波动特点，而民用负荷的季节性变化在很多情况下，直接影响系统峰值负荷的季节性变化，但其影响程度则取决于城市民用负荷在系统总负荷中所占的比例。尤其是随着电热器、空调装置、电风扇、电冰箱等家用电器日益广泛地使用，民用负荷变化对系统峰值负荷变化的影响越来越大。

商业负荷也同样具有季节性变动的特性，而这种变化主要也是由于商业部门越来越广泛地使用空调、电风扇、制冷设备之类敏感于气候的电器所致，并且这种趋势正在增长。

相对来说，工业负荷一般被视作受气候影响较小的基础负荷。但是某些工业用户可能具有一些特殊的要求，如要求很高的功率但不一定要求很大的用电量；某些工业用户还可能具有明显的季节性特性（如制糖），但这些用户特性均能事先掌握，因此可以采用相应的措施应对。

负荷特性指标分类具体情况见表1-1。

表1-1　负荷特性指标分类

描述类（绝对量）	比较类（相对量）	曲线类
日最大（小）负荷	日负荷率	日负荷曲线
日平均负荷	日最小负荷率	周负荷曲线
日峰谷差	日峰谷差率	年负荷曲线
月最大（小）负荷	月平均日负荷率	年持续负荷曲线
月平均日负荷	月负荷率（月不均衡系数）	年电量累积曲线
月最大峰谷差	月最小负荷率	—
月平均日峰谷差	月最大峰谷差率	—
年最大（小）负荷	月平均日峰谷差率	—
年平均日负荷	年平均日负荷率	—
年最大峰谷差	年平均月负荷率	—
年平均日峰谷差	季负荷率（季不均衡系数）	—
—	年负荷率	—
—	年最小负荷率	—
—	年最大峰谷差率	—
—	年平均日峰谷差率	—
—	年最大负荷利用小时数	—

一般来讲，在负荷预测方面需要测算的指标包括：

（1）最大有功负荷及其分布。最大有功负荷是确定电力系统装机规模的基础数据，是电源规划的依据。有功负荷加上电网中损失的有功和发电厂自用有功量，再加上适量的备用容量，就等于电力系统的装机容量。有功负荷的分布是输电线路设计的基础，也是变电站配置的基础，即有功负荷的地区分布特点是输变电规划和配电规划的主要依据。

（2）无功负荷及其分布。无功负荷的大小及分布是确定电力系统无功电源规划的基础，也是影响电力系统安全经济运行的重要因素。

（3）需电量。它是进行能源供需平衡的主要依据。

（4）电力负荷曲线及其特征值。电力负荷大小及其在时间上的分布特性，对电力规划及电力系统运行是至关重要的。它是确定电力系统中电源结构、调峰容量需求、运行方式及能源平衡的主要依据。

4. 电力供给指标

电力供给指标包括发电装机与发电量指标、网间电力电量交换指标、发电设备利用小时指标等。

二、电力市场分析预测的数据基础

电力市场分析预测的数据基础包括需求预测的数据基础和供给预测的数据基础。

1. 需求预测的数据基础

需求预测的数据基础包括：

（1）社会经济发展的主要运行指标及未来趋势，包括GDP，人口，第一、第二、第三产业的增加值，全社会固定资产投资，进出口总额等。

（2）国民经济的发展战略和产业结构调整，以及大众性项目建设目标。

（3）分行业用电量及负荷资料，包括年用电量、月度用电量、典型日负荷等。

（4）二次能源占能源消费比重及未来走势。

（5）GDP单耗、各行业增加值单耗、主要产品单耗及其未来走势。

（6）分行业产品成本中电费所占比例及未来发展趋势。

（7）气温与用电量需求的关系分析，调温电器（包括空调、电风扇、空气过滤器）的拥有率。

（8）居民收入情况以及家用电器（包括备餐电器、食品储存电器、洗熨电器、调温电器、健康与美容电器、电视与音响电器等）的普及率等。

（9）高耗能工业的发展情况及电力需求情况。

（10）电价的变化对电力需求的影响情况。

2. 供给预测的数据基础

进行供给预测的数据主要包括：装机情况，原料供给情况，电网输电能力、网间电力交换情况，水火电比例，水库历年的丰枯期情况，机组检修情况，电源、电网在建项目情况，备用容量比例等。

三、电力市场分析预测的基本原则

1. 注意历史数据的可信性

分析预测时要对历史数据进行相应修正，剔除不良数据的影响。

2. 注意预测方法的适当性

分析预测可以应用一些简单的方法，也可以开发某些更正规的预测软件。最好能用一个简单的方法做到准确地预测。但是，并没有一个固定的方法可以适用于一切电力市场分析预测的场合，并保证优于其他一切方法。某一个特殊的方法可能适用于某一特定场合，因为在特定场合，某种特殊因素对电力市场的运行可能有明显的影响。因此，电力市场的分析预测，最重要的是找到最适合的预测模型与方法。

3. 根据实际情况进行峰值负荷预测

峰值负荷预测是负荷预测中的一项重要内容。负荷预测一般包括功率预测与用电量预测。因此，负荷预测人员有两种预测方法：①预测用电量（假设该预测较容易）并且预测负荷率，根据已得的用电量与负荷率，就可以得到预测的最大功率；②直接预测峰值负荷。尽管峰值负荷与很多因素有关，但是它还是可以单独作为一个预测量。

第一种方法：即利用用电量来作为第一手预测的信息，并从中获得峰值负荷预测值，其优点在于用电量的变化要小一些，从而预测的误差也会小一些；同时用电量本身又是能耗的一种较好指标；此外，它还是一个与经济、地理因素直接发生联系的量，从而它的记录资料可以针对不同地区、不同的服务行业使用。

第二种方法：即单独预测峰值负荷的方法，其优点在于这是一种直接的方法，并且也能与温度这类气象因素联系起来。

当各种因素都考虑得比较周到时，两种预测方法都可能得到令人满意的预测结果，因此，这两种方法都得到了应用。所以，到底采用何种方法，应该根据具体地区的实际情况来决定。

4. 尽可能考虑气候条件的影响

气候对负荷有明显的影响，因此，在负荷预测中，反映气候条件及其变化是很自然的。一般来说，预测机构可以制成某些气候变量，如温度和湿度与峰值负荷的相关因素。根据这些资料，未来对气候敏感的负荷就可以用外推或内插法求得。在另外一些情况下，则可能根据相关历史资料制成气候变量的正态概率分布，然后将它与敏感于气候的负荷模型相结合，来决定未来敏感于气候的负荷的概率分布。这两种方法都可以采用。

由于气象条件的影响，人们所掌握的负荷历史资料一般因季节不同而不同。当试图用某种类型的数学模型来描述一个电力系统的负荷特性时，这样的模型特性可能因季节而变。当要做不同季节的负荷预测时，就要使用不同季节的模型，如夏季模型与冬季模型。若能使用在线预测，这个问题就可以自动得到解决。因为在线预测总是使用最近的历史资料，因此，它能不断地修正模型来适应预测过程中不断更新的输入信息。

5. 注意推荐结果的可行性

需要对综合结果进行分析和修正，得到有效的推荐结果。

第三节　电力市场分析预测的步骤

电力市场分析预测主要包括六个阶段：①明确目标与任务；②搜集和整理资料；③分析资料，选择预测方法；④进行分析预测；⑤对预测结果进行评价和调整；⑥提交预测报告。

一、明确目标与任务

确定分析预测目标是要在明确分析预测目的前提下，规定分析预测对象的范围、内容和分析预测期限。一般而言，分析预测范围视研究问题所涉及的范围而定，编制全国电力规划，就要分析预测全国范围内的电力、电量需求量和供给量；编制区域的电力发展规划，就要预测区域电网的电力、电量需求量和供给量。

在确定分析预测目标之后，还要确定分析预测的内容。不同级别的电网对预测内容有不同的要求，不同的需求对预测的期限和内容也有不同的要求。一般来讲，电力市场分析预测的内容包括电力、电量、电力负荷的地区分布，电力负荷随时间的变化规律，以及电力负荷曲线特征及负荷曲线等。

二、搜集和整理资料

资料是电力市场分析预测的基本依据，资料的充裕程度及资料的可信度对预测结果的可信度是至关重要的。一般在做电力市场分析预测时需要搜集与整理的资料主要有：电力系统历年用电负荷、用电量、用电构成，经济发展目标（如国民生产总值、国民收入等）；国民经济结构的历史、现状及可能的变化发展趋势；人口预测资料及人均收入水平；能源利用效率及用电比重的变化；工业布局及用户的用电水平指标；装机容量，设备检修情况、备用情况；电网间电量交换情况；电源项目、电网项目的建设情况等；以及国外参考国家的上述类似历史资料。

这些资料的主要来源有两种途径：一是各国政府、研究机构等定期或不定期发表的报刊、资料、文献和其他出版物；二是分析预测人员通过调查所获取的资料。资料的来源、统计计算口径及调查方法不同，都会对资料的可信度产生不同的影响。因此，在调查搜集资料的过程中，对搜集得来的资料应该进行鉴别，去粗取精，去伪存真，以保证分析预测中使用的资料翔实可靠。

三、分析资料，选择预测方法

经过鉴别整理后的资料要进行分析，以寻求其规律。电力市场分析预测的方法有多种，如时间序列分析、因果关系分析等。要根据资料的掌握情况及资料样式，选择相应的预测方法，寻找预测量的演变规律或趋势，建立预测模型。各种分析预测方法具有不同的特点和适用范围，有的方法适应于中长期预测，有的方法适应于短期预测，不同的方法适应的条件也不相同，实践证明，没有一种方法在任何预测场合下均可以保证获得满意的结果。因此，必须根据对资料的占有情况，以及预测目标、预测期限、预测环境、预测结果要求的准确度，同时考虑预测本身的效益成本分析等进行权衡，以便作出合理的选择。

四、进行分析预测

实施预测时要参考各研究机构的预测结果，对本地区经济发展进行分析和预测，并应该结合本地区实际情况和基础资料，选择合适的模型和方法。

如果采用定量预测方法来进行预测，就要根据建立的定量预测模型，即用数学的函数关系，抽象地描述经济实体及其相互关系，然后根据模型具体运算，代入预测期的自变量目标值，就可以获得预测期所需的预测变量值，并考虑模型中没有包括的因素，对预测数值进行必要调整。具体模型的建立要考虑预测的问题以及所采用的预测方法。

如果采用定性预测方法来进行预测，应根据掌握的客观资料进行科学的逻辑推理，推断出预测期的预测值。

由于影响预测对象的诸因素可能会发生变化，可能导致未来的实际结果与预测依据的历史资料呈现的规律不吻合，预测人员必须适时地对预测模型及预测结果加以修正。这种情况下，预测人员的经验、理论素养及分析判断能力将起到重要的作用。

五、对预测结果进行评价和调整

预测的主要成果之一是得出预测结果。预测工作者要对多种预测结果进行比较和分析，并进行相应修正，得到最终预测结果（高、中、低方案），根据分析给出推荐方案，并进行情景分析。

预测结果应该是明确的，是可以被检验的。因此，在得到预测结果后必须对预测结果的准确度和可靠性进行评价，必须使预测误差处于可接受的范围内。若误差太大，则失去了预测的意义，并且会导致电力规划的失误。一般来说，短期预测的误差不应超过±3%，中期预测的允许误差为±5%，长期预测的误差也不应超过±15%。误差太大，就要分析产生误差的原因。如果是由于预测方法和数学模型不完善，就需要改进模型重新计算；如果是由于不确定因素的影响，则应估计其程度，进行必要地调整。

六、提交预测报告

预测报告是预测结果的文字表述。预测报告一般包括题目、摘要、正文、结论、建议和附录等部分。

预测题目主要反映预测目的、预测对象、预测范围和预测时限。摘要通常说明预测中的主要发现、预测结果及提出的主要建议和意见。正文包括分析及预测过程、预测模型及说明、有关计算方法、必要的图表、预测的主要结论及对主要结论的评价。结论与建议是扼要地列出预测的主要结果，提出有关建议和意见。附录主要包括说明正文的附表、资料，预测中采用计算方法的推导和说明，以及正文中未列出的有价值的其他资料。

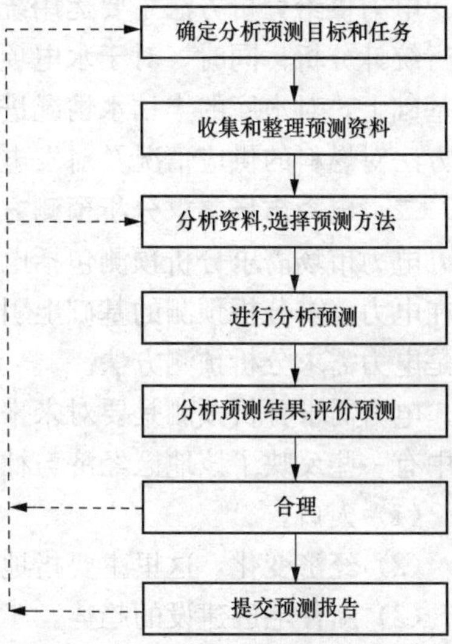

图 1-1　电力市场分析预测的过程图

电力市场分析预测的过程可用图 1-1 表示。

第四节　电力市场分析预测的基本方法

一、电力市场分析预测方法综述

电力市场分析预测的方法主要包括定性分析方法和定量分析方法，定性分析方法是根据影响电力需求和供给的宏观经济形势等环境因素对电力市场的供需情况进行分析判断；定量分析包括电力需求的定量分析和电力供给的定量分析，电力需求的定量分析方法又可以分为外推法（如时间序列预测、灰色预测）和因果法（如回归预测和投入产出预测）。电力供给的定量分析主要通过市场调研进行统计分析完成。

电力市场分析预测可以包括：宏观经济形势分析、电力供需的影响因素分析、电力供给分析、电力需求分析四个方面的内容。

宏观经济形势的评价指标主要包括 GDP 的增长、物价指数的变化、就业率情况、国际收支情况四个指标。对宏观经济形势分析预测的方法包括回归分析法、时间序列法、投入产出法、系统动力学方法、计量经济学方法等。

市场经济的主要特征是强化市场在资源配置中的作用，价值规律、竞争规律、供需规律是电力市场中的主要规律。电力市场的分析预测重点是对电力供需的影响因素进行分析，分析方法主要包括以下几种。

（1）对比分析法：国内外对比分析、国内不同地区的对比分析，以及历史数据的对比分析等。

（2）规范分析法：根据经济学的基本原理，利用逻辑推理的方法进行分析。

（3）实证分析法：可以以某一地区为例，分析产业结构的变化、高耗能工业的发展或者电价的变化等对该地区电力供需的影响。

（4）系统分析法：将影响电力供需的多种因素看作一个系统，利用系统学的原理对影响电力供需的因素进行综合分析。

电力供给分析方法主要运用统计学的分析原理，对已有的供电能力和在建或将建的项目进行统计分析；同时，对于水电项目，要运用时间序列法等方法在对天气变化情况进行预测的基础上，对水库的丰枯水情况进行分析；对于火电项目，要运用回归分析法、相关系数法等方法对燃料的供应情况及对发电的影响情况进行分析和预测。

二、电力市场需求分析预测方法介绍

电力市场需求分析预测包括电力需求分析预测和电量需求分析预测，电量需求分析预测是在电力需求分析预测的基础上引入时间因素。因此，电力市场需求分析预测方法重点介绍的是电力需求分析预测方法。

电力需求分析预测是要对未来一段时期的电力需求受变量的影响进行分析预测，这些变量中有一些反映了该地区经济与社会的变化。概括地说，变量如下。

（1）人口。

（2）经济变化，这里主要指地区建设与生产规模的发展，以及产业结构的调整等。

（3）新住宅区建设的趋势。

（4）电气用具的饱和度。

（5）气象条件。

（6）物价对最大负荷与用电量的影响。

（7）电价政策与最大负荷与用电量的关系。

（8）采取节能措施后对用电的影响。

（9）调整负荷对最大负荷与用电量的影响。

（10）需求侧管理对用电的影响。

（11）替代能源的出现对用电的影响。

由此可见，影响负荷变化的因素是很多的，不仅如此，这些因素还有两个特点：第一，某一因素对电力需求未来变化的影响，一般很难用一个准确的关系式表示出来；第二，这些因素的影响可能是彼此有关的。这就使得电力需求预测问题变得更加复杂了。

电力需求的预测通常包括长期预测、中期预测和短期预测。长期电力需求预测是指五年以上的预测，这种预测常常需要电力系统以外的信息与资料才能完成。中期电力需求预测一般指一年以上五年以下的预测，它对系统的增容规划极为重要。常用的预测方法有外推法、相关分析法、能量预测法等。短期电力需求预测一般指一年之内的预测，它主要服务于系统运行，主要的预测模型包括自回归模型（AR）、移动平均模型（MA）、自回归移动平均模型（ARMA）、累积式自回归移动平均模型（AR IMA）。在什么情况下采用什么样的模型，是研究电力需求预测的一个核心问题。

三、中期电力需求预测方法介绍

中期电力需求预测方法原则上可以分为外推法、相关分析法、能量预测法以及解析法四大类。从信息处理方面来说，预测方法还可以分为确定法与随机法。

1. 外推法

外推法是根据已知的历史资料来拟合一条曲线，使得这条曲线能反映负荷本身的增长趋势，然后，按照这个增长趋势曲线，对于要求的未来某一点，从曲线上估计出该时刻的负荷预测值。这个过程原则上是很简单的，但它确实能给出较好的预测结果，而且，这种方法本身是一种确定的外推，因为在处理历史资料、拟合曲线、得到模拟曲线的过程中，都可以不考虑随机误差。

最常见的对负荷增长趋势进行拟合的曲线函数见表 1-2。其中，X 为时间、温度等变量；Y 是负荷。

表 1-2　常见的对负荷的增长趋势进行拟合的曲线函数

拟合曲线名称	曲线方程
直线	$Y=a+bX$
抛物线	$Y=a+bX+cX^2$
三阶曲线	$Y=a+bX+cX^2+dX^3$
四阶曲线	$Y=a+bX+cX^2+dX^3+eX^4$
指数曲线	$Y=ab^x$
反指数曲线	$Y=ab^{-x}$
一型双曲线	$Y=a+b/X$
二型双曲线	$Y=1/(a+bX)$
改定型指数曲线	$Y=K+ab^x$
几何曲线	$Y=aX^b$
改定型几何曲线	$Y=K+aX^b$
S 曲线	$Y=1/(c+ab^{mx})$
负 S 曲线	$Y=1/(c+ab^x)$
Gompertz 曲线	$\lg Y=\lg K+(\lg a)b^x$

用表 1-2 中的曲线函数拟合某类数据时，都要决定某些系数与指数，最常用的拟合方法是最小二乘法，即使估计值与观测值之间的偏差的平方和为最小。

然而在处理外推的曲线拟合过程中，电力需求 Y 也可以看作时间或温度的随机变量，一般可认为是正态分布随机变量，具有一定的期望值与方差，在这种情况下，电力需求预测将成为随机外推。这种随机性可能来自两个方面：一是电力需求历史资料具有随机性；二是模型参数具有随机性。外推法在本质上是回归分析，利用回归分析，可以得到描述负荷增长趋势最好的模型参数估计，从而模型可以用来预测电力需求增长趋势。

2. 相关分析法

相关分析法是把系统负荷预测与各种社会和经济因素联系起来。这种方法的优点是使得预测人员能清楚地看到负荷增长趋势与其他可测量因素之间的关系。但是，这种方法最明显的缺点是必须预测各种人口和经济影响系数，而这可能比电力系统电力需求预测更困难。这些影响系数可能来自人口、就业、市区发展、电器使用水平、民用和商业建筑面积、国民经济总产值、气象资料等。可见，相关分析法并不是很容易采用的。

3. 能量预测法

能量预测法也称能量-负荷率预测法。其步骤如下。

（1）待预测的量是年峰值负荷，而实际预测量是每年的能量消耗。

（2）能量消耗是按不同种类的负荷（如居民用电、商业用电、农业用电、公用电等）进行预测的。

(3) 对年负荷率进行预测。

(4) 每一类负荷的峰值等于该类负荷的年耗电量除以负荷率与8760小时的乘积。

(5) 总的峰值负荷并不等于各类负荷峰值之和，而应除以系统的分散因数。

在运用能量预测法进行预测时，需要考虑一些实际问题。下面分别对居民用电预测、商业用电预测和工业用电预测中的一些问题加以简述。

居民用电与很多因素有关，但主要取决于以下几个因素：①居民用户数；②每户居民人口数；③每人的平均耗电量。显然，假如在预测时间内，对于每一周、每一月等，上述三个因素都能知道，则居民点需求预测可以简单地由上面的三个因子相乘得到，而要获得这三个数值，可以用外推法或其他方法。该种方法也称为“人口法”。

另一种方法称为“合成法”。它要求对每一用户有更细致的考虑。这种方法主要考虑的是：①每一用户用多少电器设备；②每一种电器设备的平均用电水平；③居民户数。加入这三个因素也能外推到未来预测时期内，并进行相乘，就可以得到要求的居民用电预测量。显然，合成法要求有相当数量的信息资料，以确定居民用户电器使用情况。

对于商业用电的预测，最简单的方法有两种：第一，考虑商业服务总是定向的，所以商业用电的发展总是和居民用电的发展相关联，因此，商业用电和居民用电之间可以建立一个比例关系，而这个比例关系若能正确地外推到未来某一时刻，那么将前述预测得到的居民用电量乘以预测的比例值就是商业用电的预测值；第二，直接对商业用电的历史资料进行外推，以得到未来某一时刻商业用电的预测值。

与居民用电和商业用电预测相比，工业用电预测一般要困难得多。因为工业用电的发展与一个国家、一个地区总的经济形势密切相关。对工业用电的预测，首先应该对未来某个时期的经济发展进行预测，而在市场经济条件下，未来经济的发展大多是市场调节的结果，非计划安排的结果，这就会造成工业用电预测的困难。此外，市场调节工业生产与工业用电之间关系的历史资料也相对比较缺乏，这也增加了工业用电预测的难度。

工业用电的预测可以采用下列两种方法：第一，把预计的生产水平乘以预估的每单位生产量的耗电量；第二，把预计的工业定员人数乘以预计的每个工业人口的耗电量。采用哪一种方法，需要针对具体情况进行分析。

由于工业是一个广泛的范畴，因此，有时候工业用电预测可以分得更细，即对不同的工业部门进行预测，然后再汇总。只有当所有这些分类负荷都加以预测之后，才可能得到一个地区在某一时期内的总用电量。

中期电力需求预测的实质是要预测电力需求未来的增长趋势。根据电力需求的历史资料数据，可以用回归分析来拟合一条曲线，并根据这条曲线外推以获得预测数值。得到的这条拟合曲线，与已存的历史数据有很好的拟合精度。然而，这种拟合精度的要求并不一定满足电力需求预测的精度要求。因为对于电力需求预测精度而言，要求预测值与未来将实际发生的值越接近越好，而对于已经发生了的历史数据，即使曲线拟合精度不高，也无关紧要。根据这一想法，人们提出了另外一种处理历史资料的方法，即平滑法，它是把电力需求预测趋势读数中的随机变化抹去。

平滑法与曲线拟合看起来相似，但它们之间却有差别。一个平滑过程总是从某一模型出发，而这个模型初步拟合了电力需求的历史资料，并计算了它的有关系数。但是，此模型应当对目前的数据有相当好地拟合，而对过去比较远时间的历史资料是否拟合得好并不重要。此外，随着观察数据的逐次更新，对模型的计算就要重复进行。为了解决这些问题，就需要对模型进行平滑。最常见的用来对模型进行平滑的方法有移动平均、加权移动平均的指数平滑等。

上面三种中期电力需求预测方法，或者是对过去的历史资料未充分考虑随机变化因素，或者是未能充分考虑气象条件的影响，或者是对各种影响电力需求的因素做了一定的假设，所以所建立的模型都有一定的应用局限性。

4. 解析法

解析法是相对更完备的中期电力需求预测方法，这种方法是根据电力需求过去的历史资料，建立可以进行解析分析的数学模型，对未来的峰值负荷进行预测。它能把负荷中敏感于气候的部分与不敏感于气候的部分区分开来，并且能充分考虑电力需求变化的随机因素。这种方法对于电力需求的自然发展的预测是十分有效的，在一定意义上也很精确。它实际上是一种考虑得更周到的回归分析法。

四、短期电力需求预测方法介绍

短期电力需求预测一般是指一年之内的电力需求预测。它可能是按月、按周、按天、按小时的预测，甚至是按几分钟的预测。当然，它可能是预测能量，也可能是预测功率，而一般是预测功率。

对于短期电力需求预测有两个基本要求：第一，它必须精确；第二，短期电力需求预测的目的是预测即时负荷，而不像中期电力需求预测那样预测负荷的发展趋势。负荷是即时变化的，因此，要求用短期负荷预测的模型进行预测，随时适应负荷的变化，所以理想的情况应当是进行在线预测。

在短期电力需求预测中，电力需求的随机变化因素很重要，是不能忽略的。因此，第一步就需要有精确的电力需求历史记录，这些记录本身反映了电力需求的随机变化因素。

一个电力系统一般是连续运行的。对于不同的时刻，由于各种因素的影响，其负荷一般不相同，但它们又不是彼此无关的。例如，现在时刻的电力需求总是与过去的电力需求有关。然而，一个大电力系统中的负荷并不能用一个简单的欧姆定律来计算，不同时刻的负荷值之间的关系，也不能用一个确定的数学公式来表示，而必须用统计方法来描述。

毫无疑问，为要从此时此刻起进行电力需求预测，过去的电力需求记录应当十分接近目前时刻。而且，过去的历史记录越详细，就越易于研究。一般来说，电力需求的历史资料是按一定的时间间隔进行采样记录的，而对采样时间间隔的要求，则取决于电力需求预测要求的时间间隔。例如，按天或按小时的预测就要求电力需求记录相应也是按天或按小时给出。对于一个电力需求记录来说，其最主要的特点是电力需求总是一个符合某种统计规律的变化量。由于它定义在时间领域内，所以是一个随机变量，而由这个变量描述的过程就是一个随机过程。随机过程有两种：一种是平稳随机过程，另一种是非平稳随机过程。对于平稳随机过程，过程的特性与时间原点无关，换句话说，这个过程在某一固定平均值的水平上保持平衡，而非平稳随机过程则不是这样。由于非平稳随机过程的研究，要难于平稳随机过程的研究，所以，当过去的电力需求记录描述了一个非平稳随机过程时，总是希望能从这样一个过程中，抽出某种平稳随机因素，使得对过程的研究更容易一些。电力需求预测研究主要解决的问题中就包括确定哪些因素使电力需求变化过程成为一个非平稳随机过程，找出能从一个非平稳随机过程中抽出平稳随机因素的办法；并研究如何使非平稳随机过程直接进行电力需求预测，而不需要进行上述处理等。

对于一个电力需求的历史记录，除了看到电力需求具有明显的随机特性以外，另外一个明显的特点就是电力需求的周期性。一般情况下，电力需求变化具有 24 小时或 7 天的变化周期。电力需求记录的时间越长，这种周期性看得越清楚。所以，为了要做几天内的电力需求预测，不得不分析过去几年的电力需求记录，因为只有这样，才可能将电力需求的周期性体现在分析中。

一个电力系统在正常条件下（即不考虑任何故障状态）所提供的功率（即负荷）是按照用户的需要与线路损失而确定的，用户的需要是产生电力需求的最根本原因。在某一段确定的时间内，一个确定的用户对电力需求的要求可能是一定的，也可能按一定规则变化，但是对于一个大系统，用户对电力需求的要求，在一个短时间内，常常表现为在过去电力需求基础上的一种随机起伏。可以说，下一个预测时刻的未来电力需求基本上取决于过去电力需求的情况，但是用户需求的某种随机变量应当加以考虑，即下一个预测时刻的未来电力需求，只是基本上取决于过去电力需求的情况，但并不等于上一个时刻的电力需求。

在一个大的电力系统中，存在的引起电力需求发生变动的因素称为“干扰”，干扰的表现是电力需求的随机变动。干扰在不同时刻都存在，然而不同时刻的干扰又不相关。但是，从一段相当长的时间来看，这些不相关的干扰的总平均值为零。通常把这样一种类型的干扰表示成一个随机脉冲序列，并称为“白噪声”。把电力系统的干扰以白噪声的形式表示，不但符合大多数实际情况，而且也给数学分析带来极大的方便。

当电力需求的历史记录资料已经获得，第二步的任务是如何从这些电力需求的历史记录中，认识这个系统电力需求变化的规律与特性，从而更进一步利用它们来进行未来电力需求的预测。为此，应当建立一个数学模型。数学模型的作用，一是能够描述这个系统电力需求变化的特性；二是在这个模型的基础上，可以对未来的电力需求进行预测。因此，更确切地说，是要建立两个模型，一个是过程模型，另一个是预测模型，而预测模型必然是在过程模型的基础上得到。

因此，研究并建立一个最佳的数学模型，是电力需求预测的核心问题。对模型的基本要求如下。

(1) 它应当在一定意义上，明确表示目前电力需求与过去电力需求以及干扰之间的关系。所谓在一定意义上，是指这个模型的建立是满足一定指标要求的，所以，“最佳”具有相对意义。

(2) 它首先是一个电力系统的电力需求变化模型，然后在这个基础上可以获得电力需求预测模型，即可用它来实现对未来电力需求的预测。

(3) 在建立模型与应用模型的过程中，除了系统过去的电力需求记录以及干扰信息以外，不需要任何有关系统的其他具体参数，所讨论的系统在电路分析上到底会有什么样的参数，这与所要进行的电力需求预测无关。除此以外，还应当讨论，干扰的特性是不是也可能用电力需求的历史记录来表示，如可能，那么过去的电力需求记录就是进行电力需求预测的唯一根据。

(4) 当所讨论的电力需求不同时，描述电力需求的模型也不同，应当有一整套办法来建立、估计和辨识，以及检验所讨论的模型。

（5）由于电力需求变化的形式是多种多样的，因此应当有不同类型的模型。同时，对于某一电力需求变化过程，也必然允许用不同类型的模型来加以描述，虽然精度可能有差异。

一般来说，在电力需求预测中，经常采用的模型有四种：①自回归模型（AR）；②移动平均模型（MA）；③自回归移动平均模型（ARMA）；④累积式自回归移动平均模型（ARIMA）。电力需求预测需要研究在什么情况下采用什么样的模型。

第二章 电力市场调研

第一节 电力市场调研概述

一、电力市场调研的目的

对任何市场而言，调研都只是一种了解供求信息的手段，准确而全面地了解电力供需信息，为电力市场分析及预测提供充足的数据资源是电力市场调研的目的。与其他的市场调研不同的是，一般企业的市场调研信息基本上都具有“为我所用”的特点，绝大部分调研所得信息都只能为发起调研的企业所用，旨在为企业的市场竞争及发展规划提供依据。电力具有公用事业的特点，因此电力市场的调研信息应当是“共享”的，不能局限于为电力的发电、输电、配电服务，也应当为用户服务，为社会各界服务。

二、电力市场调研的意义

电力工业是国家的重要命脉产业，国民经济的发展离不开电力工业的支撑，电力工业的可持续发展牵扯到资源的合理利用、环境保护等多方面内容，是国民经济整体可持续发展的重要组成部分。科学的电力工业发展规划是电力工业可持续发展的前提，电力市场的分析与预测工作是电力规划的基础，而电力市场分析与预测的资料和数据来源于电力市场的调研工作，因此电力市场调研是基础中的基础，其重要性毋庸置疑。在当前的电力体制改革进程中，电力市场调研工作的重要性更加彰显，电力体制改革需要实事求是，各种存在问题的解决都必须基于调查研究之上。因此电力市场调研是电力工业发展过程中需要持续进行的一项基础性工作，对电力工业发展的每个阶段和每个环节都具有重要意义，主要体现在以下几个方面。

(1) 由于电力是能源的重要组成部分，并且国家经济的发展需要电力作为支撑，因此中长期的电力市场调研结果要能为国家的能源发展战略、确定经济增长方式、确定经济结构的调整方向等提供信息支撑；短期的电力市场调研结果要能迅速反映当前的电力供需形势及存在问题，为决策层解决电力供需矛盾提供事实依据。

(2) 对于发电公司，中长期的电力市场调研信息能为公司的整体发展战略、电源发展规模及进度、电源布局提供参考依据；短期的电力市场调研信息能为公司确定年度的经营目标、安排生产和检修、优化报价（对于实时交易的电力市场）、组织燃料资源等提供依据。

(3) 对电网公司，中长期的电力市场调研信息有助于公司长期发展战略的制定，同时也是确定电网发展规模、电网布局、输电方式以及未来调峰电厂规模的重要依据；短期的电力市场信息对电网公司确定年度经营目标、组织电力资源、实现跨区资源互补、避免电网运行事故都非常重要。

(4) 对用户而言，长期的电力市场调研信息有利于其准确把握电力市场发展的走势，有助于企业制定并实施正确的经营策略和产品开发策略；短期的电力市场调研信息有助于指导企业合理安排生产、调整用电方式、降低生产成本，并规避意外的停电损失。

(5) 对地方而言，长期的电力市场调研信息是制定地方经济规划中不可或缺的考虑因素，对电力市场调研信息的准确把握有助于地方政府确定合理的经济增长方式和产业结构调整进程，有助于调整吸引投资的策略等。

三、电力市场调研的特点

电力市场的调研与其他行业的市场调研存在较大的差别，主要有以下特点。

1. 电力市场调研对象非常广泛

国民经济中每个行业的发展都离不开电力，人民生活更离不开电力，电力可以说是无所不在，遍布各行各业，关系国计民生，电力的这个特点决定了电力市场调研具有广泛性特点。其广泛性的第一个含义指电力市场调研涉及部门众多；第二个含义指调研的地域广泛性，2016 年年末我国城镇的通电率已达 100%，乡村的通电率超过 99.7%，对一个省电力供需形势的全面描述需要涉及省内的各个地区，对全国的电力供需形势描述需要涉及各个省，电力市场调研的地域非常广泛，其广泛性特点决定了数据收集的难度很大。

2. 电力市场调研是一项技术性很强的工作

电力工业本身属于技术密集型行业，这就要求调研人员首先要了解电力行业本身的技术特点。有较全面的专业知识是电力市场调研必须具备的基本条件。其次，由于电力用户遍布各行各业，要求调研人员对主要用电行业的用电特性有较深入的认识，要做到这一点，调研人员必须了解主要用电行业的主要用电设备的用电特性和企业的主要生产工艺流程。

3. 电力市场调研具有时效性强的特点

由于电力市场本身是不断发展的，电力供需形势在过剩—平衡—紧张等若干状态不停转换，周期不定，因此电力市场的调研应当准确反映当前电力供需的情况和未来一段时间的供需变化走势，否则它便失去意义。失去时效的调研信息用于指导供方和需方的生产安排可能导致大的电网事故，后果不堪设想。

4. 电力市场调研没有固定的模式

在同一时期，不同地区的电力供需形势差别较大，即使同一地区，在不同的发展阶段，供需形势的差别也很大。电力供需状态的不断变化要求不断调整电力市场的调研重点，也要求调研人员具有较强的知识综合运用能力，根据本地具体情况设计合理的调研方案。

四、电力市场调研的组织

由于电力市场调查内容繁多、工作量大，完成电力市场调研需要借助一定的人力、物力和必要的资金。电力市场的调研工作主要由电网公司的规划部门和营销部门兼顾完成。目前电力市场调研的组织结构尚不完善，仅依靠公司内部有限的人力完成内容非常丰富的电力市场调研非常困难，因此在人力和物力皆有限的情况下，提高电力市场调研的工作效率，是这项工作能长期持续开展的重要条件。要做到这一点，电力市场的调研必须有科学的安排和组织。电力市场调研的组织工作包括信息资源的组织和人力资源的组织。

1. 信息资源的组织

信息资源的组织工作需要明确以下内容。

（1）调研的目的是什么。

（2）要达到调研目的，需要取得哪些信息资料。有相当部分的信息需要支付费用，因此在确定信息时要明确信息的范围和时效性，尽量降低调研成本。

（3）信息资料的主要来源。明确从哪些部门可以获取电力市场分析所需要的信息，做到有的放矢。有些信息可以从不同的渠道获取，有些渠道的信息是免费的，有些需要支付费用，对于免费渠道的信息，需要对信息的可信度进行鉴别。

（4）信息资料的获取方式。对电力市场分析中经常使用的信息，可以考虑采用固定的信息员方式获取。例如，对经济运行数据，可以从统计部门聘请固定的信息员，定期提供电力市场分析所需的经济数据。有些地区的电网公司与当地的经济部门建立有固定的信息交换制度，这也是获取常用信息的一种手段。对专题调研信息，可以采用委托专门的电力市场调研与分析机构，或聘请专家的方式进行。

在信息资源的组织工作中，需要注意信息的发布时间。有些信息是以定时方式发布，提前进行调研是无法获取这些信息的，因此在调研组织时要合理安排信息的获取进程，以提高效率。

2. 人力资源的组织

人力资源的组织包括以下内容。

（1）电力市场调研首先需要专门的调研工作负责人，其责任是设计调研方案、确定调研深度、协调调研分工和安排调研进程。

（2）在调研过程中，需要有相应的调研人员、数据整理人员和信息分析人员，在调研人员取得信息资料后，数据整理人员完成数据的录入和分类整理工作，信息分析人员对经过整理的数据进行分析、筛选、识别真伪，最后得到对最终分析与预测有用的数据，如果信息分析人员认为不合理的数据过多，应提出补充调研的建议。

（3）调研负责人应当根据调研的规模、调研的重点和调研的进程合理安排整个调研工作的人力资源，包括不同工作环节的人员分配，不同调研进程中的人员分配等。

电力市场调研工作通常有工作量大和人员不足的矛盾，在调研过程中，有的调研人员可能身兼数职，既担任调研员，又担任数据整理员和数据分析员。调研工作人员也应根据调研的进展合理安排工作的重点。

第二节 电力市场调研程序

电力市场调研程序主要包括五个步骤：①明确调研目的；②拟订调研提纲；③设计调研方案；④实地调查和信息资料收集；⑤撰写调研报告。

具体的调研流程如图 2-1 所示。

1. 明确调研目的

明确调研目的，即是明确需要进行电力市场综合调研还是进行专题调研，明确通过市场调研来解决什么问题。确定调研目的时，要抓住问题的关键和本质，对于不断发展和变化的电力市场，要善于从新的角度提出调研课题。

2. 设计调研大纲

设计调研大纲需要考虑的内容包括调研的深度、进度、费用、人员安排、资料来源、需要调研的部门以及调研所要采用的方法等。在设计调研大纲时，有几个问题需要明确：首先，调查是切实可行的，能解决问题；其次，调查可以在较短的时间完成，能满足项目时效要求；第三，资料有获得的可能性。

3. 设计调研方案

设计调研方案是进入电力市场调研的技术阶段。不同的调查在方案设计时有所差别，但一般情况下，调查方案设计中需要明确以下内容：

（1）调研的对象，明确向谁调查，调查对象的范围总体是什么，涉及哪些部门。这对于确定具体的抽样或设计具体的调查表非常重要。

（2）调研的内容，指从不同的部门取得哪些资料，这些资料能有效反映电力市场供需及影响因素。

（3）调研的方法，采用实地调研或专家座谈调研，采用电话咨询、问卷调查或网络查询等，采用抽样或全面覆盖。这些在设计调研方案时，都需要明确。

（4）所需要的时间，明确电力市场调研的开始和结束时间，调研报告的完成时间等。

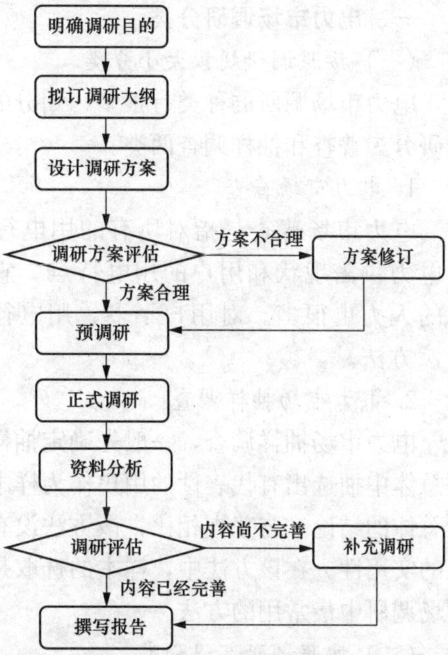

图 2-1　电力市场调研流程

（5）调研的费用，明确整个调查所需要的费用预算，在不同阶段经费的开支。对采用委托第三方的调研方式，委托方和被委托方都需要对各自的费用进行测算。

由于电力市场调研具有广泛性，调研方案的设计不可能一次完成，初次设计的方案可能在某些方面存在不合理，仓促的调研方案可能导致调研工作的搁浅，因此需要对调研方案进行评估。调研方案评估需要邀请有关方面的专家对调研方案的合理性进行评价。如果方案不合理，则需要进行方案的修改。对问卷调查，可以先请部分调查对象试填，根据问卷的试填效果对问卷进行调整，避免问卷大规模发放后出现收集的调研信息效果不佳的情况。

4. 实地调查和信息资料收集

调研方案正式确定后，需要进行正式调研的前期工作，即预调研，包括与调研对象的联系、确定调研时间、安排调研行程等。预调研之后，便进入了正式调研阶段，即进行到实地调查和信息资料收集阶段。

5. 撰写调研报告

撰写调研报告以前，需要对收集的资料进行整理和分析。对大规模的调研，收集的资料和数据可能很多，其中有些资料和数据可能是无效的，这些资料应当排除掉，以避免无效信息干扰调研分析。如果有些环节的无效数据过多，有效数据过少，已经不能满足调研分析的需要，则需要在这些环节进行补充调研工作。在补充调研时，需要对无效数据过多的原因进行分析，如果是调研方案不合理所致，则需要对原有的调研方案进行调整。

最后正式开展调研分析工作，撰写调研报告。

第三节　电力市场调研分类与方法

一、电力市场调研分类

（一）按照调研规模大小分类

电力市场调研的种类有很多，划分的方式也有多种。按调研规模大小，可以将电力市场调研分为普查和抽样调查两类。

1. 电力市场普查

电力市场普查是指对所有的用电行业及用户进行全面的调查。用该方法可以全面了解电力供需现状和用户的用电特点。它的缺点是调研规模大、耗时长、费用高，需要投入的人力也很多。对用户不多、用电行业分类较单一、负控配置较先进的地区，可以采用该方法。

2. 电力市场抽样调查

电力市场抽样调查，一般先确定抽样的范围，确定电力市场调研规模和总体，然后从调研总体中抽选出有代表性的用户作为样本，对样本进行调查，并根据抽样所得到的结果推断出总体的结论。与普查相比，该方法没有普查的组织困难和费用高、时间长的缺点，具有较强的实用性。在该方法中，样本的选取是关键，将直接影响到最终调研质量。该方法是电力市场调研中最常用的方法。

（二）按照调研部门分类

按调研部门的不同，可以将电力市场调研分为政府及公共管理部门调研、电力市场用户及相关行业调研、电力企业内部调研等三类。

1. 政府及公共管理部门调研

政府及公共管理部门调研是电力市场调研与一般的市场调研相比最不同的地方。这主要由电力行业作为国家的命脉产业以及电力的公用事业特点所决定。通过对政府及公共事业管理部门的调研，可以整体掌握该地区的经济发展现状、能源消耗情况及规划情况，以便从宏观层面分析电力市场。

2. 电力市场用户及相关行业调研

电力市场用户及相关行业调研包括典型用户、重要用户，以及与典型用户和重要用户相关的行业协会调研。它能为电力市场分析与预测工作提供第一手的准确资料，是电力市场调研中不可或缺的一环。

3. 电力企业内部调研

电力企业内部调研主要是对各电力企业内部各部门已有资料（包括规划、营销、调度、财务等各方面的统计资料）进行汇总分析，通过电力企业内部调研，也可以获取大量的用户用电情况。

（三）根据工作的侧重不同分类

根据工作的侧重不同，可以将电力市场调研分为综合性的电力市场调研和电力市场专题调研。

1. 综合性的电力市场调研

综合性的电力市场调研以了解电力供需形势、存在问题、影响因素为主，调研内容应当全面反映电力的供需信息。综合性的调研工作涉及的调研对象众多，既包括政府公共部门，也包括用户。各电网公司在编写五年规划时的调研也属于综合性的电力市场调研，与年度的电力市场调研工作相比，该调研涉及的范围和时间都更广一些。

2. 电力市场专题调研

电力市场专题调研主要是为分析电力市场中的局部问题或突出问题而开展的调研工作，如在西北开展的高耗电行业用电调查，国家电网有限公司于 2019 年专题研讨泛在电力物联网建设典型问题，由国家发展和改革委员会经济体制综合改革司和电力规划设计总院在 2020 年 9 月开展的关于洛阳增量配电健康发展专题调研，国家能源局华东监管局 2020 年 9 月参加工信部（中华人民共和国工业和信息化部）电价政策成效的专题调研等。电力市场专题调研的调研范围相对较小，但调研更有深度，并且针对的都是新情况，具有较大难度。

二、电力市场调研方法

调研的方法可以从多个角度进行分类，从调研的具体方式看，可以分为观察法和询问法两种。

观察法是通过实验获取第一手调研资料的方法，在典型用户调研中常用到观察法，包括现场抄表、现场统计记录等。

询问法是调研者与被调查者直接或间接接触获取第二手调研资料的方法，常用的询问法包括问卷调查、座谈调研、实地访问、电话咨询、网络查询等。调研方法的特点如下。

1. 问卷调查特点

问卷调查获取的信息量最大，但该方法需要投入的人力与物力较多、耗时较长、并且问卷的设计将直接影响调研的质量。在普查和大规模抽样调查中，常采用问卷调查方式，根据用户分类的不同事先设计好相应的调查表让用户填写，最后对反馈回来的调查表进行筛选以剔除无效问卷，对有效问卷进行分类汇总，获取最终的调研信息。

2. 座谈调研特点

座谈调研效率较高，通过选取需要的受访对象，围绕调研主题，以一种比较自由的方式进行讨论，对非常了解某方面调研内容的专家，可以采用这种方式进行调研。这种调研方式需要调研人员将调研的主题和内容先交给受访者，使其有充分的准备。座谈会的规模要适中，一般 6～10 人即可，但需要不同领域人员的搭配。在座谈调查中，各个受访者之间可以相互启发、相互影响、相互补充、不断修正自己的观点，从而有利于取得较为广泛和深入的意见。在专题调研或电力供需影响因素调研中，常采用此方法，通过邀请不同领域的专家座谈，获得最终想要的信息。但由于权威人士的观点容易左右座谈内容，座谈调研有一定的片面性，需要调研人员有较强的观点甄别能力。

3. 实地访问调查特点

实地访问调查多用于对政府及公共管理部门、行业协会或重点用户的调查，该方法需要调研人员事先拟订调研提纲，通过调研人员和受访者的自由交谈或实地查看以获取调研信息。例如，对某地高耗电行业用电快速增长原因的调研，可以实地访问几家重点高耗电企业，了解它们的产能、产品销售情况、发展规划等，也可以访问高耗电行业的行业协会，了解大的市场环境和行业的政策等。通过实地访问，一方面可以增强调研人员的感性认识；另一方面在与调研对象的交流中，调研人员的调研思路也可以得到拓展，从而更进一步丰富调研的内容。

4. 电话咨询特点

电话咨询具有时效快、费用低等特点。个别数据调研或补充调研多采用该方法。

5. 网络查询特点

随着信息技术的不断发展，网络查询成为市场调研中的一种新技术。目前各级政府及公共管理部门、行业协会都建立有自己的网站，在这些网站中可以查询大量有用的信息。网络查询具有效率高、信息量大的特点。但调研所得的信息多为转载资料，因此要能甄别信息的可信度。

三、电力市场分析与预测的调研

电力市场分析与预测的调研属于综合性的电力市场调研，了解电力供需的外部环境、电力供需形势、电力供需中存在的问题、供需形势的发展方向是电力市场分析与预测调研的主要内容，电力市场分析与预测工作的调研也是目前在我国开展较为普遍的电力市场调研。

1. 电力市场的需求环境调研

电力市场的需求环境调研又可以分为现状环境和未来环境。现状环境包括当前的经济运行形势、宏观经济政策等；未来环境涉及宏观经济走势的影响因素，如经济的发展目标、经济结构的调整方向、宏观经济政策的走向、重点用电行业的发展规划等。这部分内容的信息主要来源于宏观经济部门、统计部门、行业主管单位。调研方式可采取座谈、访问、实地调查、电话咨询和网络查询等方法。电力市场的需求环境调研重点收集的资料包括：

（1）国民经济及各行业统计年鉴、统计局定期公布的经济运行快报、固定资产投资、经济增长速度、重要产品产量、各类价格指数、进出口情况、居民收入等。这部分调研所得资料主要用于电力市场当前的外部环境分析。

（2）中央政府、地方政府、发改委、国资委发布的最新政策法规以及财政金融部门发布的财政金融信息和文件。这部分调研所得资料主要用于电力市场供需状况成因分析和未来外部环境走势分析。

（3）重要行业的生产运行情况、重要行业主要产品价格的变动情况、重要行业建设情况。这部分资料可以从各行业协会取得。由于重点行业的用电对电力供需全局有较大的影响，因此重点行业的调研必不可少。对地方的电力市场调研，重要用电行业可以具体到企业，即典型用户和重要用户。

（4）随机因素调研，影响电力需求的随机因素主要为气温气象变化。其中夏季高温和农灌季节的干旱对电力需求的影响较大，相关资料可以通过对气象部门和水利部门的调研获取。

2. 电力市场的供应环境调研

电力市场的供应环境调研要了解发电燃料的供应情况，如燃料价格、生产能力、燃料质量、燃料运输情况等。这部分资料主要来源于煤炭、石油、天然气等行业的行业协会、能源主管部门。调研方式与电力市场的需求环境调研方式相同。

3. 电力消费实绩调研

电力消费实绩调研包括电力消费的增长情况、电力消费的结构、全社会用电、产业用电、行业用电、地区用电、负荷特性等。这部分数据来源于电网公司的统计部门、重要行业的主管部门以及重要行业的代表用户。调研方式多采用问卷调查和实地访问调查。需收集的重要资料包括以下几项。

(1) 电力统计年鉴、用电月报、调度旬报、8760小时数等。这部分资料主要来源于电力部门内部，属于内部调研。所得资料主要用于各类用电分析、负荷特性分析等。

(2) 行业用电情况。行业用电数据部分来源于电力部门内部，但由于分类未能细化，例如有色金属行业包括铝、铜、镁等多个分类，如果当前电解铝用电是分析的重点，则仅从行业用电分类中是看不到电解铝用电情况的，需要具体到行业内部进行用电调查，并结合前面的行业生产调查进行综合分析，得到较完整的分析结果。行业用电调查需要调查行业的生产规模、用电设备容量、用电量、产品单耗、主辅设备的用电安排等。了解行业的用电情况，一方面可以更完整地分析电力供需状况的成因；另一方面在用电紧张时期可以根据用户用电情况指导用户避峰，合理安排用电。

(3) 地区用电调查。对全国性的电力市场调研，地区用电调查指对各省级电网的用电调查；对省市的电力市场调研，地区用电调查指地市一级电网的用电调查。通过地区用电调查，可以发现电力供需中存在的电源布局、电网结构等问题，这对优化电力供应至关重要。

4. 电力供应调研

电力供应调研包括装机情况、发电生产情况、跨区送电情况、项目建设情况、投产安排、水库来水等。这部分数据来源于电网公司、发电公司、水利部门、气象部门以及国家电力行业的政府管理部门。调研方式主要采用座谈、网络查询等。

在不同的历史阶段，综合性电力市场调研的侧重点也将有所不同。在电力供应紧张时期，电力市场分析与预测工作的重点是全面反映电力供需状况、剖析电力供需紧张的成因，并提出相应的建议，相应的，电力市场调研工作的重点应放在了解供给的制约、低效和无效需求增长等方面。在电力供应过剩时期，电力市场分析与预测工作将侧重于在保证用电效率的前提下，如何引导用户合理使用电力，提高电网公司和发电公司的经营效益，电力市场调研工作也应根据和围绕这一主题开展。

四、电力市场专题调研

电力市场专题调研是了解电力供需新情况的重要手段，也是解决电力供需中出现新矛盾的必要手段，只有及时了解问题才有可能及时解决问题。专题调研要求有较高的时效性，因此宜采用座谈和实地走访两种方式。在专题调研中应注意把握以下原则。

1. 明确调研目的

综合性的电力市场调研规范性较强，在相当长的一段时间内主要调研对象都相对固定，专题调研是根据形势需要进行的调研，没有固定的调研对象，调研对象甚至是以前没有接触过的，因此一定要明确调研的目的，明确要达到调研目的需要取得哪些资料，做到有的放矢。

2. 量化调研结果

应当尽量量化调研结果。专题调研范围较小，要求具有一定的深度，因此要求调研的量化结果多、定性的分析少，以反映实际情况。

从当前电力市场特点出发，一般常见的典型调查专题如下：

(1) 负荷特性调研。

(2) 高耗电行业用电调研。

(3) 需求侧管理调研。

(4) 气温与负荷的关系调研。

五、抽样调查设计方法

电力市场抽样调查是反映用电特点的重要调研方法。抽样的原理在于样本是总体的一部分，所以必然带有反映总体的信息。但抽样毕竟不能覆盖所有调查对象，因此会存在误差，通过科学选取样本可以降低误差，以较少的调研支出尽可能真实地反映电力市场的特性。在抽样调查中，需要确定样本数目和样本的选取标准，设计合理的调查表。

1. 确定样本数目

确定样本数目，首先对所有用户进行分类，一般先根据行业划分，然后根据用电量、设备容量划分为大、中、小用户。根据不同行业用户大小的划分，按大用户多选、小用户少选的原则进行。按照企业数目、用电量数值等分配不同类型抽样数目。针对不同类型用户，抽样调查配额数目的分配原则如下。

（1）第一产业用电分类较少，且用电差异不大，在用电构成中的占比也不高，一般可以选择30%左右的用户进行调研。

（2）第二产业各行业一般单位数量较为有限，但用电量却较大，因此一般确定抽样原则为：抽样调查用户的年用电量总和应占到本行业年用电量总和的50%以上。建议大用户（各地区划分不一样，一般根据电压等级、设备容量、用电量划分）至少包括80%，应包括中等与小用户中有代表性的典型用户。

（3）第三产业各行业单位数量一般较第二产业多，而且多以中、小型为主，抽样原则为：抽样调查用户的年用电量总和应占到本行业年用电量总和的20%以上。建议大用户应包括30%以上，中等用户应包括10%左右。

（4）居民用户最多，但用电差异较小，针对调查所在地区居民数量，调查范围变化可以较大，根据需要一般在0.1%～1%均可。

2. 样本选取原则

在统计中，样本的选取分为随机抽样和非随机抽样两类。对各类用户的具体抽样原则如下。

（1）对于第二产业和第三产业大用户，可采用非随机抽样中的判断抽样技术进行抽样，由专家或调查人员根据自己的经验从用户档案中直接抽取样本。

（2）对于第一产业、第二产业、第三产业的中、小型用户，先采用随机抽样中的分层抽样技术对用户进行层次划分，然后采用随机抽样中的等距离随机抽样技术，从不同层次样本中选取一定比例的样本。

（3）农村用户、居民用户，也先对样本总体分层，分层依据可以按收入划分。然后采用等距离随机抽样技术从不同层次的用户中选取样本。

3. 设计合理的调查表

合理的抽样调查表设计是保证回收的调查表具有较高的可用性的关键，设计调查表时要把握以下原则：

（1）调查表要调查的问题应紧紧围绕主题。

（2）问题设计尽量给出选择答案，避免用户大量填写文字。

（3）问题简单、明确，不要产生歧义；由于电力行业的特性，涉及专有名词、术语等应给予一定的解释。

（4）问题数量要精简，以免用户产生厌烦心理。

（5）问题要透明，对于企业或个人保密的问题要特别设计。

调查表示例详见表 2-1～表 2-3。

表 2-1　　工业用户用电调查表

填表日期________________ 所属行业________________ 主要产品________________

填表单位____ 负责人____________

单位地址____ 电话____________

变压器总容量____________________kVA　电压等级____________________kV

生 产 用 电 情 况

生产设备名称（包括照明、动力、加热及电化学等环节）	总容量（kW）（含备用）	停产容量（kW）（不含备用）	运行容量（kW）	日运行时间	月运行天数

非 生 产 用 电 情 况

非生产用电总容量：________kW

设备类型	运行容量（kW）	日运行时间	备注
照明			
动力			
加热			
其他			

各月用电量统计表　　单位：万 kWh

年份	1月	2月	3月	4月	5月	6月	7月	8月	9月	10月	11月	12月
2011												
2012												
2013												

主要产品用电单耗：

产品 1 ____________________ kWh/(单位产品)

产品 2 ____________________ kWh/(单位产品)

产品 3 ____________________ kWh/(单位产品)

典 型 日 用 电 抄 表

记录日期______年____月____日

时间	有功电表指示数			有功电表小时用电量	无功电表指示数（倍率×）	无功电表小时用电量	电压（kV）	电流（A）
	（倍率×）	（倍率×）	（倍率×）					
0								
1								
2								
3								
4								
5								
6								

续表

时间	有功电表指示数			有功电表小时用电量	无功电表指示数	无功电表小时用电量	电压 (kV)	电流 (A)
	(倍率×)	(倍率×)	(倍率×)		(倍率×)			
7								
8								
9								
10								
11								
12								
13								
14								
15								
16								
17								
18								
19								
20								
21								
22								
23								
共计								

表 2-2　　第三产业用户用电调查表

填表日期：______年____月____日　所属行业____________

填表单位：____________________　负责人：________

单位地址：____________________　联系电话：________

一、基本情况（在含有的项目上打“√”）

单位总建筑面积：____________ m^2　空调面积：____________ m^2
采暖面积：____________ m^2　职工人数：____________人

二、用能及营业情况

1. 用电设备总容量：________kW　变压器总容量________kVA　电压等级________kV

2. 2011 年最高负荷（kW）：________，2011 总用电量（kWh）：________
2012 年最高负荷（kW）：________，2012 总用电量（kWh）：________
2013 年最高负荷（kW）：________，2013 总用电量（kWh）：________

3. 2013 年执行电价：峰________元/kWh　平________元/kWh　谷________元/kWh
2013 年使用峰平谷电量分别为：
峰段电量________万 kWh　平段电量________万 kWh　谷段电量________万 kWh

主要设备用电调查表

种类	总容量（kW）	夏季运行情况		冬季运行情况	
		运行时间	运行容量（kW）	运行时间	运行容量（kW）
1. 照明设备					
2. 制冷设备					
（1）空调系统					
（2）食品冷藏机					
3. 中央空调系统					
（1）空调制冷设备					
（2）风机					
（3）水泵					
（4）冷却塔					
4. 供热用电设备					
5. 传输设备					
6. 办公设备					
7. 其他设备					

表 2-3 **城镇居民生活用电调查**

住址________；家庭人口________；住房建筑面积________m²

现用电表额定电流：________A； 希望电表的额定电流：________A

用能设备	功率（W）		日使用时间段	备注
照明灯				
电视机				
电冰箱				
洗衣机				每月使用____时间
录像机				
影碟机				
音响				
空调				从____月到____月
电风扇				从____月到____月
电热水壶				
电饮水机				
微波炉				每月使用____时间
电烤箱				每月使用____时间
电饭煲				
电淋浴器				
电熨斗				
吸尘器				每月使用____时间
电暖器				从____月到____月
计算机				

户平均月收入（请打√）：1000 元以下□，1000～2000 元□，2000 元以上□

第三章　社会经济分析与预测

第一节　社会经济预测的步骤及内容

一、对国家或地区进行发展阶段的定位

人类社会的发展可从不同的角度划分为不同的发展阶段，从经济发展水平来划分，可分为四个阶段：第一阶段为农业社会阶段，第二阶段为初级产品生产阶段，第三阶段为工业化阶段，第四阶段为发达经济阶段。其中，工业化阶段又可以分为两个阶段，即重工业阶段（以基础原材料工业和加工装配工业为重心）和高加工度阶段（以资源密集型和技术密集型加工工业为重心）。发达经济阶段为工业化后期阶段，又称为技术集约化阶段，现在又称为电子信息阶段。

世界银行采用划线分组法，以人均国民生产总值（GNP）进行发展阶段分析，具体见表3-1。

表3-1　以人均国民生产总值划分发展阶段

人均国民生产总值（美元）	发展阶段（以经济水平）	发展阶段（以生活水平）	国家分类
—	农业社会阶段	贫困	贫困国家
755～1350（995以下）	重工业阶段	小康	低收入国家
1350～2996（996～3895）	高加工度阶段	小康—富裕	下中等收入国家
2996～9265（3896～12055）	高加工度阶段	富裕	上中等收入国家
9266以上（12055以上）	发达经济阶段	富裕	高收入国家

注　人均国民生产总值括号内数字为2018年美元（前2年和当年平均汇率），括号外数字为1999年美元（前2年和当年平均汇率）。

二、分析国家或地区所处发展阶段的总体图像与主要指标

一个国家的发展阶段应以经济发展水平和人民生活水平进行衡量，世界许多学者在考察不同类型国家时，发现尽管其发展进程各异，但属于相同发展阶段的国家存在许多共同点，从体现经济发展水平和人民生活水平的各个侧面进行分析，相同发展阶段不同国家的产业结构、劳动力结构、消费结构、城市化、老龄化、人口素质、文化、教育、科技水平提高等呈相似变化趋势。当代著名发展经济学家钱纳里教授等分析了100多个不同收入水平国家随着人均国民收入变化而呈现不同结构的变化特点，即产业结构、劳动力结构、消费结构、城乡结构等随着人均收入的变化而变化。在一定的经济发展阶段，不同的国家与地区，由于其地理位置、资源条件、技术水平、经济实力、人口素质、历史文化的差异，结构也会有一定差异，但随着经济发展阶段的变化，不同收入水平各类结构变化的趋势是一致的。人均GNP高的国家产业结构的特点是：农业比重很低，约占5%左右；服务业比重很高；工业、制造业比重低于服务业，但高于农业比重。人均GNP低的国家产业结构特点是：农业比重高；服务业比重低；工业、制造业比重高。人均GNP高的国家劳动力结构与产业结构呈相同特

点：农业劳动力比重很低，服务业劳动力比重高，城市化程度高，城市人口占总人口比例高达 70%以上。

三、分析未来经济发展目标及政策

在发展阶段定位后，分析国家或地区对未来经济发展制定的目标及相应的政策，研究未来经济，如国家制定的"三步走"战略目标、2020 年全面建成小康社会目标、政府的区域发展政策以及各地区政府制定的经济发展目标，以及所处的国际环境等判断其经济发展趋势。

四、市场经济条件下分析发展特点

在市场经济前提下，分析国家或地区的资源、资金、科技、人才等实力及历史上经济发展特点，判断未来的经济发展趋势及产业发展特点。

五、选择经济预测模型，确定模型结构

根据经济预测的目标要求及预测时间长短，选择经济预测模型，确定模型结构。一般来说，中长期（2 年及以上）的预测模型构成有人口、生产、资本、技术进步及需求子块等，人口子块构成分城市和农村，并分成四个年龄段；生产子块中产业构成包括第一产业、第二产业（高耗能工业分别列出）、第三产业（交通运输邮电业、商业和服务业）；需求子块包括中间需求和最终需求，然后确定预测内容。通过模型计算要求的经济指标，一般包括经济发展水平、产业结构、工业内部结构调整、高耗能行业的发展、居民收入及消费水平、消费结构、人口、劳动力及结构、城市化率、固定资产投资、技术进步和环境等。短期预测（2 年以下、季预测）的预测模型构成有生产、资本、消费、财政、金融、对外贸易子块等，通过模型计算的经济指标有总量及产业指标，全社会固定资产投资，价格（商品零售价格指数、居民消费价格指数、投资品价格指数等），居民收入与消费，消费品市场，财政收入与支出，金融（新增贷款、新增货币发行等），对外贸易（进出口总额等）。

六、进行多方案的经济社会预测

影响未来的经济因素有很多，并且存在着较大的不确定性，要进行多方案经济社会预测。多方案经济社会预测实质为进行情景方案设计，一般考虑：①基础方案——考虑国家或地区的发展目标及产业政策、人口政策等，并考虑技术进步的实现程度；②经济社会低速发展方案——考虑未来可能出现的事件，而影响经济社会发展；③政策方案——未来国家政策变动，而影响经济社会发展，如人口政策的变动、产业政策的变动。

七、对预测结果进行分析

对预测结果进行分析的主要内容包括：

（1）国家在世界中的位置或地区经济在国家经济中的位置。

（2）实现的可能性与存在的问题，以及应采取的政策措施等。

第二节　社会经济发展状况的评价体系

一、评价指标

评价一个国家或地区的社会经济发展状况，不论它是处于什么发展阶段，都可以用经济和非经济两类指标评价。经济类指标主要包括国内生产总值与人均国内生产总值、产业结构、居民收入与消费、固定资产投资等；非经济类指标主要包括就业与城市化率、资源与环境等。

（一）经济类指标

1. 国内生产总值与人均国内生产总值

国内生产总值表示经济实力，人均国内生产总值表示发展与富裕程度。人均国内生产总值既是发展阶段的重要标志，又与经济社会发展的各类指标有着密切关系。所以说，人均国内生产总值是整个指标体系中的一个根本性、标志性的指标。根据世界银行 2018 年的划分：低收入国家为 995 美元以下，下中等收入国家为 996～3895 美元，上中等收入国家为 3896～12055 美元，高收入国家为 12055 美元以上。根据国家统计局数据，我国 2019 年人均国内生产总值突破 1 万美元，已经跨入上中等收入国家门槛。上中等收入国家的标准跨度相当大，下限为 3896 美元；上限为 12055 美元。

2. 产业结构

经济发展离不开经济结构调整，产业结构是随着经济的发展而变化的。随着经济的发展，工业化程度的不断提高，第一产业比重将呈下降趋势，第三产业比重将呈上升趋势。

3. 居民收入与消费

经济增长的动力为消费、投资与净出口。消费和投资称为国内需求，净出口称为国外需求。居民收入随着经济发展而增长时，会影响消费与消费结构，进而又影响经济发展。居民收入与消费指标包括以下几个。

（1）城镇居民实际人均可支配收入。

（2）农村居民实际人均纯收入。

（3）消费结构：随着居民收入的增加，消费结构也出现了升级趋势，食品支出比重下降，住房、交通、文化教育支出比重上升。这些新的消费热点的形成和发展不仅有力地拉动国内需求的增长，而且还带动了房地产、交通、文创产业等一大批相关部门的发展。

（4）恩格尔系数：恩格尔系数是食品消费支出在总消费支出中所占的比例，是衡量经济发展的重要指标。2000 年，全国恩格尔系数为 46%。2019 年全国居民恩格尔系数为 28.2%，连续 8 年下降，预计未来几年还会持续下降。一般来说，随着收入的增加，恩格尔系数趋向下降，居民生活水平相应提高。联合国粮农组织曾依据恩格尔系数将生活水平划分为下列标准：恩格尔系数在 59%以上者为绝对贫困状态的消费，50%～59%为勉强度日状态的消费，40%～50%为小康水平的消费，20%～40%为富裕状态的消费，20%以下为最富裕状态的消费。

4. 固定资产投资

固定资产投资直接影响经济增长，若投资与消费增长速度都非常快，导致严重的通货膨胀，GDP、投资、消费、价格指数以及货币供应量这几个宏观总量指标都出现了过快的增长，这时国家就应该采取紧缩性的财政与金融政策。若投资和贷款的增长过快，但国内消费仍处于需求不足的状态，物价变动水平尚未完全摆脱通货紧缩的阴影，这时政府采取的措施不是总量控制，而是结构调整，特别要注意财政改革与金融改革的协调与配合。若投资与消费明显不足，导致严重的通货紧缩，这时政府应采取扩张性的财政与金融政策。

（二）非经济类指标

1. 就业与城市化率

（1）就业：不断增加就业岗位是为了发展经济，提高人民收入水平，保障社会稳定。但我国人口众多，劳动力数量多，尽管经济高速增长，创造了众多的就业岗位，但仍难以满足充分就业的要求。其原因一方面是劳动力资源不断增加，另一方面是经济增长对劳动力的需求在逐渐减少。由于技术进步与结构调整，我国每一个百分点的经济增长所创造的就业岗位在20世纪80年代约为240万个，而从90年代以来只有70万～100万个。今后经济增长对就业的拉动作用还会继续降低。因此，就业问题将是今后几十年内要特别关注的大问题。

（2）城市化率：随着经济的发展和产业结构的变化，伴随着农村劳动力向城市转移和城市人口的增加，城市化率逐年提高，影响了就业结构。我国近10年的城市化率年均提高一个百分点，2000年为36.2%，到2020年可达到60%左右。从国际经验看，工业化中期阶段是城市化率提高最快的时期。

2. 资源与环境

我国经济的高速增长给资源与环境带来了极大的压力。我国是世界国土面积最大的国家之一，自然资源也很丰富。但由于地形复杂，水土资源短缺，生态环境脆弱，长期以来，由于生态环境先天不足，而人口增长过快，经济发展迅速，生产与消费方式不合理，使我国生态环境遭到了较为严重的破坏。全国水土流失面积占国土面积的38%，荒漠化（含荒漠）土地面积占国土面积的28%。未来，大部分矿产资源供应不足，能源已成为制约未来经济社会可持续发展的重要因素。尤其是石油产量严重不足，从1993年开始我国已成为石油净进口国，而且石油进口依存度逐年增加，目前已达70%以上。石油的大量进口，对国家经济安全将是一个严重挑战。同时，大气污染、水污染、固体废弃物污染以及温室气体等环境问题也很严峻。因此，要高度重视我国的资源与环境问题，在经济社会发展中，资源、经济、社会、环境相互协调，坚持可持续发展观，强调资源的综合利用。资源要开发、保护、节约并重，寻求并优化经济发展模式，走循环经济模式的道路，力争资源做到减量、再利用、循环原则，少排污染物。

二、影响经济发展状况的主要因素

（一）发展阶段的影响

一个国家的发展阶段应以经济发展水平和人民生活水平进行衡量，两者是密切相关的，整体经济实力是人民生活质量提高的基础和前提条件，人民消费质量的提高是国家经济实力提高的必然结果和内在动力。

1. 产业结构变化

影响产业结构变化的主要因素有：生产力发展水平、资源结构、需求结构、对外经济关系及社会经济活动的调节机制等。从各国经济发展的一般规律看，产业结构总是呈现出由第一产业占主导地位，逐步向第二产业、第三产业占主导地位的方向依次递进的趋势，"三次产业"的比例关系同经济发展水平之间有着共同的规律。

结构调整一般有两种情况：一是科学技术的不断发展，推动社会生产力提高到一个新水平，并出现了新产业，从而引起原有结构的相应变化；二是现有结构不够合理，与经济发展不够协调，从而使生产的各个相关环节不协调，需要进行调整。从各国经济发展的经验来看，这两种调整总是同时存在的。

2. 产品结构变化

由于技术进步在各行业的渗透，工业内部产品结构不断进行调整，因此产品的增加值率（增加附加值）提高是结构调整的方向。

引起工业内部结构调整的因素如下。

第一，不同的经济发展阶段具有不同的产业结构与消费结构。目前工业内部结构仍以传统工业为主，初加工、粗加工产品比重大，高精尖技术装备和产品主要依赖进口。随着技术装备水平的提高，高附加值低消耗产品的增加，引起工业内部结构的调整。

第二，国家宏观政策及市场作用的影响。

第三，工业产品生产设备与生产过程的技术改造与引进新技术是降低成本、提高附加值的根本措施。

3. 消费结构变化

随着经济的发展，人们收入日益增长，消费水平不断提高，进而促进人们消费观念、消费内容和消费结构的变化。反过来，消费结构与消费内容的变化，又影响着经济发展。

当然消费结构不仅与收入水平有关，而且与各种消费品的相对价格有关。经济学家和统计学家的研究结果是：首先，食品支出份额随收入水平的上升而下降；其次，衣着支出份额在较低收入水平时随收入水平上升而上升，在较高收入水平阶段随收入水平上升而下降；最后，住房消费比重随收入水平上升而上升。

（二）国际经济环境的影响

目前我国经济正在加快融入世界经济中，世界的运行态势已成为影响我国经济发展不可忽视的重要因素。其主要原因为：①我国外贸依存度较高，也就是商品的进出口值在GDP中占的比例较大；②外资的引进。

2008年全球金融危机之后，世界经济进入了低增长通道；2011年全球需求疲软导致商品价格普遍下降；2012年起发达国家深受债务问题和财政紧缩的困扰，明显表现出经济复苏动力不足，全球金融状况恶化，经济增长下滑风险加剧；2016—2019年，新兴经济体国家因结构性问题、投资疲软等问题导致国内生产总值增长率仅为2.3%，其他大多数国家出现了经济增速回落，其中2018年世界国内生产总值增长率为3.5%；据国际货币基金（IMF）报告，2019年全球将近90%的经济体成长放缓，全球经济陷入同步减速，2019年的经济增长率创下2000年以来最小升幅。经济学家普遍认为，若全球经济增长率仅为2.5%，则表明出现了全球性经济衰退。

全球经济衰退对我国经济的影响是明显的。国际经济环境遇冷，我国经济也同步降温，例如美国是我国最大的出口市场，美国因2012年次贷危机经济增长减速，我国受其影响外需增长明显缓慢，出口大大减少，我国的出口增速从2004年的35.4%到2012年的7.9%，之后几年又很难突破10%。

（三）宏观经济形势及宏观经济政策的影响

一个国家或地区政府为保证所在国家或地区的经济社会协调稳定发展，必须根据实际制定短期与中、长期的经济社会发展政策，如我国政府早在20世纪80年代就提出到2050年实现“三步走”的战略目标。2017年提出“三阶段”的战略目标，即2020年全面建成小康社会，2035年基本实现社会主义现代化，2050年全面建成社会主义现代化强国。

由于经济社会构成了一个系统的有机整体，社会经济内部客观存在极其复杂的各种相关因素，这些因素相互作用和影响，构成了经济社会的运行动力。在不同的经济制度或体制下，经济社会系统的运行动力是不同的。在高度集中的计划经济体制下，其动力是外在性的来自上级对下级的行政命令。在市场经济体制下，其动力来自经济主体自身利益的追求，在追求利润最大化的价值取向推动下，经济运行主体主动地依据市场变化展开自主经营。国家为了国民经济的协调发展，随时会依据市场的各种变量的变化调节经济的运行，这种调节经济运行的行为称为宏观调控。宏观调控的具体任务是制定经济发展的中长期计划、制定产业政策和技术政策、引导产业结构的技术结构的升级和优化、协调经济发展中部门关系和地区关系、培育市场体系、制定合理的个人收入分配政策等。调控手段主要为金融政策与财政政策。

金融调控手段是直接体现和贯彻国家货币政策的一种重要的宏观调控手段，经济运行与货币供给紧密相关，而金融调控手段就是通过控制货币发行量和货币流通速度以及利率变化来实现社会的协调发展。

财政政策手段是直接体现和贯彻国家财政政策的一种重要的宏观调控手段，主要通过税收、国债、财政补贴等政策，实现社会总供给与总需求平衡。

第三节　高耗能产业发展状况的预测

一、高耗能产业发展分析

（一）发展阶段分析

高耗能产业主要包括钢铁、化工、建材、有色金属等行业，是工业化社会的基础产业，是生产品与消费品的主要原材料，高耗能产业发展与发展阶段密切相关。根据产业生产周期理论，产业要经历发展初期、增长期、饱和期、衰退期等四个阶段。

1. 增长期

在工业化阶段中的重工业化阶段（以基础原材料工业和加工装配工业为重心）中发展高耗能工业尤为重要，属于增长期，因为在工业化初中期阶段（重工业阶段）的主要任务是集中较多的资金发展基本原材料、交通运输等部门，在这个阶段中完成城市化率的提高、城市人口的增加、第三产业的发展所需要的城市规模扩大及基础设施的建设。同时，人民生活也有一定提高，住房条件的改善，汽车、电器设备等逐步进入居民家庭等，都需要发展高耗能工业。

2. 饱和期

当工业化阶段进入高加工度阶段（以资源密集型和技术密集型加工工业为重心），应采用新的科学技术来发展传统的基础工业、制造业和其他产业。我国新型工业化阶段属于高加工度阶段。走新型工业化道路必须以信息化带动工业化，加快发展带动性强的主导产业，加快采用高新技术和先进适用技术改造传统产业，大力发展适合国情的劳动密集型产业，加快发展现代服务业，大力推行可持续发展战略，促进区域经济协调发展等。在此阶段中，高耗能产业虽然也需要发展，但其增长速度应低于重工业阶段。重点不是规模的扩大，而应是产品质量的提高和技术含量的增加。高耗能产业在此阶段中逐步走向饱和期。

3. 衰退期

当完成工业化走向现代化社会时，高耗能产业走向衰退期，这是因为现代化社会时，与高耗能产业相关的产业也进入衰退期，第三产业和新兴产业比重增加，高耗能产业的需求量减少，替代材料取得了高速发展。

（二）参考国外经验，研究分析国家及地区的高耗能产业的发展

根据发达国家发展经济的经验，高耗能产业的产量与 GDP 呈一定关系，人均高耗能的

产量与人均 GDP 相当长的范围内呈正相关。当人均 GDP 达到 8000 美元以上，高耗能产量达到饱和值以后，高耗能工业的发展将呈下降趋势。根据产业生产周期理论，可计算高耗能产业的饱和时间。产量方程为

$$Y = K/1 + e^{\beta(A-t)}$$

式中：K 为饱和值，当 $t\to\infty$ 时，$Y=K$；当 $t=A$ 时，$Y=\frac{K}{2}$（即 A 为产量达到饱和值一半所需时间）；β 为陡峭程度。

当参照国外经验时，不仅要考虑我国国情，也要考虑我国目前处于科学技术高度发达的时期，应该采用新的科学技术走新型工业化道路。在新型工业化阶段中，对高耗能产品的发展，首先不是考虑规模的扩大，而是要考虑产品质量的提高，多增加技术含量高的产品，优化高耗能产品结构，以节约能源与降低原材料的消耗。

（三）在国家宏观政策下分析市场需求，研究国家及地区高耗能工业发展

在全球经济一体化的今天，高耗能产业的发展应分析国内外两个市场的需求，从我国国情来说，能源是我国未来经济社会可持续发展战略实施的主要约束，因此，出口高耗能产品是不适宜的，应在可能的前提下，进口一些高耗能产品。对高耗能产业的发展，更多地关注国内市场的需求，尤其要在自主开发与积极引进和采用国外先进技术的条件下大力发展市场需求旺盛、科技含量高的高耗能产品。

二、主要高耗能产品的发展预测

以钢铁工业为例进行发展的预测（建材及化学工业参照此预测内容及方法）。

（一）参照国外经验

钢铁产品主要包括钢、钢材、生铁等，有烧结、炼铁、炼钢、轧钢等生产工艺。美国、德国、英国、日本和法国五个国家钢产量从 20 世纪 80 年代初进入衰退期，主要表现为钢产量下降或达到零增长。衰退期发生在人均 GDP 为 8000～20000 美元，这五个国家的人均 GDP 与人均钢产量的关系见表 3-2。

表 3-2　人均 GDP 与人均钢产量的关系

人均 GDP	人均钢产量
1000 美元	70～75kg
4000 美元	100～200kg
8000 美元	140～300kg
20000 美元	254～527kg

1980 年美国人均钢产量为 403kg/人，日本为 527kg/人，法国为 254kg/人。据此分析，世界上一般采取人均钢产量饱和值为 200～400kg/人。这五个国家钢产量衰退期发生在 20 世纪 80 年代初期的原因如下。

（1）这些国家后工业化社会的到来（即已完成工业化过程），第三产业、新兴产业，如电子计算机的发展，对钢铁的需求量减少。

（2）替代材料的发展，如铝、工程塑料替代钢。

（3）与钢铁密切相关的产业进入饱和期。这些国家 20 世纪 80 年代初已完成工业化进程，工业比重下降，基础设施、装备制造业等产业也呈饱和状态，对钢铁的需求量下降。

（4）产业政策与环保政策的影响。20 世纪 70 年代至 80 年代，环境问题逐渐为人们所重

视，依靠大量消耗能源发展高耗能产业的经济发展模式受到了怀疑，人们纷纷认识到经济社会发展模式应是可持续的，即在发展经济的同时，要保护好环境及优化利用资源。资源的利用不仅要考虑当代人的需要，更要考虑后代人的需要。

（二）预测钢铁行业的发展

采用因果关系预测方法中的线性回归法与非线性模型法或投入产出模型预测未来钢铁行业的发展。

1. 回归预测模型

线性回归预测模型与非线性预测模型原理是基于事物之间各种相关关系（线性或非线性）的一种数理统计预测。在预测中，首先要对预测对象（因变量）进行分析，确定影响其变化的一个或者多个因素（自变量），从观测样本数据中自变量与因变量的关系，确定方程性质（一元线性回归、多元线性回归、指数预测方程、对数预测方程等）。在预测钢铁行业的发展中，可以采用 GDP 与钢产量关系，也可以采用人均 GDP 与人均钢产量关系，通过历史样本的两者之间关系，预测未来在某个 GDP 或人均 GDP 时的钢产量或人均钢产量。

2. 投入产出模型

建立国民经济各产业的投入产业表（价值型或实物性），通过投入产出行模型，满足如下平衡关系

中间产品＋最终产品＝总产品

引入直接消耗系数 a_{ij} 反映产品间相互消耗的关系，可以计算出某一时间高耗能工业的产值或产量。

3. 生产周期模型

根据产业生产周期，计算高耗能工业（钢铁工业为例）的饱和值及饱和时间。

三、电价变化对高耗能行业发展的影响

（一）电力需求弹性系数分析

根据经济理论，商品价格上升，需求量下降。如图 3-1 所示，即电力需求曲线是一个递减函数，电力需求弹性系数是价格的单位变化所引起的需求量变化，其数学表达式为

$$\beta=\frac{\dfrac{\mathrm{d}\theta}{\theta}}{\dfrac{\mathrm{d}\rho}{\rho}}=\frac{\mathrm{d}\theta}{\mathrm{d}\rho}\times\frac{P}{Q}$$

式中：β 为电力需求的价格弹性，$\beta<0$；θ 为电力需求量；ρ 为电力价格；P 为价格；Q 为电力需求量。

电力需求量 Q 与价格 P 关系为

$$Q=kP^{\beta}$$

式中：k 为比例系数。

从式中可以看到，电力需求弹性系数的数值不仅取决于需求曲线的斜率 $\dfrac{\mathrm{d}Q}{\mathrm{d}P}$，还与变动发生在哪个（$P$、$Q$）点上有关。

从定性角度看，如果电力供应对需求的满足程度较高，那么价格上升就会引起需求量较大幅度下降，如果一个国家或地区电力供应对需求的满足程度差，则价格上升对需求量影响也小。

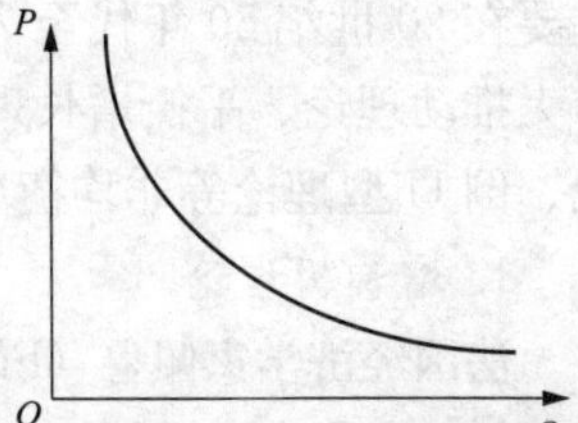

图 3-1　电力需求曲线示意图

(二) 电力需求的收入弹性系数分析

电力需求收入弹性系数为收入变化对电力需求量的变化，电力需求可以理解为消费者收入Y的函数，电力需求曲线（相对收入）如图 3-2 所示。一般这种函数的表达式为

$$Q = KY^{\alpha}$$

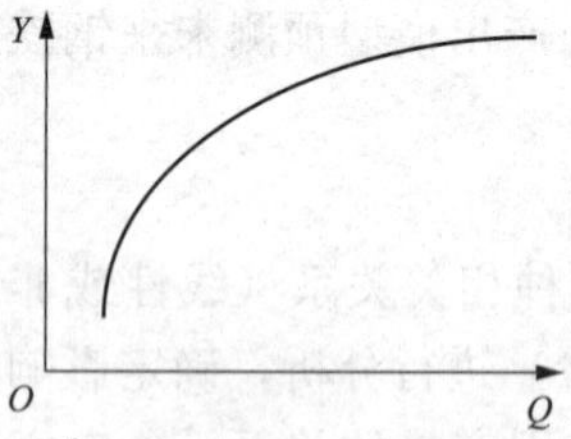

图 3-2 电力需求收入曲线示意图

式中：K为常数；α为电力需求的收入弹性，$\alpha>0$；Y为消费者收入。

当消费者的收入充分时，α很可能趋近于零，当收入进一步增加，并不一定等于能源直接需求的增长，但从多年平均变化来说，收入弹性缓慢变化，电力需求曲线（相对收入）是一个递减函数。同样，电力需求的收入弹性系数值不仅取决于需求曲线的斜率$\frac{dQ}{dY}$，还与变动发生在哪个（Y、Q）点上有关。

进一步分析电力价格变化对高耗电行业的影响，当电力价格上升时，由于高耗电行业用电量大，因此支出电力费用增加，即生产成本增加，收入减少，最终影响电力需求量减少，影响高耗电行业的发展。要做到高耗电行业不受电价影响，就必须通过技术投入降低电力需求量，即降低电力消费支出占总成本的比例，这样当电价变化时，高耗电行业可以少受或不受影响。从我国实际情况看，高耗能行业电力消费支出占其总成本的比例较高，大约在10%～30%，所以电价变化对高耗能行业发展的影响应是较大的。

第四节 区域经济发展的预测

一、几种主要的区域发展理论

由于不同区域的资源条件、人口素质、教育水平、科技水平、基础设施、资金状况、经济效益、市场发育及发展历史等的差异，各地区间的差距总是存在的，而且还有扩大的趋势，但地区间悬殊的差距也会对国家的经济发展产生严重的负面影响，可能引发社会安定问题。分析地区间的差距应控制在一个适度的范围内，即实现地区经济的协调发展，应从四个方面考虑：第一，是否处理好了“效率”与“公平”的关系；第二，是否促进了国民经济整体效益的提高；第三，各地区的比较优势是否得到了较好的发挥；第四，区域经济发展是否表现为一种“帕累托改进”。也就是说，在区域经济发展方面存在均衡发展与非均衡发展两种模式、两种政策。在此前提下，相继出现了许多区域经济发展理论。

区域非均衡发展理论最突出的内容是强调区域经济发展的差异及相互间的影响。而均衡发展理论则强调区域间的渗透、推动，使区域经济由不均衡向均衡发展。区域经济发展理论主要在20世纪50年代至70年代形成并发展起来，而且还在不断发展中，其中影响较大的有大推动理论、平衡增长理论等均衡增长理论和增长极理论、都市群理论、区域梯度推移理论、倒U型理论等非均衡增长理论。

1. 增长极理论

法国经济学家佩鲁（Franeois Perrour）和代维尔（J. R. Boudeville）的增长极理论认为，经济增长首先集中于增长极，增长极的内涵既包括具有支配和推进作用的主导产业，又包括各方面条件优越的地区，通过增长极产生的扩散效应，带动邻近地区或其他部门的共同发展。

2. 都市群理论

区域经济增长极理论呈现出点状拉动，发展为面状拉动，到目前发展为组团式拉动，即组团式的都市群理论。

3. 区域梯度推移理论

该理论强调推动经济发展的创新活动（包括新产品、新技术、新产业、新制度和管理方法等）主要发生在高梯度区域，高梯度区域向低梯度区域推移。该理论的主要观点是区域经济的发展取决于其产业结构的状况，而产业结构的状况又取决于该地区的经济部门，特别是主导产业在工业生命周期中所处的阶段。如果其主导部门由创新占主体的部门组成，则说明该地区具有发展潜力，将此区域列入高梯度区域，随着时间的推移及生命周期阶段的变化，生产活动逐渐从高梯度地区向低梯度地区推移，这种梯度推移的过程主要通过多层次的城市系统扩展来完成。

4. 倒U型理论

该理论强调在一国经济的早期阶段，区域间的不均衡增长是显著的，之后随着经济的发展，区域间的不平衡程度将趋于稳定，当达到发展成熟阶段，区域间的增长差异会渐趋缩小，区域经济将趋向均衡增长。这是区域经济发展过程中的必然现象。目前对这种理论还有争议。

二、区域经济发展模式在我国的实践

根据区域经济发展理论和实践的战略性框架特征，在我国区域经济发展可分为四个主要的时期。

1. 20世纪80年代上半期

这段时期主要成形的是增长极理论和区域梯度推移理论。区域经济的整体形态是以点状与面状拉动为主导特征，以东部4个经济特区、14个沿海开放城市、49个国家经济技术开发区和53个国家高新技术开发区为代表，努力发挥拉动作用。

2. 20世纪80年代末期

这段时期主要成形的是国际大循环理论，其背景是东部的进一步发展，面临着与中、西部争夺原材料和市场的激烈矛盾。即东部的发展应当主要着眼于国际市场的竞争，应当“两头在外，大进大出”。同时，国际大循环理论一经提出，便迅速引起决策层的高度关注，并被采纳。

3. 20世纪90年代末期

中央的区域发展政策逐渐转变为效率、公平兼顾的地区协调发展，并相应出台了一系列的政策，如做出了西部大开发的战略性决策，其背景是东中西部经济发展差距的拉大引发的问题，以及缩小差距的努力所能带来的收益前景等，即“有目标、分阶段地推进西部地区人口、资源、环境与经济社会的协调发展”，通过西部的发展，以期缩小东西部的差距。2002年，中央再次做出振兴东北老工业基地的战略性决策，把振兴东北“摆在更加突出的位置”，这是我国“新世纪新的发展阶段中重大而紧迫的任务”。中央振兴东北老工业基地战略决策的目标既是发展东北，又是借助东北老工业基地的基础、技术、人才优势，为全国发展做出贡献。因此，经过20多年改革开放的历史磨炼，我国实际上已经形成了自然和政策性的四大经济区域，即东部、中部、西部和东北。

著名社会学家郑杭生提出，西部发展主要表现为“开发”，而东北振兴的关键在于“转型”。这个分析十分精辟。对于四大经济区域的发展战略格局，政策目标是：“西部提速，东北攻坚，东部保持。东西互动，拉动中部”。许多学者认为在四大经济区域中，牵一发而动全身的关键点在中部。因为东部市场经济的环境、观念和体系已经比较成熟，其自身已经具有了内生性的良性发展能力；西部的开发和东北的转型，可能需要较多的投入，而且周期长、见效慢，不能急于求成；中部是较丰富的综合经济体，潜力和承载能力很强，只需加大改革开放的力度，就能在短期、中期、长期里，不断取得明显和持续的收益。并且，中部位于东部、西部和东北的地理核心，因此经济的沟通、辐射和互动的能力较强。

4. 2003 年以来

中共十六届三中全会提出了统筹区域发展的总体战略，完善区域政策，遵循市场经济规律，形成若干个带动力强、联系紧密的经济圈和经济带，统筹城乡，促进大小城市和小城镇协调发展，以特大城市为依托，形成辐射作用大的城市群。这一时期的主体功能区规划是我国区域经济发展的战略创新，不仅统筹考虑未来环境、人口、资源、生态的发展趋势，明确不同区域的功能定位，还优化了生产力的空间布局，构建区域经济优势互补。

由于中国地域范围广大、地理差别明显，为了更好地将以上区域战略落到实处，产生更大的效果，近几年来，我国政府又先后发展珠江三角洲、长江三角洲、福建省海峡两岸经济区、黄河三角洲、包括陕西和甘肃两省部分地区的关中、天水经济区、中原经济区等 10 多个区域来落实区域经济。

三、区域经济一体化的态势及我国区域经济的发展

（一）区域经济一体化的态势

目前，经济全球化时代已来临，经济全球化扩大了世界市场的规模，促进了国际分工和国际竞争，总体上看，经济全球化是一个有利于全球福利增加的过程。但在现实生活中，经济全球化发展的后果并非都是积极与正面的，还会带来相应的风险与负面效应。由于经济全球化是一个自发的市场机制起作用的过程，其作用的结果往往是“强者获利，弱者受损”。经济全球化对一些发展中国家来说，往往是挑战大于机遇。为了化解经济全球化带来的风险与挑战，世界各国积极寻找对策，区域经济一体化应运而生。如果说经济全球化是一个自发的市场机制起主导作用的过程，那么区域经济一体化则是一个国家起着主导作用的过程，这样风险是可以得到控制与化解的。

20 世纪 90 年代以来，区域经济一体化显示出强劲的发展势头，已成为提高区域经济竞争力，实现区域经济快速发展的必然选择。

21 世纪初，世界各国为了增强国际竞争力，减少金融、贸易、投资等风险，倡导区域经济一体化作为国家的发展战略。

（二）我国区域经济的划分

1. 我国区域经济划分原则

在国际区域经济一体化的背景下，我国区域经济划分原则为：

（1）自然条件相近，主要包括地区的地理位置、地质、地形、气候、水文、生物、土壤等自然资源赋存状况。

（2）经济发展水平接近，主要包括经济发展总体水平、经济开放程度、产业结构特点和未来经济发展方向。

（3）社会结构相仿，主要包括人口、文化、教育、科学、技术等。

（4）兼顾行政区划的完整性。

（5）空间上相互毗邻。

2. 我国区域经济划分考虑的因素

在区域经济一体化的背景下，我国区域经济划分还应考虑以下因素。

（1）层次性。经济区域的划分是国土面积较大国家调控经济发展的重要内容之一。其根本目的在于发挥各地区的比较优势，实现产业的合理分工、布局以及资源的最优配置，达到缩小地区差距和促进地区经济协调发展，最终保证整个经济持续、稳定、健康发展的目的。从政府管理的角度看，经济区域划分的目的是便于对整个国家的不同地区进行分层次、有重点的监控和管理，如可以划分为经济带、经济区、都市圈三个层次。

（2）强调组团式城市群模式。20 世纪下半叶，美国 GDP 的主要贡献来自大纽约区、大芝加哥区和大洛杉矶区，这三大组团式城市群对美国的整体贡献率达到 67%，日本的经验也是如此。21 世纪以来，我国城市化是区域经济增长的火车头，尽管 2017 年我国城市化率为 57.96%（同年，美国、英国、法国等国家都达到了 80%以上），2019 年中国发展研究基金会发布的《中国城市群一体化报告》中提到我国长三角、京津冀、珠三角、山东半岛等 12 个大城市群在 2015 年占全国 GDP 比重的 82.03%，其中，长三角、京津冀、珠三角三大城市群的经济份额超过 40%［2000 年三大组团式城市群（长三角、珠三角、环渤海）对我国经济的整体贡献仅为 35%］，反映出经济活动向城市群集中的趋势。

（3）区域经济功能。整合区域资源，避免区域内部重复建设，调整区域产业结构，通过跨地区整合，促进区域内的联合互动，谋求新一轮共同发展，立足比较优势，在竞争中错位发展，实现区域的共同发展。要实现以下八个方面的突破。

1）市场一体化：在市场规则上，尽快与国际接轨，努力营造开放、规范的市场环境，为市场机制充分发挥创造条件。

2）产业一体化：根据区域内各自的比较优势，形成合理的产业分工，实现区域产业结构合理化，提升区域产业配套能力、整体水平和核心竞争能力。

3）交通设施一体化。

4）信息一体化。

5）制度一体化。

6）生态环境一体化。

7）人文资源一体化。

8）城乡一体化：形成以区域内中心城市为核心的都市连绵区。

（三）区域格局对区域经济发展的影响

在研究区域经济发展时，要考虑区域格局的影响，尽管这方面目前还没有成熟的方法可供借鉴，但是经济一体化的区域经济格局是必然趋势，对未来区域经济发展影响越来越大，所以应重视这方面的研究。

1. 区域经济一体化

经济全球化和区域经济一体化是必然趋势，为此，未来国家在发展战略的体制创新上，可以借鉴欧盟的成功经验，建立我国行政区划与经济区划之间的协调关系，同时需要注意以下几个问题。

（1）构筑区域一体化的共同市场。

（2）订立有法律效力的市场契约。

（3）建立权威性的一体化协调机构。

2. 我国区域经济一体化的总体格局

从我国区域经济发展水平来看，加速推动我国区域经济一体化，首先要尽快开展我国区域经济一体化的总体布局设计和推进区域经济一体化的配套政策设计。目前社会上对于我国区域经济一体化的总体格局有很多观点，这里取中国科学院可持续发展战略研究组提出的观点。

（1）“三大经济圈”：珠三角、长三角和京三角。其中珠三角包括广州、深圳、珠海、惠州、东莞、中山、江门、佛山、肇庆9城市；长三角包括上海、南京、苏州、无锡、常州、扬州、镇江、南通、泰州、杭州、宁波、湖州、嘉兴、绍兴、舟山15城市；京三角包括北京、天津、唐山3城市。“三大经济圈”中，珠三角、长三角已形成，京三角稍差一些。“三大经济圈”强调组团式城市群模式。

（2）“七大经济区”包括：环渤海地区、长江三角洲及沿江地区、东北地区、西北地区、西南与华南部分省区、中部5省、东南沿海地区。其中环渤海地区包括北京、天津、河北、山东、内蒙古和山西；长江三角洲及沿江地区包括上海、江苏和浙江；东北地区包括辽宁、吉林和黑龙江；西北地区包括陕西、青海、宁夏、新疆和甘肃；西南与华南地区包括四川、重庆、云南、贵州、广西和西藏；中部5省包括湖北、湖南、河南、江西和安徽；东南沿海地区包括广东、福建和海南。

3. 不同的经济区，受到不同区域经济发展的影响

（1）组团式城市群经济区（“三大经济圈”）“发展红利”的挖掘。随着我国国力的进一步增强，我国新一轮经济增长的动力源已经具备了从“发展红利（development dividend）”中索取的成熟条件。“发展红利”是指区域经济规模扩大与生产力要素重新整合之后所带来的发展潜力与整合之前的现状能力之差。发展红利的获得必须要提升区域规模，优化生产力要素，重新布局产业链，有效降低发展成本，充分实现大中小城市功能互补，切实保障基础设施共建共享，加快推进区域经济一体化，从而实现区域优化、规模扩大、结构重组的跨越式发展。

发展红利的大小反映了区域优化的综合结果，主要体现在：①区域整合的规模与程度；②生产力要素的优化程度；③产业链布局的合理程度；④发展成本的降低程度；⑤大中小城市功能的协调程度；⑥基础设施的共建共享程度。

发展红利应包括GDP的增加、产业结构的优化、资源利用效率的提高、成本的降低、基础设施（通信、交通运输）共建共享、减少重复建设和保护环境等。

（2）东北经济区。东北地区是我国以石油开采、机械、化工和冶金而著名的重工业基地，具有区位和资源两大优势，同时还具有经济基础和科技人才优势。目前国家把东北老工业基地的振兴放到了重要位置，并将加大对东北地区国企改革的力度。工业企业有望走入新阶段。若将来东北经济区走向经济一体化，则东北三省便能发挥各自的优势，实现产业的合理分工和布局，以及资源的最优配置，最终能实现东北三省的整合效益提高，资源高效利用，产业布局更为合理，最终保证三省经济持续、稳定、健康发展。

同时，国家在辽宁省开展循环经济发展模式的试点行动。根据循环经济发展模式试点方案，辽宁省计划用五年时间在全省创建一批循环经济型企业、生态工业园区和几个资源循环

型城市，大幅度提高资源利用效率。在十年内建成10个国家级清洁生产示范企业、20个废水“零排放”企业，在大中型联合企业开展能流、物流集成和废物循环利用等，并采取关停污染企业、建设城市污水处理厂等措施。目前，工业重镇沈阳已走出了“世界十大污染城市”的名单，被联合国列为世界可持续发展试点城市；大连被联合国授予“改善居住环境最佳范例奖”，辽宁省循环经济发展实践已初具成效。

在研究东北三省经济社会发展时，要考虑东北经济区的影响，也要考虑循环经济发展模式的影响。

总之，当地区处于不同特征的经济区时，区域经济如何发展、产业政策和区域功能等都有区别，要根据具体经济区情况，对区域发展布局统一规划，对各地区的功能重新定位等，必然对区域经济产生重大影响。

第五节　社会经济分析预测的主要方法

预测技术是运用科学的判断方法或者经济数学方法对某种事物未来可能演变的情况，事先做出推测的一种技术。预测技术应包括应遵循的理论、预测对象的历史和现状资料与数据，所能采用的预测方法或者分析判断方法，以及结果评价与检验等。

经济预测是在有关的宏观或微观经济学理论指导下，以经济发展的历史和现状为出发点，以调查研究和统计资料为依据，以科学的定性分析判断和严谨的定量计算为手段，对预测对象有关的经济活动发展演变规律进行分析和提示，从而对预测对象的未来发展演变程度做出科学的预测。

一、经济预测分类

经济预测从不同的角度考虑有三种分类。

1. 定性预测与定量预测

定性预测是根据一定的经济理论，对经济发展的历史和现状做出解释、分析和判断，从而综合地指出经济发展未来趋势的多种可能性。

定量预测也是在一定的经济理论基础上，利用历史和现状的数据建立有关的数学模型，对未来经济发展做出数量预测。因为经济系统是非常复杂的，影响因素多而且相互间关系密切，因此，利用数学模型进行经济预测，就可以准确地预测未来是不现实的。在实际预测工作中，总是将定性与定量计算有机地结合在一起，在组模前对需要预测的经济系统进行定性的分析研究，基本做出判断，以指导模型结构与参数的设计，在模型计算中或最终计算结果都要进行系统分析，判断其科学合理性。模型计算离不开定性分析，而模型计算的最大优势是能将复杂经济系统中各种组成因素之间的关系定量描述得非常清楚。

2. 短期、中期、长期预测

按照预测未来时间的长短，预测可分为短期预测、中期预测和长期预测。又因预测应用的领域不同或预测对象不同，长期、中期、短期的时间区分也有所不同。对经济预测来说，短期预测的时间期限一般是1～2年，甚至几个星期、1个季度等。中期预测的期限一般是2～5年，长期预测的期限一般是5年以上。

由于经济预测的期限不同，因此所采用的模型也是有区别的。对于中短期预测来说，宜采用经济计量模型。对于长期预测来说，宜采用模拟法的系统动态模拟模型。

3. 微观预测、部门与地区预测、宏观预测

微观预测是指一个企业或公司范围内所做的各种经济指标的预测，如企业的产品产量、销售量、市场占有率、产品品种的更新趋势、产品成本、物质消耗率、技术进步系数等。

部门与地区经济预测是以一个部门或地区的经济活动为研究对象，预测其经济发展方向和前景，如部门或地区的经济发展的主要方向、规模和速度、资源开发的利用规模和程度、产业比重及调整变化，以及技术进步等。

宏观预测是对一个国家整个国民经济活动的总量进行分析和预测，如 GDP 及其增长率、产业结构、投资总量、财政收入及进出口等。

二、三种常用的经济预测方法

（一）经济计量模型

1. 理论框架

经济计量模型实质上是一组能描述经济运转的联立方程式，可应用于宏观经济预测、部门经济预测和区域经济预测等。任何经济计量模型包括四个组成部分，即变量、参数、随机扰动项和方程式。

一个简单的动态宏观经济模型由消费、投资、生产和金融四部分组成。

$$C_t = a_0 + a_1(Y_t - T_t) + U_{1t}$$
$$I_t = \beta_0 + \beta_1 Y_{t-1} + \beta_2 R_t + U_{2t}$$
$$T_t = r_0 + r_1 Y_t + U_{3t}$$
$$Y_t = C_t + I_t + G_t$$

式中：C_t、I_t、T_t 和 Y_t 分别代表第 t 期的消费、投资、税收和国民收入，是模型的内生变量；G_t 和 R_t 分别代表第 t 期的政府支出和利率，是外生变量；（$t-1$）为 t 年的前一年。

对于一个方程来说，等号左边的因变量称为被解释变量，一定是内生变量；等号右边的变量称为解释变量，可能是外生变量，也可能是内生变量。

经济计量模型中的方程式按其所反映的经济关系的性质，可划分为行为方程、技术方程、制度方程和恒等式。

2. 基本结构

联立方程模型的结构式是描述经济变量关系结构的完整方程系统。宏观经济计量模型的基本结构一般包括生产模块、消费模块、投资和资本存量模块、金融模块、财政模块、价格模块、对外贸易模块、人口劳动力模块、收入分配模块等。

3. 进行国民经济主要指标预测

（1）总量及产业指标：GDP、第一产业、第二产业（包括工业和建筑业）、第三产业（包括交通运输邮电业、商业和服务业）。

（2）全社会固定资产投资：总投资规模、投资率。

（3）价格：商品零售价格指数上涨率、居民消费价格指数上涨率、投资品价格指数上涨率。

（4）居民收入与消费：城镇居民、农村居民、社会消费。

（5）消费品市场：社会消费品零售总额、增长率。

（6）财政：财政收入、财政支出。

（7）金融：居民存款余额、新增贷款、新增货币发行。

（8）对外贸易：进口总额、出口总额。

（二）系统动力学模型

1. 原理与方法

大系统的数学预测方法很多，采用系统动力学方法建立系统动态仿真模型是一种很重要的方法。系统动力学是建立在控制论、系统论和信息论基础上研究反馈系统结构、功能和动态行为的方法论。它以自己独特的方式建立系统动态模型，并借助计算机，利用DYNAMO语言，进行仿真实验。其突出的特点在于能够处理行为随时间变化的系统问题。系统动力学模型适用于宏观的、长期的趋势预测。

系统动力学长期经济社会预测模型就是将经济社会大系统中的生产、人口、资源、教育、科技、环境及国民收入、需求、资本、消费和储蓄等因素形成一个总体结构，并定量地描述其相互间复杂的关系，而这个总体结构的基础是系统的微观结构。同时，系统动力学另一重要的特色是将系统由单元、单元运动和信息组成，其中，信息是形成系统结构的基础，一个大系统是由信息反馈回路（正、负）相互作用、耦合而成的。也就是说，系统动力学描述系统的动态过程可用流程图（见图3-3）来表示，有积累、信息、流速和信号反馈系统，这四个基本要素代表了系统动力学的基本特征，任何一个复杂的经济社会系统都可以用它们来构成。

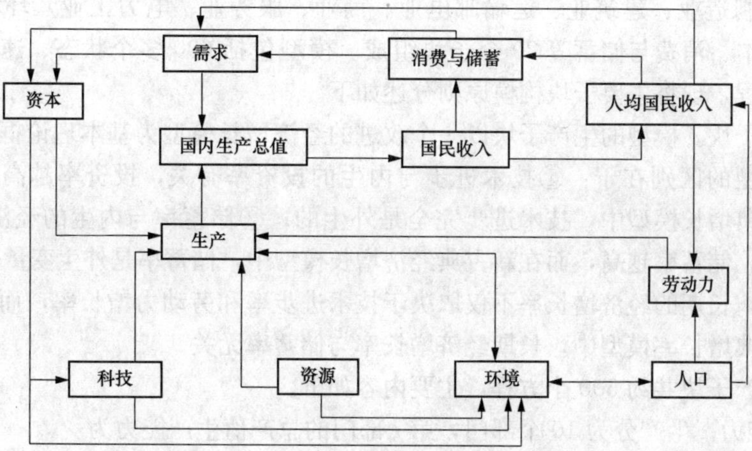

图3-3　经济、社会发展模型结构示意图

用DYNAMO语言描述系统动力学模型常用的方程式如下。

(1) 状态方程式（L方程）。状态方程式表示格式为

L状态变量的变量名.K=状态变量的变量名.J+(DT)（决策变量的变量名.JK）

式中：K、J为时间位置，K为当前时刻，J为前一时刻；DT为计算步长；决策变量的变量名.JK为一个决策变量，或是若干个决策变量的代数和，或是算式。

(2) 决策方程式（R方程）。决策方程式一般表示格式为

R决策变量的变量名.KL=算式，或变量，或数值

式中：KL为当前至下一时刻。

决策方程取决于信息反馈决策的表述。

(3) 辅助方程式（A方程）。辅助方程式一般表示格式为

A辅助变量的变量名.K=算式，或变量，或数值

辅助方程也取决于信息反馈决策的表述。

（4）常数方程式（C 方程）。常数方程式表示格式为

C 常数的变量名＝数值

其功能为给出常数的赋值。

（5）初始值方程式（N 方程）。初始值方程式一般表示格式为

N 变量名＝数值（或变量，或算式）

（6）增补方程式（S 方程）。增补方程式一般表示格式为

S 增补变量的变量名. K＝算式

其功能为表达模拟运行后要输出的增补变量的表达式。

从模型描述的方程式可以看出，描述系统的主要方程式为状态方程式和速率方程式，从这些方程式可以看到，若一个复杂系统是由许多一阶系统构成，则对每个一阶系统而言，实质为求解一阶微分方程问题。系统动力学模型就是这样巧妙地处理了高阶次非线性复杂系统问题。

2. 模型结构与构模原则

本模型总体结构由科技、教育、人口、资源等 10 个产业（农业、能源开采业、采矿业、能源加工业、制造业、建筑业、运输邮电业、商业、服务业、电力工业）环境以及国民收入、需求、资本、消费与储蓄等 20 个子块组成。模型包括 600 多个状态、速率、辅助、增补、参数等方程，现将主要子块构模原则分述如下。

（1）生产子块。模型的生产子块以一个改进的经济增长模型为基本理论框架。它与新古典经济增长模型的区别在于：①技术进步与内生的投资率有关，投资率越高，技术进步越快，而在新古典增长模型中，技术进步完全是外生的；②储蓄率与内生的经济增长率有关，经济增长越快，储蓄率越高，而在新古典经济增长模型中，储蓄率是外生变量。

由此看出，长期的经济增长率不仅取决于技术进步率和劳动力增长率，而且取决于储蓄率。而在新古典增长率模型中，长期经济增长率与储蓄率无关。

模型的生产子块共约 500 个方程，主要内容如下。

1）生产能力。生产分为 10 个部门，第 i 部门的总产值生产能力为

$$XPi_t = Ai_t \cdot Ki_t^{EKi} \cdot Li_t^{ELi}$$

式中：XPi、Ki、Li 分别为第 i 部门的总产值、固定资本和劳动力；Ai 为第 i 部门的全要素生产率；EKi 和 ELi 分别为第 i 部门产出的资本弹性和劳动弹性；下标 t 为时间。

第 i 部门增加值生产能力由以下两式表示为

$$VPi_t = XPi_t \cdot VRi_t$$

$$VRi_t = 1 - \sum_{j=1}^{10} A_{jit}$$

式中：VPi 和 XPi 分别为第 i 部门增加值生产能力和总产值生产力；VRi 为第 i 部门增加值率；A_{ji} 为第 i 部门单位总产值所消耗的第 j 部门产品的价值。

国内生产总值生产能力（GDPP）等于各部门增加值生产能力之和，即

$$GDPP_t = \sum_{i=1}^{10} VPi_t$$

2）需求。需求分为中间需求和最终需求两个部分。最终需求又分为固定资产投资、库

存变动、消费三项。

3）产出。各部门总产值，由生产能力和需求中的较小者决定，其方程为

$$Xi_t = \min(XPi_t, XDi_t)$$

式中：Xi 为第 i 部门总产值；XDi 为第 i 部门需求量。

各部门的增加值，等于各部门总产值乘以相应部门的增加值率，即

$$Vi_t = Xi_t * VRi_t$$

式中：Vi 为第 i 部门增加值；VRi 为第 i 部门增加值率。

国民生产总值（GDP）等于各部门增加值之和，即

$$GDP_t = \sum_{i=1}^{10} Vi_t$$

这样决定的各部门的总产值、增加值和国民生产总值，与各部门总产值、增加值生产能力以及 GDP 生产能力有或大或小的差异。这些差异是由经济结构的不断变动引起的，而与总供求状况无关。在本模型中，没有总供给的概念，也没有总需求不足的问题：总最终需求被预定等于 GDP 生产能力。

4）技术进步。在本模型中，技术进步包括两部分：一是各部门增加值率的变动；二是各部门总产值生产函数中全要素生产率（以下简称为全要素的总产值生产率）的变动。其公式为

$$\begin{aligned} GAi_t &= GVRi_t + (GXi_t - EKi * GKi_t - ELi * GLi_t) \\ &= GVi_t - EKi * GKi_t - ELi * GLi_t \end{aligned}$$

式中：GAi 为第 i 部门的技术进步率；$GVRi$ 为第 i 部门增加值率的增长率；GXi、GVi、GKi 和 GLi 分别为第 i 部门总产值、增加值、固定资本和劳动力的增长率；EKi 和 ELi 分别为第 i 部门产出的资本弹性和劳动弹性。

5）就业结构。在本模型中，就业结构随人均 GDP 的变动而变动。其方程式为

$$CLRi_t = LCi \cdot PCGDP_{t-1}^{LEi}$$

$$LRi_t = CLRi_t / \sum_{i=1}^{10} CLRi_t$$

式中：$CLRi$ 和 LRi 分别为第 i 部门劳动力占总劳动力的比例的初次计算值和最终计算值；$PCGDP$ 为人均 GDP；LCi 和 LEi 为参数。

6）储蓄和投资。在本模型中，储蓄率决定于上期储蓄率、国民收入增长率和劳动力对非劳动力的比值。其方程式为：

$$SR_t = b(SR_{t-1} + gy_t)\left(\frac{LF_t}{TPOP_t - LF_T}\right)\gamma/(1 + gy_t)$$

式中：SR 为储蓄率；gy 为国民收入增长率；LF 为劳动力；$TPOP$ 为人口。

总投资等于储蓄加折旧再加外资流入，即

$$TI_t = SR_t \cdot Y_t + D_t + FCR_t \cdot GDP_t$$

式中：TI 为总投资；Y 为国民收入；FCR 为外资流入率。

7）投资分配和资本形成。

a. 投资分配。我们首先将总投资分为环保投资、库存变动投资和固定资产投资三部分，然后将固定资产投资在各产业部门之间进行分配。分配的过程是内生的，情形为：第一，依

据对各部门产品的需求量、各部门已达到的全要素生产率水平以及与已达到的人均GDP水平相适应的劳动力分配，按生产函数反算出各部门需要的资本数量；第二，将各产业部门需要的资本数量与各部门现有的资本数量比较，得出其差额；根据各部门资本差额的大小来决定总固定资产投资分配到各产业部门的多少。在投资分配中，采取增量调整的原则，即保证各部门固定资本存量只增不减。这样可以避免经济的剧烈波动。

b. 资本形成。通过引入“在建工程”等变量，反映从投资到资本形成的时间延迟。有关方程式为

$$Ki_t = (1 - DRi)Ki_{t-1} + Ri \cdot CPi_t$$
$$CPi_t = (1 - Ri)CPi_{t-1} + Ii_{t-1}$$

式中：Ki 为第 i 部门固定资本；CPi 为第 i 部门在建工程；Ri 为第 i 部门资本形成率，它等于从投资到资本形成的时间的倒数；DRi 为第 i 部门的折旧率；Ii 为第 i 部门的固定资产投资。

8）外资流入。模型还考虑了外资流入对经济增长的影响，所用变量是外资流入率，它等于当年流入的外资与当年GDP之比。外资流入通过两个途径影响经济增长：一是通过增加总投资促进经济增长；二是通过提高技术进步率促进经济增长。

以上八点概括了模型生产子块的主要内容。通过改变技术进步和外资流入率形成不同方案，得出不同的预测结果。

（2）人口子块。人口子块中，将人口分为城市与农村两部分，每一部分又分为4个年龄组（0～14、15～49、50～60、60岁以上），有8个状态变量分别在城乡4个年龄组中，影响人口变化最主要的因素是出生率与死亡率，影响出生率的主要因素是育龄妇女数和计划生育工作及教育水平，影响死亡率的主要因素是期望寿命，而期望寿命与社会进步有关，模型中平均期望寿命按每10年增加1岁计算。

人口的变化也与经济发展水平有关，因影响出生率的因素除育龄妇女外，还有计划生育工作及教育水平。一般来说，当经济发展水平较高时，计划生育投资与教育投资较多，教育水平较高，出生率较低，最终会使人口减少。反之，当经济发展水平低时，人口是会增加的。

现以一方程为例来分析人口变化的因素，即

L POPUI. K = POPUI. J +（DT）（BRU. JK − DRUI. JK − MATUI. JK + TRPI. J）

式中：POPUI为城市0～14岁的人口数；BRU为城市的人口出生率（人/年）；DRUI为城市第一年龄组人口死亡率（人/年）；MATUI为城市第一年龄组向第二年龄组的成长率（人/年）；TRPI为农村第一年龄组向城市第一年龄组的转移率（人/年）。

影响人口出生率的主要因素是育龄妇女数（取第二年龄组人数的一半）及社会期望生育胎数（政府计划生育政策），采取的参数如下。

1）城市：1990—2050年均为1.4胎。

2）农村：1990—2020年为2.3胎，2020—2050年为2.2胎。

计划生育投资及城市教育水平均影响计划生育效果，而每年的计划生育投资与教育投资都与国民收入的分配有关。

影响死亡率的主要因素是人口期望寿命。人口期望寿命随着社会的进步、经济的发展、医疗卫生条件的改善而提高。

1）本模型人口期望寿命的参数是每 10 年增加 1 岁（在现在实际人口寿命的基础上）。

2）城市为 69、70、71、72、73、74、75 岁（1990—2050 年，间隔为 10 年）。

3）农村为 66、67、68、69、70、71、72 岁（1990—2050 年，间隔为 10 年）。

成长率也是影响年龄结构的主要因素，是每年上一年龄组的人除死亡外转到下一年龄组的人数。

转移率（农村人口向城市转移）也是影响城乡人口结构的主要因素，因城市农村出生率的差异，所以转移率又间接影响着人口变化。

(3) 劳动力转移子块。1990—2050 年的 60 年内，我国经济要稳步发展，产业结构，劳动力配置都将发生变化，第一产业比例及劳动力将逐年减少，第二、第三产业比例及所需劳动力将逐年增加。模型中设计了随着第二、第三产业劳动力需求的增加，农村人口向城市转移的功能。原则是当第一、第二、第三产业结构变化，第二、第三产业劳动力需要量增加，而城市人口（15～49 岁，50～60 岁）两个年龄组的 90％以上人口可作为第二、第三产业的劳动力，加上农村中已有一部分从事第二、第三产业劳动力（不属于城市人口，这里城镇人口为商品粮供应者），这两部分劳动力之和即为能供应的第二、第三产业的劳动力，供需差额即由农村人口向城市人口转移补充。

在劳动力转移子块中，采用了一个选择函数方程，即

$$\text{A LF23. K} = \text{CLIP(TLF23. K,O,DLF23. K,SLF23. K)}$$

$$\text{A SLF23. K} = \text{(POPU2. K} + \text{POPU3. K)} + \text{POPR22. K}$$

$$\text{A TLF23. K} = \text{DLF23. K} - \text{SLF23. K}$$

式中：CLIP 为选择函数；DLF23. K 为第二、第三产业 K 年需要劳动力（由生产子块来）；SLF23. K 为能提供给第二、第三产业的 K 年的劳动力；POPR22. K 为农村中从事第二、第三产业的劳动力（K 年）；TLF23. K 为 K 年从农村向城市转移的劳动力（TLF23. K 为正时）。

当确定 K 年的转移人口 TLF23 后，再进行 3 个年龄组的分配，我们设定 70％转移人口是第二年龄组的，因（15～49 岁）是最佳劳动年龄，我们也考虑了 30％第三年龄组的(49～60 岁)农村人口的转移，还考虑了 10％的未成年的农村人口随着父母的转移而转移。

(4) 环境子块。在经济、人口、资源、科技与环境的大系统中，经济起着主导作用。污染物的产生、排放、治理与控制研究，必须建立在经济预测研究的基础上，我们通过不同时期各部门的经济发展，以及人口增长对资源（如能源、水资源、土地等）的需求，模拟各部门污染物的产生和排放的状况。

3. 进行中长期经济社会预测（预测时段可任意选定）

(1) GDP、第一产业增加值、第二产业增加值、第三产业增加值、主要产业增加值（模型中产业数目可根据需要设定）。

(2) 产业结构、人口、人口年龄结构、城乡结构、劳动力结构、城市化率、投资总量、投资率、技术进步等。

(3) 预测能源需求（包括能源品种需求）、污染物排放（包括二氧化硫、烟尘等大气污染、二氧化碳等）。

（三）投入产出模型

1. 投入产出分析的含义

投入产出分析（投入产出法）是研究经济系统各个部分（产业部门、行业、产品等）间

表现为投入与产出相互依存关系的经济数学分析方法。

投入是指产品生产所需原材料、辅助材料、燃料、动力、固定资产折旧和劳动力的投入。产出是指生产消耗（中间产品）、生活消费、积累和净出口等（后三者总称为最终产品）。

这种数量分析方法可以用于研究一个国家国民经济各个产业部门间的联系，也可以用于研究一个地区、一个部门或者一个公司、一个企业的生产经营活动。

2. 静态投入产出模型（仅分析静态投入产出模型）

投入产出表分为实物表和价值表，目前国内使用的是价值表。价值表中的横表反映国民经济中各类产品、各物质生产部门生产与分配使用的平衡关系，价值表中的竖表反映国民经济各部门生产与各种消耗间的平衡关系。价值表用数学形式表达出来，称为投入产出模型。

（1）投入产出行模型，能表示各部门（各产品）生产与分配使用间的平衡关系。其经济含义为

中间产品＋最终产品＝总产品

若中间产品部分分列了几个部门，则行模型有以下方程式。

1）行模型的平衡关系为

$$\sum_{j=1}^{n} X_{ij} + Y_i = X_i \quad (i = 1,2,\cdots,n)$$

式中：X_{ij} 为第 i 部门产品流入第 j 部门的数量；Y_i 为第 i 部门最终产品；X_i 为第 i 部门总产品。

2）在模型中引入直接消耗系数 a_{ij}，它是指每生产单位 j 部门产品要消耗 i 部门的产品的数量，直接消耗系数是静态投入产出模型的核心，它将经济因素与技术因素有机地结合起来，即

$$a_{ij} = \frac{X_{ij}}{X_i}$$

则平衡关系为

$$\sum_{j=1}^{n} a_{ij} X_i + Y_i = X_i \quad (i = 1,2,\cdots,n)$$

上式用矩阵形式表示为

$$\boldsymbol{AX} + \boldsymbol{Y} = \boldsymbol{X}$$

式中：$\boldsymbol{A}$ 为直接消耗系数矩阵，当部门数为 n 时，则为 $n\times n$ 方阵；$\boldsymbol{X}$ 为各部门总产量列向量；$\boldsymbol{Y}$ 为各部门最终产品列向量。

3）将 $\boldsymbol{AX}+\boldsymbol{Y}=\boldsymbol{X}$ 式变为

$$(\boldsymbol{I} - \boldsymbol{A})\boldsymbol{X} = \boldsymbol{Y}$$

或

$$\boldsymbol{X} = (\boldsymbol{I} - \boldsymbol{A})^{-1}\boldsymbol{Y}$$

式中：$\boldsymbol{I}$ 为单位矩阵；$(\boldsymbol{I}-\boldsymbol{A})^{-1}$ 是 $(\boldsymbol{I}-\boldsymbol{A})$ 矩阵的逆矩阵，也称列昂惕夫逆系数矩阵。一般在投入产出模型中，假设 a_{ij} 不变，则 $\boldsymbol{A}$ 矩阵已知，只要知道 $\boldsymbol{X}$、$\boldsymbol{Y}$ 中的任意一组，则可求得模型的另一组变量。

（2）投入产出列模型。根据列模型的经济含义列出数学表达式，列模型的经济含义为

劳动对象消耗＋固定资产消耗（折旧）＋活劳动消耗＝产品总价值

与行模型的要求相同，在劳动对象消耗部门也要列出部门，若为几个部门，则列模型有几个方程式。

1）列模型的平衡关系式为

$$\sum_{i=1}^{n} X_{ij} + D_j + N_j = X_j \quad (j = 1, \cdots, n)$$

式中：D_j 为第 j 部门的固定资产折旧；N_j 为第 j 部门的新创造价值；X_j 为第 j 部门总产值。

2）在模型中引入直接消耗系数 a_{ij}，有

$$a_{ij} = \frac{X_{ij}}{X_j}$$

3）建立各部门产品总价值与活劳动消耗间关系为

$$\left(1 - \sum_{i=1}^{n} a_{ij}\right) X_j = D_j + N_j \quad (j = 1, \cdots, n)$$

用矩阵表示为

$$(\boldsymbol{I} - \overline{\boldsymbol{A}})\boldsymbol{X} = \boldsymbol{D} + \boldsymbol{N}$$

用逆矩阵表示为

$$\boldsymbol{X} = (\boldsymbol{I} - \overline{\boldsymbol{A}})^{-1}(\boldsymbol{D} + \boldsymbol{N})$$

式中：$\overline{\boldsymbol{A}}$ 是由系数 $\sum_{i=1}^{n} a_{ij}$ 组成的对角矩阵；$\boldsymbol{D}$ 为固定资产折旧列向量；$\boldsymbol{N}$ 为新创造价值列向量。若 a_{ij} 已知，则 $\boldsymbol{D}$ 和 $\boldsymbol{N}$ 也已知，通过列模型就能得到 $\boldsymbol{X}$（产品总价值）。

3. 投入产出分析的应用

（1）分析国民经济各部门间的关系：通过价值型投入产出表，计算第Ⅰ象限中各流量占中间产品的比例，能够了解各部门产品在生产中的地位和作用；通过计算各部门提供的各种最终产品占总最终产品的比例，了解各部门在满足需求中的作用大小；通过消耗系数可以计算影响力系数和感应度系数，来分析各部门的作用。

（2）分析国民经济效益：单位物耗提供的总产品、净产品和利税，单位成本提供的总产值、净产值和利税，单位劳动报酬提供的总产值和净产值。

（3）分析技术进步的效益：将不同年份反映消耗的参数进行对比，分析各个部门（产品）由技术进步而引起的各种消耗的节约；将不同年份完全消耗系数进行对比，可以看出由技术进步所造成的完全劳动消耗的节约。

（4）分析能源的消耗：通过能源投入产出模型的建立，将投入产出表作适当加工，就能成为一张反映能源部门与国民经济其他部门间投入产出关系的表格。

利用能源投入产出模型可以分析以下问题。

1）计算各种产品或各部门的直接综合能耗系数，以便分析比较各种产品、各部门的能耗情况。

2）计算完全综合能耗系数，表示每单位 j 产品在生产过程中需直接、间接消耗各种能源之和。

3）计算主要消耗各类能源的产品或部门耗能与各类能源总量的比例。

4）分析能耗变化对国民经济的影响。

5）计算进出口产品的能源消耗量，并结合国际能源价格的变动，预测能耗高的产品进出口价格情况。

通过对经济计量模型、系统动力学模型和投入产出模型的分析，三种模型都可以对未来经济的主要指标进行预测，但由于经济计量模型是含有随机方程的经济数学模型，是用历史数据之间关系预测未来，对于长期来说，变量间关系要发生变化，而且目前我国正处于结构大变动的时期，经济计量模型用于中长期预测，要考虑结构变化是有难度的，因此，它更适宜短期经济预测。

系统动力学模型的构建特点是可以定量描述经济系统中变量之间相互复杂的关系，系统中有许多正负反馈回路相互作用，是一个动态过程，适应中长期预测。但它没有考虑价格、金融等子块，仅是粗线条地描述未来，适宜战略研究的中长期预测。

静态投入产出模型主要用于研究国民经济各个产业部门间的静态联系，也可以研究地区、部门、产品的生产经营活动。动态投入产出模型可以克服静态模型只反映某一时点情况的缺点，可以反映在一个时间序列上的变化情况。动态投入产出模型与动态线性规划模型相结合，组成投入产出优化模型，可以进行预测研究。投入产出表示例见表 3-3。

表 3-3　　投入产出表示例

<table>
<tr><td colspan="2" rowspan="2">产出
投入</td><td colspan="2">中间产品</td><td colspan="3">最终产品</td><td rowspan="2">合计</td></tr>
<tr><td>能源部门
1，…，K</td><td>非能源部门
K+1，…，n</td><td>消费</td><td>积累</td><td>小计</td></tr>
<tr><td rowspan="4">物质消耗</td><td>能源部门
1，…，K</td><td>①</td><td>②</td><td></td><td></td><td></td><td></td></tr>
<tr><td>非能源部门
K+1，…，n</td><td>③</td><td>④</td><td></td><td></td><td></td><td></td></tr>
<tr><td>小计</td><td></td><td></td><td></td><td></td><td></td><td></td></tr>
<tr><td>折旧</td><td></td><td></td><td></td><td></td><td></td><td></td></tr>
<tr><td rowspan="3">劳动消耗</td><td>劳动报酬</td><td></td><td></td><td></td><td></td><td></td><td></td></tr>
<tr><td>社会纯收入</td><td></td><td></td><td></td><td></td><td></td><td></td></tr>
<tr><td>小计</td><td></td><td></td><td></td><td></td><td></td><td></td></tr>
<tr><td colspan="2">总　计</td><td></td><td></td><td></td><td></td><td></td><td></td></tr>
</table>

注　①反映能源生产部门间的联系；②与③反映能源部门与非能源部门间的联系；④反映非能源生产部门间联系。

第四章　电力需求预测

第一节　电力需求分类及其特点

一、用电分类

1986年以前，我国把所有电力用户分为四大类进行统计分析，即农村用电、工业用电、交通运输用电、市镇生活用电。

（1）农村用电包括了排灌用电、农业和畜牧业生产用电、农副加工和社队办工业用电、照明用电以及其他用电。

（2）工业用电包括煤炭、石油、黑色金属、有色金属、金属加工、化学、建材、纺织、造纸、食品和其他工业用电。同时，还按轻、重工业用电分别统计。

（3）交通运输用电包括交通运输及邮电通信业中交通运输用电。

（4）市政生活用电包括上下水道用电、一般照明用电、非工业动力用电和其他用电。

1986年开始按新的用电分类进行统计分析。《国民经济行业用电分类》把各行业用电共分为以下七类。

（1）农、林、牧、渔水利业等方面的生产用电。

（2）工业用电，指工业企业用于工业生产用电，包括采掘业和制造业。

（3）地质普查和勘探业用电。

（4）建筑业用电。

（5）交通运输、邮电通信业用电。

（6）商业、公共饮食业、物资供销和仓储业用电。

（7）其他事业用电。

2018年发布的NB/T 33030—2018《国民经济行业用电分类》，将行业用电分类如下。

（1）第一产业用电量。按“三次产业分类法”划分，第一产业是指以利用自然力为主，生产不必经过深度加工可消费的产品或工业原料的部门。第一产业用电量即农业用电量，包括农业、林业、畜牧业、渔业。

（2）第二产业用电量。第二产业是指对第一产业和本产业提供的产品（原料）进行加工的产业部门，包括国民经济中的工业（包括采矿业，制造业，电力、热力、燃气、水的生产和供应业）和建筑业。第二产业用电量是以上行业的电力用户的用电量，不含金属制品、机械和设备修理业用电量。2017年新版行业用电分类中，取消了工业用电中原有的轻工业、重工业分类。

（3）第三产业用电量。第三产业是指不生产物质产品的行业，即服务业，包括国民经济行业分类中除第一、二产业以外的其他行业。第三产业用电量是除第一产业、第二产业以外的其他行业用电量，由于第三产业包括的行业多、范围广，根据我国的实际情况，第三产业可分为两大部分：流通业和服务业。其中服务业又可分为为生产和生活服务的行业、为提高科学文化水平和居民素质服务的行业、为社会公共需要服务的行业。第三产业用电量主要包括交通运输、仓储、邮政业，信息传输、软件和信息技术服务业，批发和零售业，住宿和餐饮业，金融业，房地产业，租赁和商务服务业，公共服务及管理组织，农、林、牧、渔专业及辅动性活动，金属制品、机械和设备修理业的用电量。

（4）城乡居民生活用电量。城乡居民生活用电量是城乡居民家庭照明、家用电器等生活用电量。

全行业用电分为 11 大类：

（1）农、林、牧、渔业。

（2）工业（采矿业，制造业，电力、燃气及水的生产和供应业）。

（3）建筑业。

（4）交通运输、仓储、邮政业。

（5）信息传输、软件和信息技术服务业。

（6）批发和零售业。

（7）住宿和餐饮业。

（8）金融业。

（9）房地产业。

（10）租赁和商务服务业。

（11）公共事业及管理组织。

二、不同类型用户的用电特点

不同类型的用户用电负荷的特点是不同的，如三班制生产的钢铁、化工、石化、电解铝等企业的用电，在一天 24 小时中，连续生产，用电负荷变化不大；一班制生产的企业主要在白天用电，其他时间基本不用电；两班制生产的企业，在后夜是基本不用电的。随着人民生活水平的提升，家用电器拥有率也随之提高，不仅家庭用电量增加，用电负荷的特点也发生了很大变化，特别是采用了电采暖和空调设备之后，不同季节之间用电特性出现很大区别。在一个电网里，总的用电负荷是由各种不同用户的负荷组成的，它们之间的比例不同，影响电网总的用电负荷的特性不同。研究电网的负荷特性，首先要了解不同用户的用电特点。下面列出一些有代表性的用户的日用电负荷曲线。

图 4-1～图 4-4 所示分别为某地钢铁厂、化肥厂、水泥厂、煤矿的日负荷曲线。非常明显地看到，在一天 24 小时里它们的负荷变化不大。

图 4-5 所示是机车车辆厂的日负荷曲线。从用电曲线上看，此单位是一班制生产，白天用电，其他时间用电很少。

图 4-6 所示是印染厂的日负荷曲线。它是两班制生产，白天、前夜生产用电较大，后夜用电很少。

图 4-7 所示是百货大楼（属商业用电）的日负荷曲线。其营业时间用电量很大，停止营业后用电很少。从负荷曲线上看出，该百货大楼停业时间较早，如延长营业时间，则用电时间也相应延长。

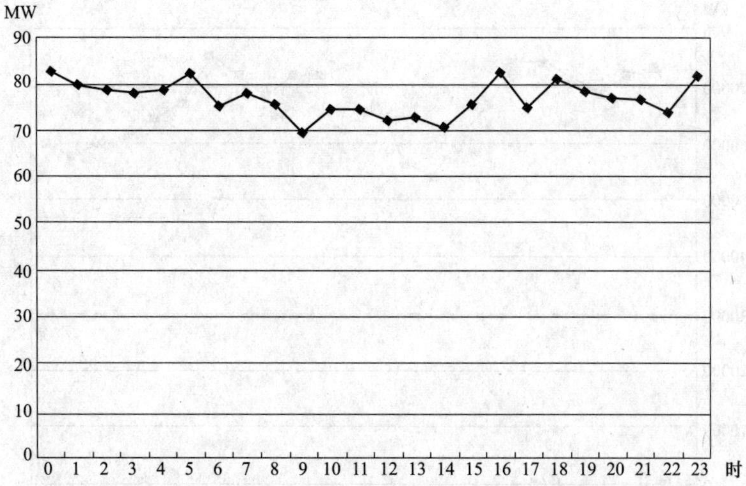

图 4-1　某钢铁厂日负荷曲线

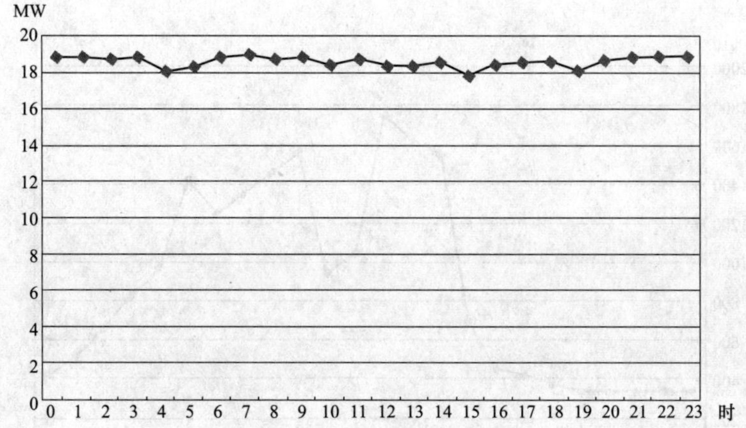

图 4-2　某化肥厂日负荷曲线

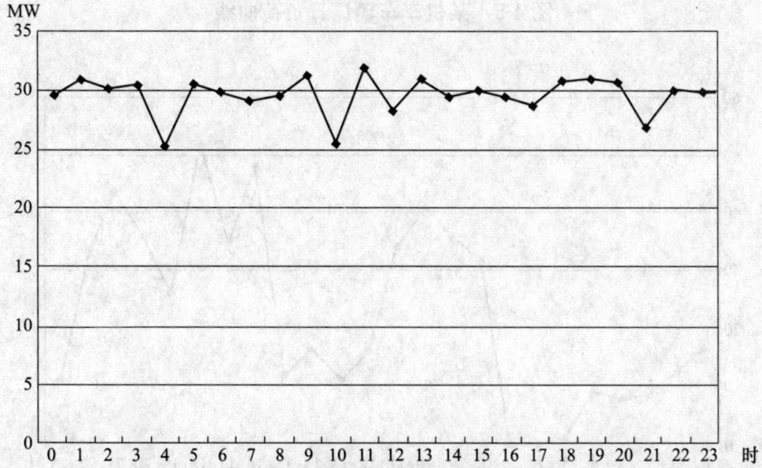

图 4-3　某水泥厂日负荷曲线

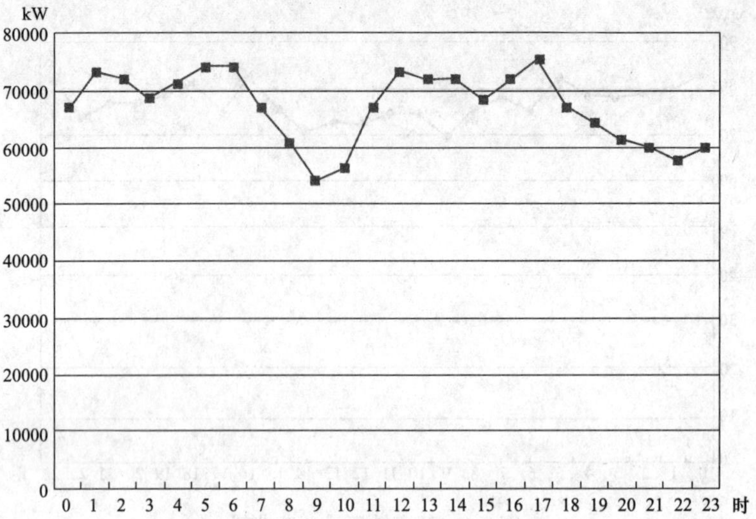

图 4-4　某煤矿日负荷曲线

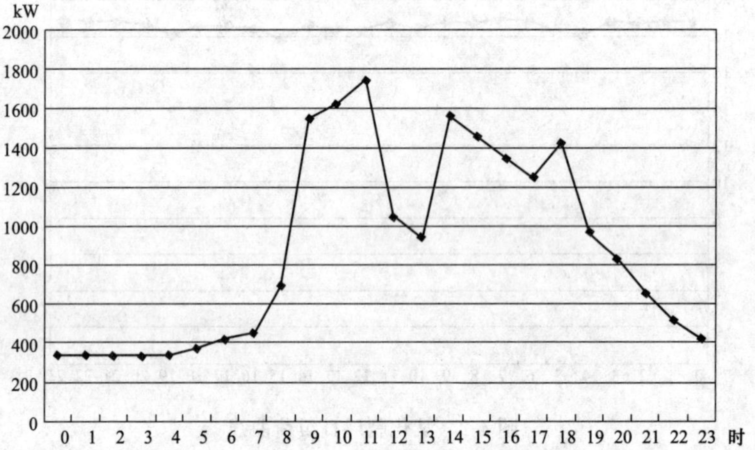

图 4-5　某机车车辆厂日负荷曲线

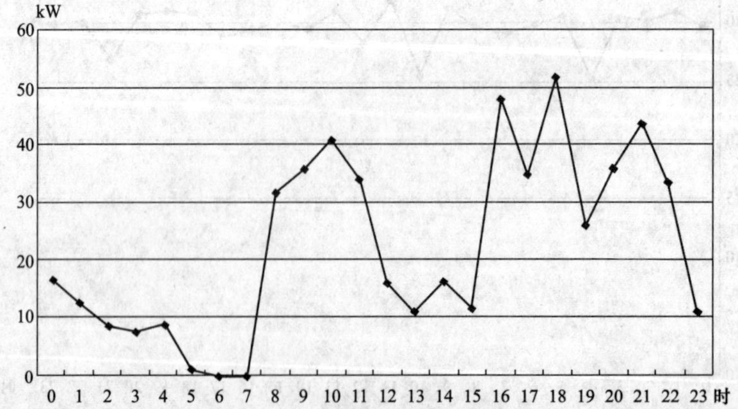

图 4-6　某印染厂日负荷曲线

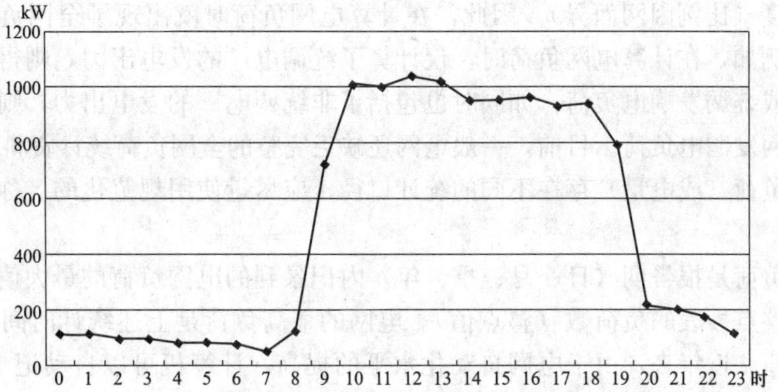

图 4-7　某百货大楼日负荷曲线

上述曲线都是在非采暖及非降温季节的负荷曲线。如在采暖季节或降温季节，叠加采暖或降温负荷后，曲线会受到较大影响。

第二节　电力负荷特性指标

一、电网最高负荷

电网负荷是随时间变化的，一天内会有一个最大值，一个月、一年同样也会出现一个最大值。

电网最高负荷：报告期（日、月、季、年）内记录到电网负荷的最大值。

不同的统计口径对应不同的最高负荷名称。

最高发电负荷：一个孤立的省级电网，某一时刻各发电厂发电出力之和称为该时刻电网的发电负荷。报告期（日、月、季、年）内记录到的电网发电负荷的最大值称为电网的最高发电负荷。

最高发购电负荷：电网实现互联之后，联网线之间有互送电力，本电网内自发电力的大小已不能反映本电网内用电负荷的大小，应采用发购电负荷的概念。电网的发购电负荷等于某一时刻电网内各发电厂发电出力之和加上（或减去）同一时刻联网线的受电（或送电）。报告期（日、月、季、年）内记录到的电网发购电负荷的最大值称为电网的最高发购电负荷。

最高供电负荷：传统的电网供电负荷统计是指电网内某时刻总发电出力减去厂用电力，加上（或减去）同一时刻联网线受电（或送电）。供电负荷与发购电负荷相差网内的厂用电力。报告期（日、月、季、年）内记录到的电网供电负荷的最大值称为最高供电负荷。

2018 年出版的《国家电网有限公司生产统计工作指南》对供电负荷做了新的定义：用电负荷加上同一时刻的线路损失负荷，是发电厂对电网供电所承担的全部负荷。

省网一般用发电负荷或发购电负荷（电网互联以后）这个指标。

省内的地方电网一般采用供电负荷这一指标。它能更好地反映地区负荷的特点。地方没有发电厂，供电负荷就是联网线的受电电力。

全网负荷与统调负荷：在电网内，大部分电厂参加电网统一调度，也有一些电厂并不参加电网统一调度（比例因网而异）。因此，在计算电网负荷时就出现了全网负荷与统调负荷的不同口径。例如，在计算电网负荷时，仅计算了统调电厂的发电出力，则得到的是电网的统调发电负荷或统调发购电负荷；如同时也包括了非统调电厂的发电出力，则得到的是全网发电负荷或全网发购电负荷。目前，一般电网还缺乏完整的全网负荷统计资料。

由于电网负荷（或电量）存在不同的统计口径，应尽量使用规范化的名称，表明它的统计口径。

电网最高负荷是报告期（日、月、季、年）内记录到的电网负荷的最大值。之前，电网负荷数据采用整点抄表的负荷数（整点值）。电网的最高负荷是上述统计时间段内出现的整点负荷的最高值。近年来，由于电网自动化水平的提高，计算机可以自动记录电网的负荷，而且根据要求，记录间隔可以很短，还可以实时显示电网的负荷。因此，电网最高负荷又出现了一些新的概念，如“瞬间”电网最高负荷、“5min”或“15min”电网最高负荷（每隔5min或15min记录到的负荷最大值）等。

采用整点电网最高负荷值是过去长期采用的方法。根据对1995—1999年华东、华中电网及1998—1999年西北电网负荷数据分析，以整点电网最高负荷值为基础，计算与“瞬间”电网最高负荷值、最大三日平均负荷为电网最高负荷的差距。“瞬间”电网最高负荷与整点电网最高负荷平均相差0.4%～0.6%；以最大三日平均负荷为电网最高负荷与整点电网最高负荷平均相差0.5%～1.0%，差别不大。一般电网规模越大，相差的百分数就越小。

从规划工作的角度，为了有利于各地区、各电网之间横向比较，有利于互联电网研究，各电网应用统一、规范的方法来确定本电网的最高负荷，既要满足工作需要，又要简便不烦琐。从目前情况看，规划部门统一采用整点的最高负荷较为合适。采用“瞬间”电网最高负荷，反映了电网真正出现过的最高负荷。

调度部门在安排日发电计划时，日负荷曲线的时间间隔已由原先的1h缩短至15min，“15min”记录到的电网最高负荷比较接近电网“瞬间”最高负荷。

国外也有采用最大三日平均负荷作为电网最高负荷的。

二、电网最低负荷

电网最低负荷：报告期（日、月、季、年）内记录到的电网负荷的最小值。

同样，电网最低负荷由于统计范围、口径不同，有最低发电负荷、最低发购电负荷、最低供电负荷之分，有全网及统调之分。

同理，从规划工作的角度电网的最低负荷也是取整点最低负荷。

三、平均负荷

平均负荷：报告期内瞬间负荷的平均值，即报告期内每小时电量的平均值。

$$\text{报告期发（发购、供）电平均负荷}=\frac{\text{报告期发（购、供）电量}}{\text{报告期日历小时数}}$$

四、日负荷率、月（年）平均日负荷率

（一）日负荷率

日负荷率γ是日平均负荷与日最大负荷的比率，计算公式为

$$\gamma=\frac{P_{\mathrm{d.av}}}{P_{\mathrm{d.max}}}\times 100\%=\frac{A_{\mathrm{d}}}{24P_{\mathrm{d.max}}}\times 100\%$$

式中：$P_{\mathrm{d.av}}$为日平均负荷；$P_{\mathrm{d.max}}$为日最高负荷；A_{d}为日电量。

（二）月（年）平均日负荷率

月（年）平均日负荷率是月（年）内每天的日负荷率之和，除以月（年）内的日历天数，计算式为

$$\gamma_{av} = \frac{\text{计算期(月、年)日负荷率之和}}{\text{计算期(月、年)日历天数}}$$

日负荷率用来表示日负荷曲线的平复程度，一天内负荷变化越小，日负荷曲线越平，日负荷率就越高。日负荷率值受电网用电结构的影响很大，连续性生产的工业用电比例越大，日负荷率值就越大。需求侧管理工作的目标之一就是提高日负荷率，所以比较关心日负荷率的平均值。

五、日最小负荷率、日峰谷差、日峰谷差率

日最小负荷率、日峰谷差、日峰谷差率是用来表明日负荷变动幅度的。日最小负荷率值越大，说明负荷在一天内变动幅度越小。同样日最小负荷率值受电网用电结构的影响很大，连续性生产的工业用电比例越大，日最小负荷率值越大。

（一）日最小负荷率

日最小负荷率是日最低负荷与同日最高负荷的比率，计算式为

$$\beta = \frac{P_{d.min}}{P_{d.max}} \times 100\%$$

式中：$P_{d.min}$为日最低负荷；$P_{d.max}$为日最高负荷。

（二）日峰谷差

日峰谷差是日最高负荷与日最低负荷之差，计算式为

$$\text{日峰谷差} = P_{d.max} - P_{d.min}$$

（三）日峰谷差率

日峰谷差率是日峰谷差与日最高负荷之比率，计算式为

$$\text{日峰谷差率} = [(P_{d.max} - P_{d.min})/P_{d.max}] \times 100\%$$

很明显，日峰谷差率与日最小负荷率的关系为

$$\text{日峰谷差率} = 1 - \beta$$

需要强调的是，日最小负荷率、日峰谷差、日峰谷差率都是“日”的指标，必须用同一天的最高、最低负荷来计算。

年（月）的日最小负荷率，应该是指这年（月）内日最小负荷率的最低值。

日峰谷差是有名值，反映日负荷波动的大小，十分直观，波动了多少一目了然。但是，在同一电网内进行不同年份对比及不同电网横向比较时，只能用相对值（用日最小负荷率或日峰谷差率）。在规划工作中，一般用日最小负荷率这个指标。

上节列出了不同类型用户的日负荷曲线，它们的日负荷率及日最小负荷率见表4-1。由此可看出，连续性生产企业的日负荷率及日最小负荷率都比较高，一班制生产的企业的日负荷率及日最小负荷率最低。

表4-1　不同类型用户日负荷率和日最小负荷率　（%）

用户	日负荷率	日最小负荷率
钢铁厂	93.0	84.0
化肥厂	98.0	93.7
水泥厂	92.8	79.1

续表

用户	日负荷率	日最小负荷率
煤矿	89.3	71.6
机车车辆厂	50.0	19.3
印染厂	38.2	0
百货大楼	47.6	4.9

六、月不均衡系数

月不均衡系数指月平均负荷与该月内最大负荷日平均负荷的比值，它表示月内负荷的不均衡性，又称月负荷率，计算式为

$$\sigma = \frac{P_{av}}{P_{m.av}}$$

式中：P_{av}为月的平均负荷；$P_{m.av}$为该月内最大负荷日的平均负荷。

各月的月不均衡系数是不相同的，一年的月不均衡系数平均值$\sigma_{y.av}$为

$$\sigma_{y.av} = \frac{\sum_{1}^{12}\sigma}{12}$$

月不均衡系数值的大小，在很大程度上受负荷周调整的影响，如用电部门在月（周）内停工、检修等，均会影响月不均衡系数。

七、季不均衡系数

季不均衡系数是指全年各月最大负荷的平均值与年最大负荷的比值，它表示一年内月最大负荷的不均衡性，它是由年内季节变化引起负荷的静态下降、季节性用电、用户设备大修及负荷的年增长所引起的，又称年不均衡率，计算式为

$$\rho = \frac{\sum_{1}^{12}P_{max}}{12P_{y.max}}$$

式中：P_{max}为月最大负荷；$P_{y.max}$为年最大负荷。

八、年最大负荷利用小时数

年最大负荷利用小时数是年电量除以年最大负荷，计算式为

$$T = \frac{A}{P_{y.max}}$$

式中：A为年电量；$P_{y.max}$为年最大负荷。

年最大负荷利用小时数越高，意味着电网的发电设备、输配电设备的利用率越高。在预测电网的最高负荷时也用到该指标。

要注意，计算年最大负荷利用小时所用的电量、最大负荷应为同一统计口径。

九、年最大负荷利用率

年最大负荷利用率是年最大负荷利用小时数除以全年小时数，或年平均负荷与年最大负荷的比率。计算式为

$$\delta = (T/8760) \times 100\% = (P_{y.av}/P_{y.max}) \times 100\%$$

式中：T为年最大负荷利用小时数；$P_{y.av}$为年平均负荷；$P_{y.max}$为年最大负荷。

十、同时率

在一个电网（如区域电网或省级电网）内，各分网（省级电网或地方电网）在一年（月、日）中出现最高负荷的时间往往是不同的，因此，全网的最高负荷往往小于各分网最高负荷之和。

同时率指全网的最高负荷与各分网最高负荷之和的比率，计算式为

$$同时率=\frac{全网最高负荷}{各分网最高负荷之和}\times 100\%$$

十一、负荷（电量）年平均增长率

负荷（或电量）年平均增长率表示在一个时期（若干年）内负荷（或电量）每年增长的平均速度，通常采用水平法（又称几何平均法）计算。计算方法为

$$G=\left(\sqrt[n]{\frac{P_{\mathrm{n}}}{P_{\mathrm{o}}}}-1\right)\times 100\%$$

式中：P_{n} 为计算年的最高负荷（或电量）；P_{o} 为基准年的最高负荷（或电量）；n 为基准年以后的年数。

十二、电量分类

电力规划工作不仅需要电力负荷指标，也需要电量指标。计算日负荷率、最大负荷利用小时等指标时也需要电量指标。

1. 全社会用电量

全社会用电量指本区域内全部电力用户（包括电力生产用户）所耗用的全部电量。它包括社会各行业用电量和城乡居民生活用电量。各行业用电量中，包括了电力企业售给用户的电量、自备电厂自发自用电量、自备电厂售给附近用户的电量以及趸售电量，也包括了部分地方水、火电的售电量（同样也包括了电厂的厂用电量、抽水蓄能电厂的抽水电量和线损电量）。因此，全社会用电量与该地区的国民经济与社会发展直接相关。

2. 购电量

购电量指报告期内电网经营企业从本级电网经营区内独立发电企业（含分布式电源、自备电厂）以及其他电网经营企业购入的电量。

可根据购电对象和交易成分对购电量进行分类。

（1）根据购电对象，购电量可分为购电厂电量和购电网电量，其中，购电厂电量可以根据电源类型进一步分为水电、火电、核电、风电、光伏、其他。

（2）按照交易成分，购电量可以分为基数电量、跨区跨省电量、发电权交易电量、大用户直购电量。

3. 供电量

供电量指报告期内可用于各级电网供电生产活动投入的电量，含电网经营区内发电站、分布式电源、抽蓄电站的关口计量上网电量，以及各级电网和其他电网的关口计量输入输出净电量。

供电量的计算公式为

$$供电量=电厂上网电量+其他电网输入电量-向其他电网输出电量$$

根据国家电网公司报表制度，供电量有如下口径：

（1）公司口径供电量＝公司供区范围内电厂上网电量＋公司供区输入电量－公司供区输

出电量

(2) 地区口径供电量＝本地区电厂上网电量＋自备电厂自发自用电量＋地区电网输入电量－地区电网输出电量

(3) 农网口径供电量＝各县公司供电量（不含系统内公司互售电量）－各县公司收费220kV及以上用户供电量＋各地市公司直供县域110kV及以下用户供电量

4. 售电量

售电量指电网经营企业按国家销售电价销售给本经营区内用电客户，并用作最终消费的电量。

第三节 电力负荷曲线

在电力系统规划设计工作中，为进行整个系统及系统内各地区的电力电量平衡，确定了各类负荷曲线。在调度运行部门，为按发电厂的运行方式，研究系统调峰问题及装机的利用程度，为研究联网的技术经济问题及网间电力电量交换，为进行可靠性计算和电源优化，需要电力系统的各种电力负荷曲线安排日运行方式、设备检修计划等。

电力负荷曲线包括日负荷曲线、年负荷曲线、年持续负荷曲线、周负荷曲线等。

一、日负荷曲线

（一）日负荷曲线

它表示一天内负荷变化的情况。横坐标为时间，时间间隔可以是1h、15min或根据需要设定。规划设计工作一般用1h，即用每小时的整点负荷数绘制日负荷曲线。

在时序的选择上，有的用0～23时，有的用1～24时，给研究工作带来了困难。因此，建议日负荷曲线统一用0～23时的负荷数据。

图4-8为日负荷曲线。日负荷曲线图上P_{max}为日最高负荷，P_{min}为日最低负荷，P_{av}为日平均负荷。

依据日负荷曲线可以把负荷分成三部分，最低负荷水平线以下部分称为基荷（基本负荷），平均负荷以上部分称为峰荷（峰负荷），最低负荷与平均负荷之间称为腰荷。

（二）典型日负荷曲线

由于负荷结构、气候条件等不同，不同电网日负荷曲线形状是不同的；同一电网在不同发展阶段，一年里不同的季节，工作日与休息日，日负荷曲线形状也是不同的。气温变化对日负荷曲线形状的影响也日益增大。因此，每天的负荷曲线形状都不是完全相同的。规划研究工作需要找出尽可能具有代表性的典型日负荷曲线来代表某个月或某个季节的日负荷特性。

1. 月的典型日负荷曲线

目前，用什么样的曲线作为这个月的典型日负荷曲线，做法上并不一致。有的使用该月最大负荷日的负荷曲线，有的使用该月峰谷差率最大（即日最小负荷率最低）这天的日负荷曲线，或每月固定某一天（如15日）的日负荷曲线等。

典型日负荷曲线应该是曲线形状与多数曲线形状相似，有代表性的曲线。典型日负荷曲线有多种选取方法：第一种为选取日负荷率与月平均日负荷率最接近，且负荷曲线无异常畸变的日负荷曲线作为该月的典型日负荷曲线；第二种为选取最大负荷日负荷曲线作为典型日负荷曲线；第三种为选取日负荷率与三个最大负荷日平均日负荷率最接近且负荷曲线无异常畸变的日负荷曲线作为该月的典型日负荷曲线。

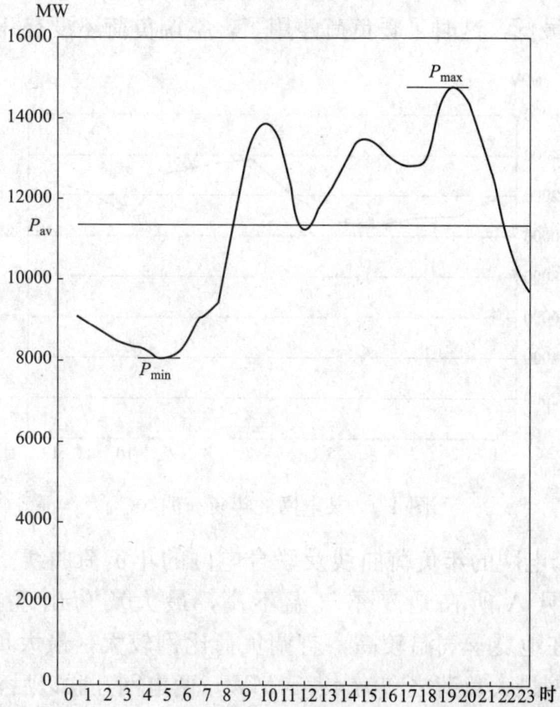

图 4-8　日负荷曲线

无异常畸变理解为在选取负荷曲线时，要排除非正常工作日的负荷曲线、由于天气突变引起负荷曲线的畸变或数据有误导致负荷曲线的畸变。

虽然建议采用第一种方法绘制典型日负荷曲线，但并不排除在研究某些特定问题时，采用其他方法选定典型日负荷曲线或对日负荷曲线作某些修正较为合适。

2. 夏季、冬季典型日负荷曲线

不同月份的典型日负荷曲线是不同的。在研究逐月电量平衡时需要每个月的典型日负荷曲线。由于在同一季节里日负荷特性指标比较接近，在研究年的负荷特性时，可以进行简化，列出夏季、冬季典型日负荷曲线即可。一般可以选该季内负荷最高月份的典型日负荷曲线。

日负荷曲线除用有名值表示外，为了便于比较，还可以用标幺值表示。

（三）抽水蓄能机组运行对日负荷曲线的影响

抽水蓄能机组在电网低谷负荷时抽水工况运行，相当于增加了一个用电负荷，起到填谷作用，改变了电网低谷时的负荷曲线形状；在高峰负荷期间，抽水蓄能机组发电工况运行，相当代替其他发电机组的发电，并不影响负荷曲线的形状。为了掌握电网负荷曲线的本来面貌，在绘制电网日负荷曲线时应扣除抽水蓄能机组的抽水电力。

二、年负荷曲线

年负荷曲线表示一年内逐月最高负荷的变化。横坐标为 12 个月份，纵坐标为负荷。

图 4-9 所示为某电网的年负荷曲线。该曲线显示，全年负荷出现两个高峰，即夏季与冬季，最高负荷出现在夏季。夏季电网出现最大电力负荷，约 14000MW，这是因为夏季天气炎热，空调负荷大量增加；第二个高峰期出现在冬季，因天气寒冷开始供暖，导致采暖负荷逐步增加。4 月份负荷最低，这时采暖负荷停用了，空调负荷还没有开始使用。

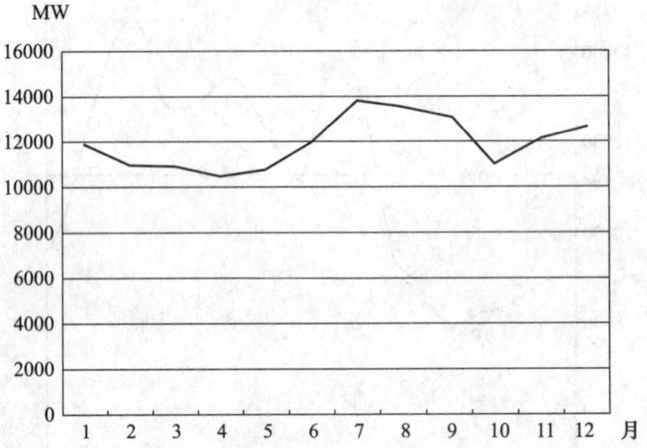

图 4-9 某电网的年负荷曲线

图 4-10 所示为两个电网的年负荷曲线及联合电网的年负荷曲线。电网 A、电网 B 年负荷曲线截然不同，电网 A 所在地夏季气温不高，最大负荷出现在冬季，最大负荷为 23650MW；电网 B 所在地夏季气温较高，空调负荷比例较大，最大负荷出现在夏季，最大负荷为 26100MW。两网最大负荷之和为 49750MW。两电网互联以后，联合电网的最大负荷为 46640MW。联网后综合最大负荷减少 3110MW（6.2%），年负荷特性差异较大的电网，电网互联以后降低电网综合最大负荷效果很明显。

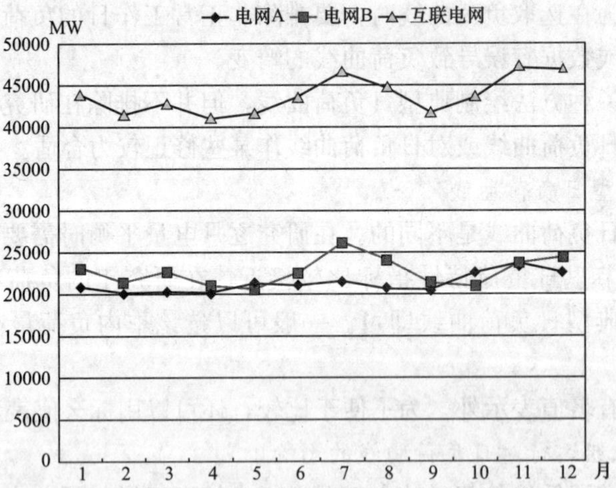

图 4-10 两个电网的年负荷曲线及联合电网的年负荷曲线

生产部门为安排年度发电设备检修计划，需要电网的年负荷曲线，为更合理、有效安排检修计划，生产部门采用以每旬的最大负荷绘制的年负荷曲线，即一年取 36 个负荷点。

图 4-11 所示为电网以每旬的最大负荷绘制的年负荷曲线，同时也列出了电网的最大可能出力、检修容量及备用容量。从图 4-11 看出，有些月份处于负荷上升或下降阶段，上、下旬

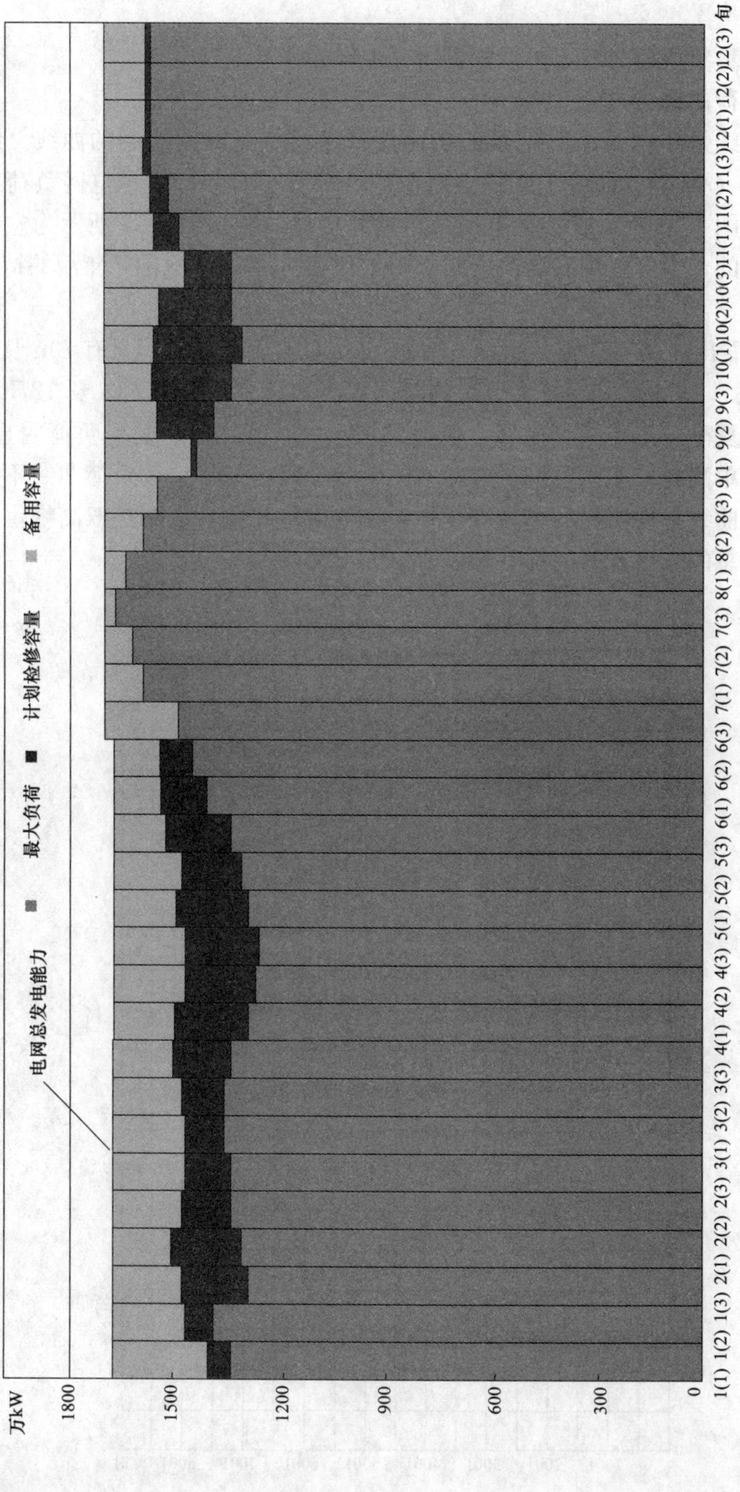

图4-11　年负荷曲线、计划检修容量、备用容量曲线

负荷差别较大，在以每旬的最大负荷绘制的年负荷曲线上安排检修计划，能更充分地利用电网轻负荷时段安排检修，就有可能在电网高峰负荷时段，不安排或少安排发电设备的检修。

因此，怎样表示年负荷曲线，可以根据研究工作的需要来确定。

三、年持续负荷曲线

年持续负荷曲线是年内每小时记录的负荷按降序及持续时间绘制的曲线。纵坐标为负荷，横坐标为时间（小时）。曲线上某一点对应的负荷及小时数，表示电网负荷等于及大于该负荷的小时数。图 4-12 所示表示某电网某年持续负荷曲线。图 4-13 所示为它的局部，曲线是用标幺值绘制的，也可以用有名值绘制。图 4-14 所示是同一电网 4 年后的持续负荷曲线(局部)。

从表 4-2 可以看出，某年达到及超过 95%或 90%最大负荷的时间只有 70h 及 285h；4 年后达到及超过 95%、93%及 90%最大负荷的时间更少，分别为 36、61h 及 127h。其原因是某年年负荷曲线为夏季、冬季两个高峰，负荷差别不大；而 4 年后夏季负荷明显高于冬季，年负荷曲线为夏季单高峰。不同电网、电网不同发展阶段，使年持续负荷曲线不同，一般情况下，电网年负荷曲线呈现明显的单高峰，则尖峰负荷时间更短；如是双高峰，则尖峰负荷时间稍长一些。但总的来说，时间都不长。

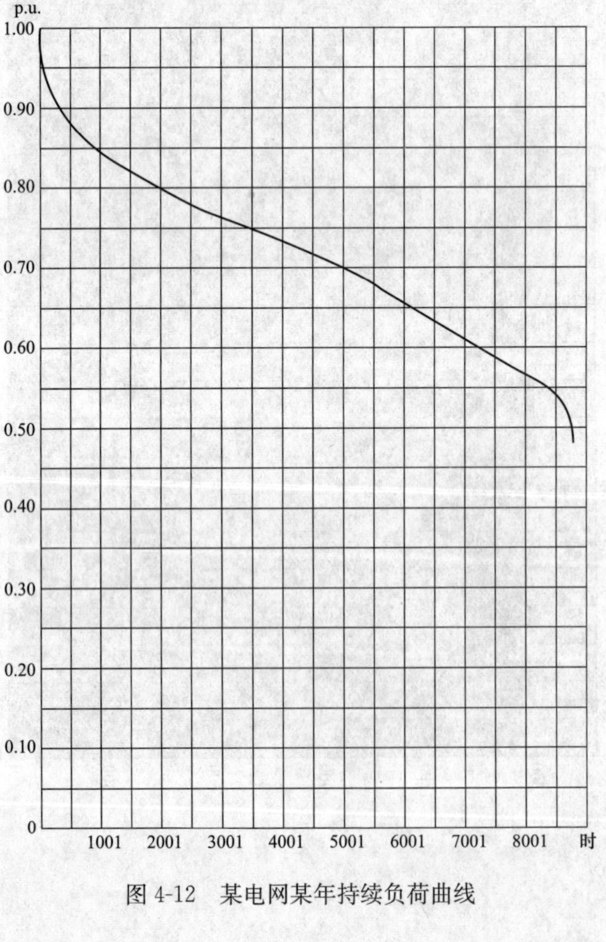

图 4-12　某电网某年持续负荷曲线

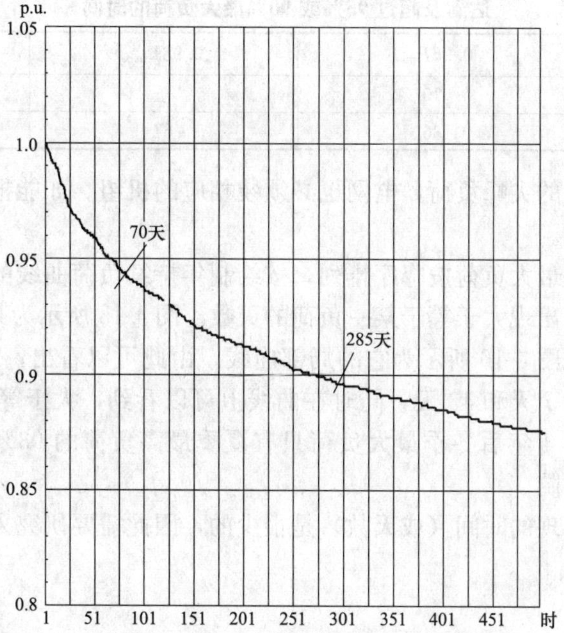

图 4-13　某电网某年持续负荷曲线（局部）

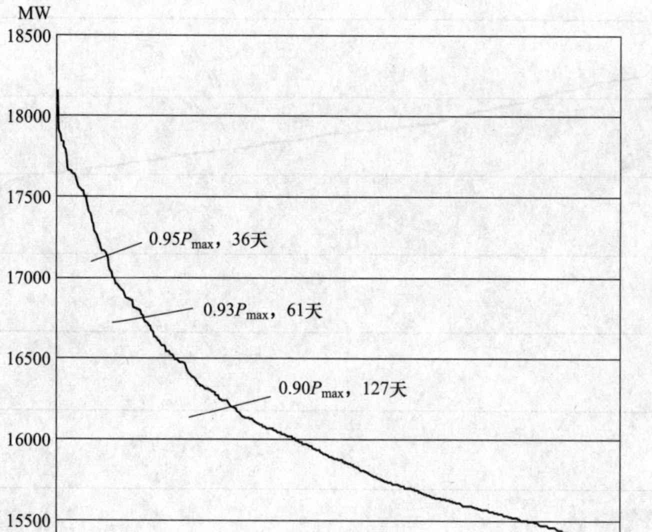

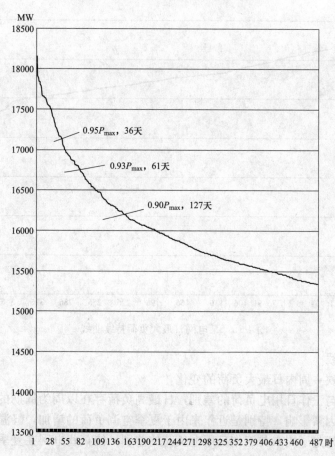

图 4-14　某电网 4 年后持续负荷曲线（局部）

表 4-2　　达到及超过 95%或 90%最大负荷的时间

年份	$0.95P_{max}$	$0.93P_{max}$	$0.90P_{max}$
某年	70	—	285
4 年后	36	61	127

为满足这么短时间的尖峰负荷，电网也必须装相应的机组。如能把最尖的那部分负荷压下来，效益将是明显的。

如果把年内每天的最大负荷按降序排列，按绘制年持续负荷曲线的方法，绘制它的持续曲线，就可以看出电网出现大于等于某一负荷的天数。图 4-15 所示为某电网 4 年后以日最大负荷绘制的持续曲线。图 4-16 所示为它的局部曲线。由此可以看出，大于等于 90%和 95%最大负荷的天数分别为 7 天和 43 天，同时在曲线上可以看到，大于等于 93%最大负荷的天数也仅有 9 天。该电网 4 年后冬季最大负荷只有夏季最高负荷的 93%，因此，93%是转折点，93%以上曲线非常陡。

最大负荷在年内出现的时间（或天数）是很少的，因此需要研究采取措施削峰，提高电网的总体效益。

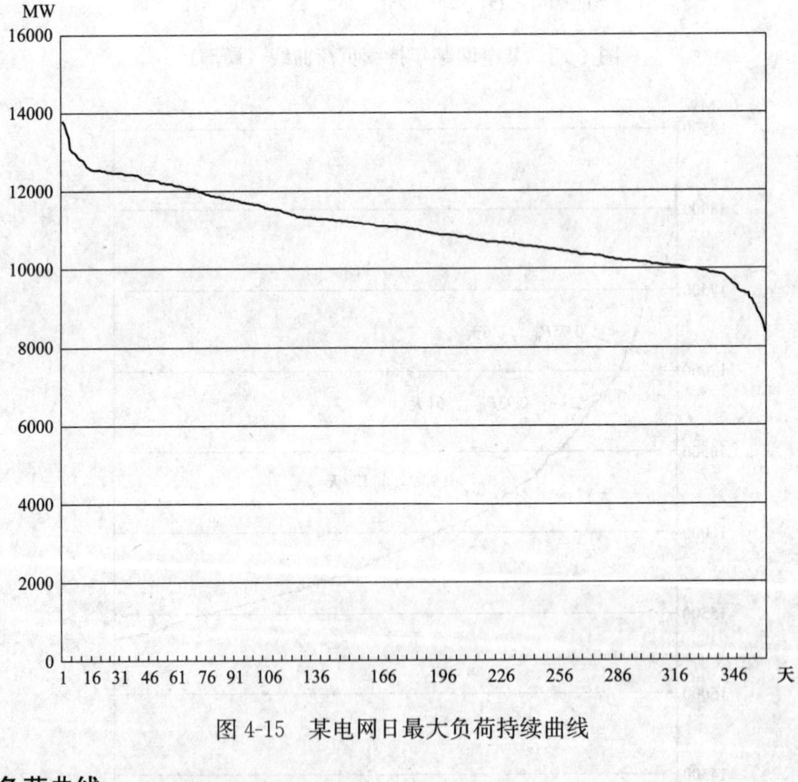

图 4-15　某电网日最大负荷持续曲线

四、周负荷曲线

周负荷曲线反映一周内日最大负荷的变化。

由于存在周末与工作日用电负荷的差别，日最高负荷存在以周为周期的波动。但是，由于负荷还受气候等因素影响，特别是近年来由于夏季空调负荷的增加，气温的变化对负荷的影响更大了，甚至超过了周末与工作日用电负荷的差别，使某些电网在夏季周负荷波动规律不明显了。

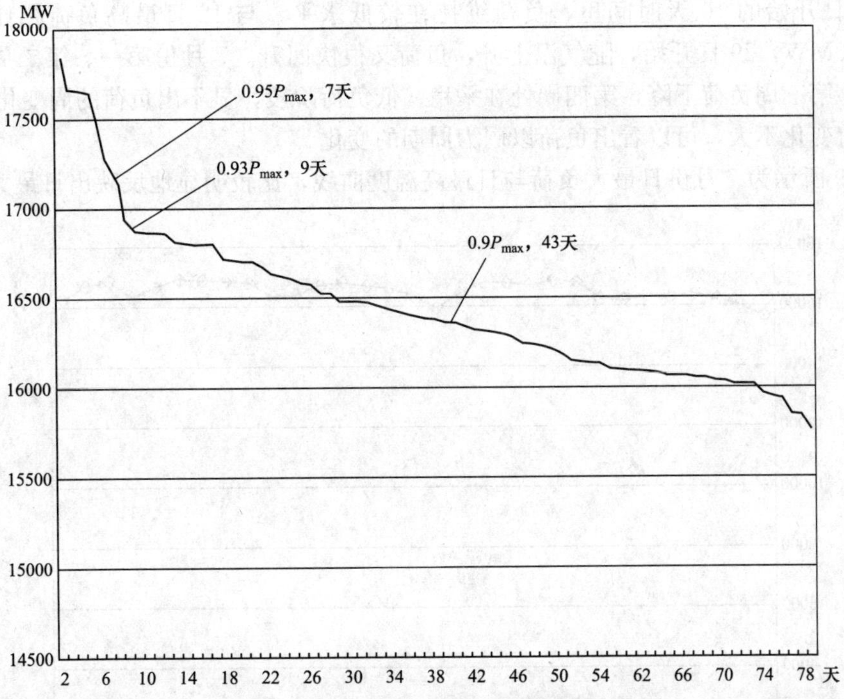

图 4-16　某电网日最大负荷持续曲线（局部）

图 4-17 和图 4-18 所示为某电网 2002 年 7 和 12 月的月负荷曲线。7 月份日最大负荷变化非常大，相差 4900MW（27%），它主要是受气候的影响，月初至 12 日，基本处于负荷上涨阶段，12 日达到全年最高峰。高负荷水平在 12 日前后共维持 10 天左右，由于下雨，气温下

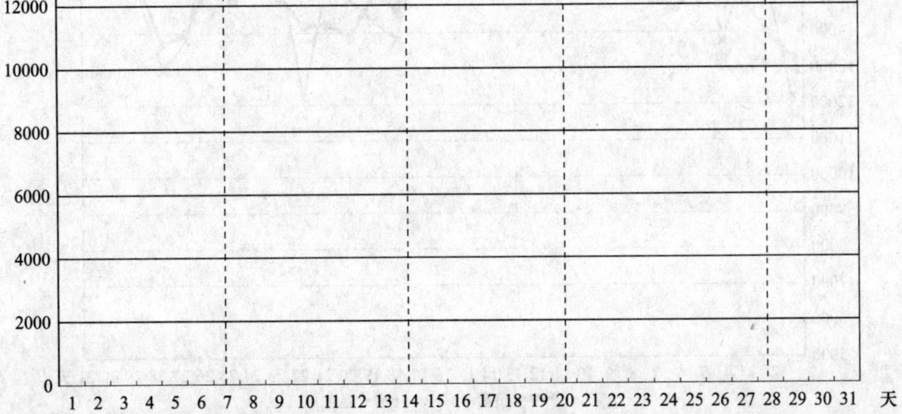

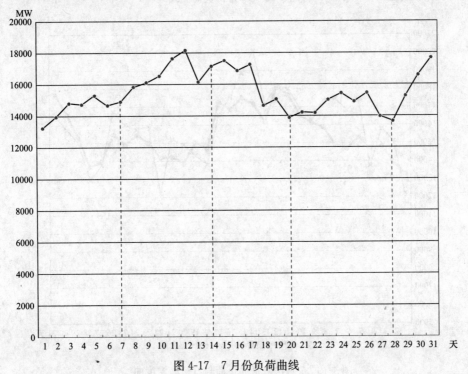

图 4-17　7 月份负荷曲线

降，从 18 日开始的 10 天时间里，负荷维持在较低水平，与 12 日最高负荷相比，下降了 2700～4500MW，29 日开始，随气温上升，负荷又很快回升。7 月份第一、第二周负荷处于上升阶段，第三周负荷下降，第四周处在平稳、低负荷阶段，显不出负荷的周变化。12 月份日最大负荷变化不大，可以看出负荷以周为周期的变化。

图 4-19 所示为 7 月份日最大负荷与日最高温度曲线，比较明显地反映出日最大负荷变化

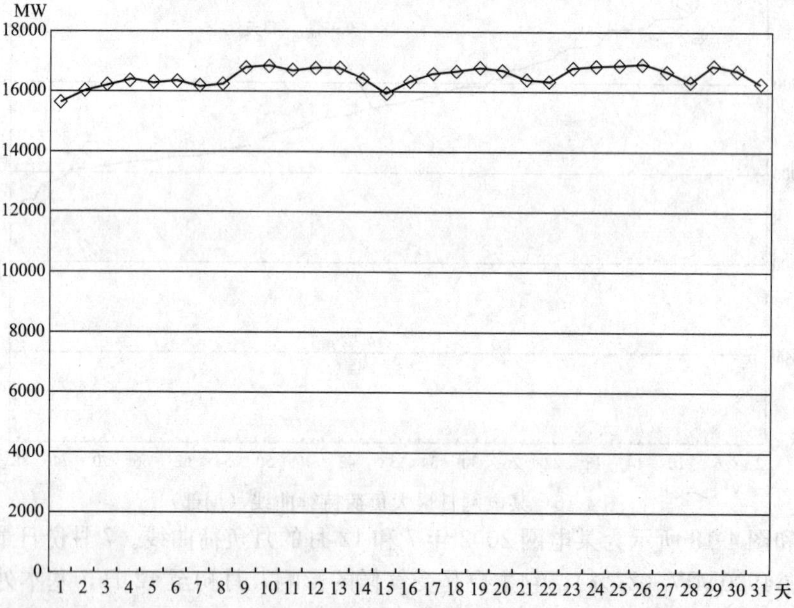

图 4-18　12 月份负荷曲线

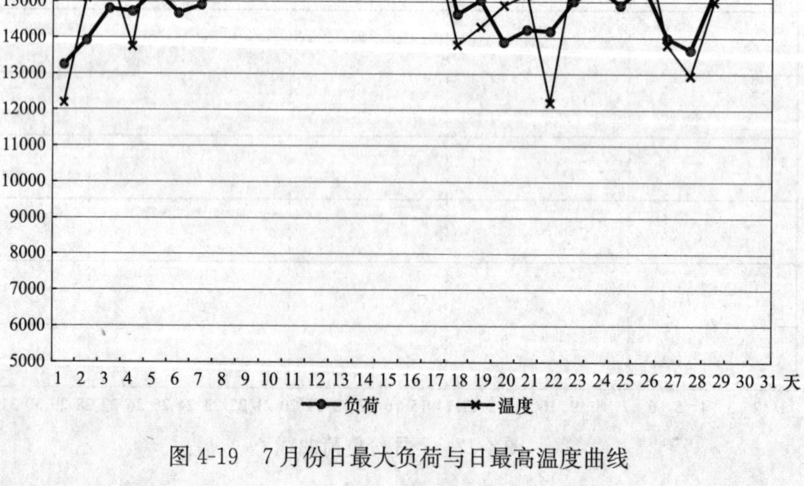

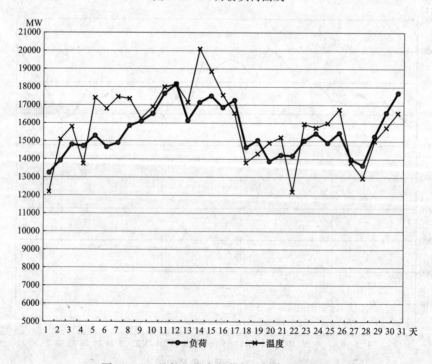

图 4-19　7 月份日最大负荷与日最高温度曲线

与日最高温度变化很相似。

图 4-20 所示为 12 月份第三周的负荷曲线。

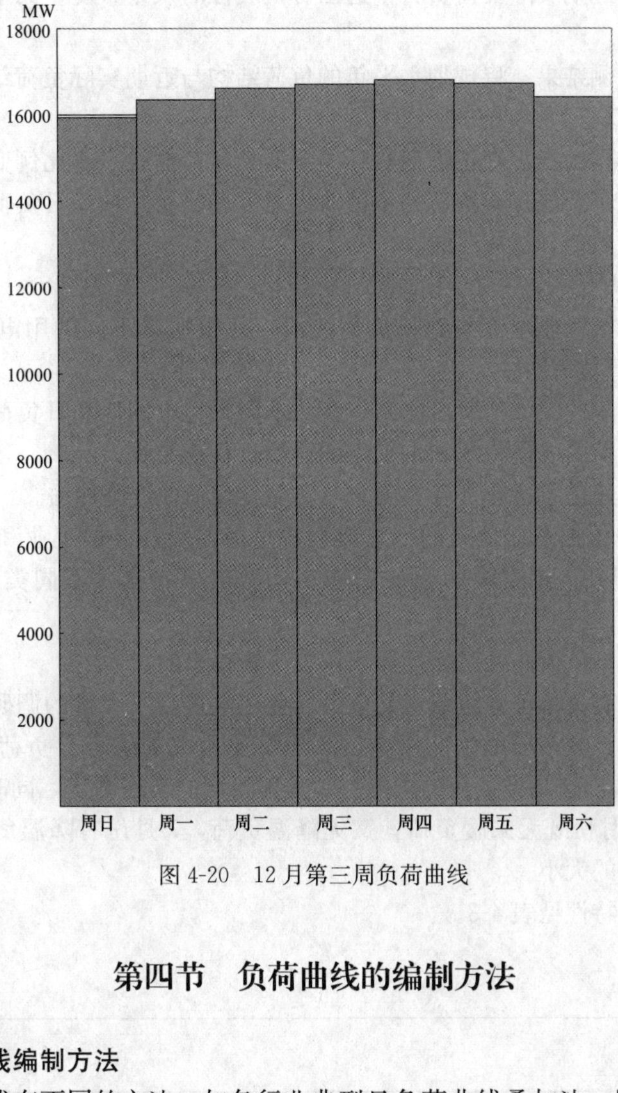

图 4-20　12 月第三周负荷曲线

第四节　负荷曲线的编制方法

一、日负荷曲线编制方法

编制日负荷曲线有不同的方法，如各行业典型日负荷曲线叠加法、历史负荷曲线修改法和典型系统法。

（一）各行业典型日负荷曲线叠加法

（1）首先要掌握各行业（各类用户）当前（或某基准年）的典型日负荷曲线（负荷以标幺值表示）。按预测各行业（各类用户）的最大负荷，可以求得预测年份相应的各类用户的典型日负荷曲线（负荷以千瓦表示），把预测年份的各行业（各类用户）的典型日负荷曲线（负荷以千瓦表示）相叠加，得到全网的典型日负荷曲线。负荷中包括厂用和线损电力，得到全网典型日发电负荷曲线。

（2）编制（预测）冬季（或夏季）全网的典型日负荷曲线应该分别用冬季（或夏季）各类用户当前（或某基准年）的典型日负荷曲线，以及预测年份各类用户冬季（或夏季）的最大负荷。

（二）历史负荷曲线修改法

（1）首先要分析近期实际负荷资料，选出有代表性的（冬、夏）典型日负荷曲线，并分析负荷结构。

（2）根据负荷预测结果，将规划水平年的负荷结构与近期实际负荷结构进行对比，确定负荷结构变化的程度。

（3）根据负荷结构的变化修正近期实际的典型日负荷曲线。将比例变化较大的某几类负荷，按比例变化的大小及该几类负荷的负荷曲线对近期的实际典型日负荷曲线修正，得到所需要的规划水平年的典型日负荷曲线。

（三）典型系统法

（1）通过收集地区行业用电典型日负荷曲线，并根据其不同的用电比例叠加修正得到“不同类型电网典型日负荷曲线”。

（2）按规划水平年各类负荷所占比例，在“不同类型电网典型日负荷曲线”中套用负荷结构相近的典型日负荷曲线作为规划水平年的典型日负荷曲线。

这种方法基本上还是各行业（各类用户）典型日负荷曲线叠加法。

规划设计单位曾根据东北地区的行业典型日负荷曲线，并按工业和非工业用电的不同比例，通过行业典型日负荷曲线的叠加和修正，做出了一套“不同类型系统典型日负荷曲线”。

各类用户的日典型负荷曲线是通过典型调查分析得出的。

北京供电公司及有关单位曾组织对北京各行业用电进行了大量的调研分析，绘出了北京工业用电、商业用电、城市居民生活用电、其他事业用电的综合日负荷曲线。如图 4-21～图 4-24 所示，可以看出这几类负荷的用电特性是很不同的。在图上，同时画出了 4 月份及 7 月份日负荷曲线，4 月份既无采暖负荷，又无降温负荷，7 月份有降温负荷，对比这两条曲线可以分析降温负荷的大小。

四类负荷的不同特性见表 4-3。

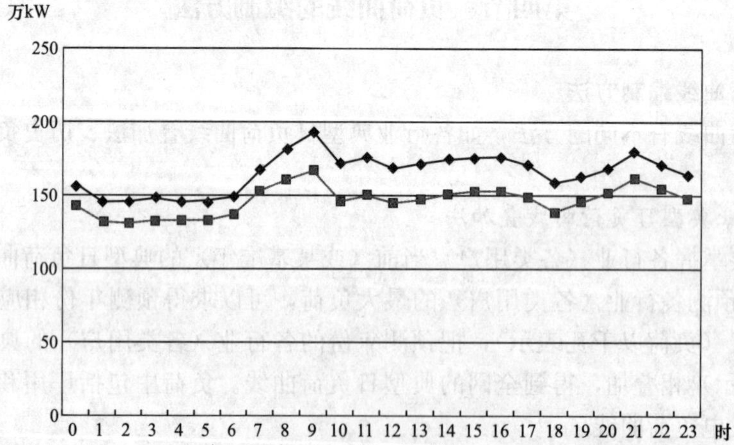

图 4-21 工业用电日负荷曲线

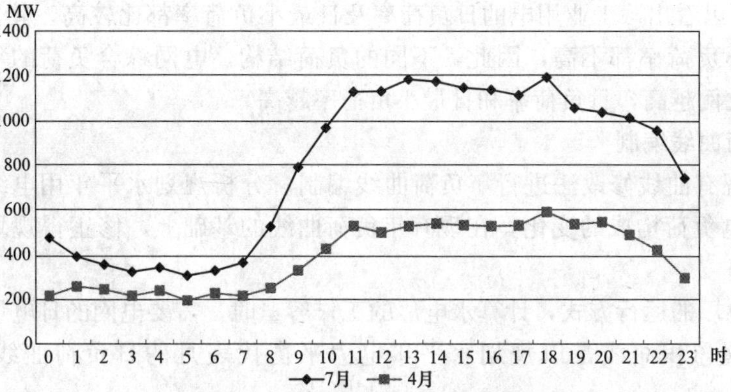

图 4-22 商业用电日负荷曲线

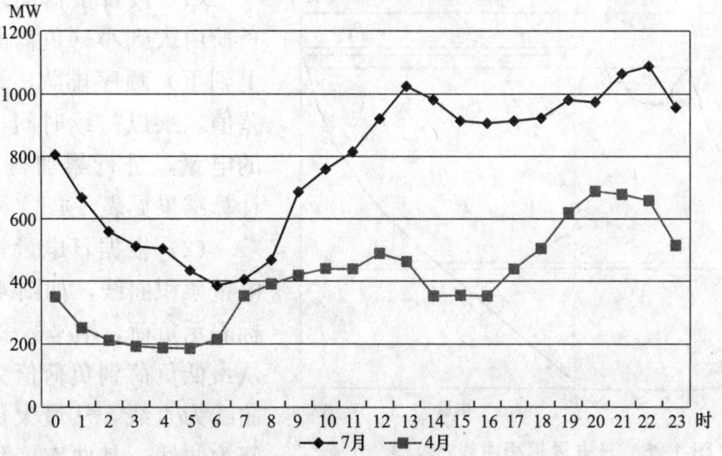

图 4-23 城市居民用电日负荷曲线

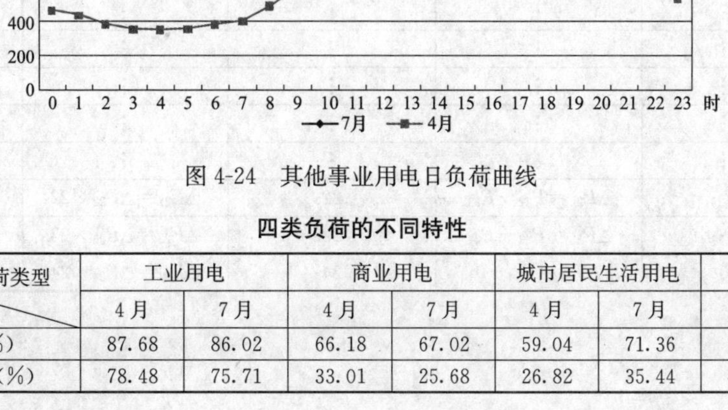

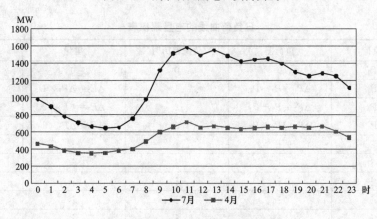

图 4-24 其他事业用电日负荷曲线

表 4-3 **四类负荷的不同特性**

负荷类型 / 负荷率	工业用电		商业用电		城市居民生活用电		其他事业用电	
	4 月	7 月	4 月	7 月	4 月	7 月	4 月	7 月
日负荷率（%）	87.68	86.02	66.18	67.02	59.04	71.36	77.14	73.43
日最小负荷率（%）	78.48	75.71	33.01	25.68	26.82	35.44	49.00	40.63

从表 4-3 可以看出，工业用电的日负荷率及日最小负荷率都比较高，其他各类负荷的日负荷率和日最小负荷率都不高，因此，不同的负荷结构，电网综合负荷的负荷特性是不同的，工业负荷比例越高，日负荷率和日最小负荷率越高。

二、年负荷曲线编制

一般采用现有曲线修改法进行年负荷曲线编制。分析规划水平年用电结构的变化，特别是季节性用电负荷构成的变化，在现有年负荷曲线的基础上，修正得规划水平年的年负荷曲线。

在研究水电厂的运行方式，计算水电厂的工作容量时，需要电网的日电量累积曲线。

绘制日电量累积曲线是以规划水平年电力平衡代表月的日负荷曲线为基础。方法如下：

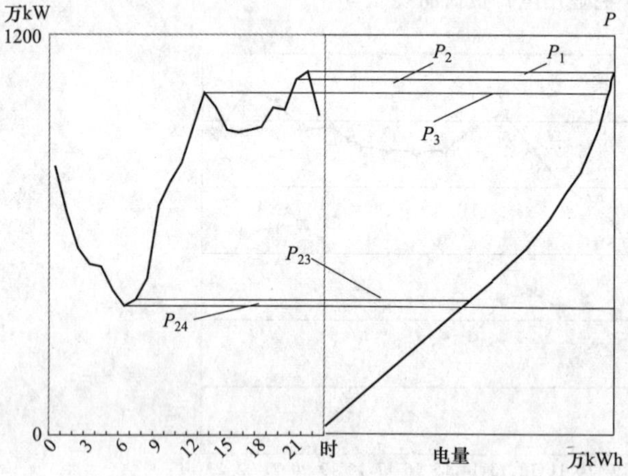

图 4-25 日电量累积曲线

（1）按日负荷曲线，将每小时的负荷由大到小（负荷曲线上的负荷由上到下）顺序排队，算出相邻负荷的差值，乘以持续时间，得相邻负荷间的电量，进行累加得到电量累积值。计算结果见表 4-4。

（2）根据日电量累积表可绘制日电量累积曲线，如图 4-25 所示。纵坐标表示负荷，横坐标表示电量累积值。从最低负荷到负荷值为零的电量累积曲线为直线，从最大负荷到最小负荷间为曲线，其曲率变化随日负荷曲线的形状而异。

表 4-4 日负荷曲线的电量累积表

序号	负荷	负荷差	负荷差历时	电量	累积电量
1	P_1	0	0	0	0
2	P_2	$\Delta P_1=P_1-P_2$	1	$\Delta E_1=\Delta P_1\times 1$	$E_1=\Delta E_1$
3	P_3	$\Delta P_2=P_2-P_3$	2	$\Delta E_2=\Delta P_2\times 2$	$E_2=E_1+\Delta E_2$
4	P_4	$\Delta P_3=P_3-P_4$	3	$\Delta E_3=\Delta P_3\times 3$	$E_3=E_2+\Delta E_3$
⋮	⋮	⋮	⋮	⋮	⋮
⋮	⋮	⋮	⋮	⋮	⋮
⋮	⋮	⋮	⋮	⋮	⋮
⋮	⋮	⋮	⋮	⋮	⋮
⋮	⋮	⋮	⋮	⋮	⋮
23	P_{23}	$\Delta P_{22}=P_{22}-P_{23}$	22	$\Delta E_{22}=\Delta P_{22}\times 22$	$E_{22}=E_{21}+\Delta E_{22}$
24	P_{24}	$\Delta P_{23}=P_{23}-P_{24}$	23	$\Delta E_{23}=\Delta P_{23}\times 23$	$E_{23}=E_{22}+\Delta E_{23}$
25	0	$\Delta P_{24}=P_{24}-0$	24	$\Delta E_{24}=\Delta P_{24}\times 24$	$E_{24}=E_{23}+\Delta E_{24}$

第五章 电力需求预测方法

第一节 综 述

一、电力负荷预测目的

正确预测电力负荷，既是为了保证用电的需要，也是电力工业自身健康发展的需要。准确的负荷预测，可以经济合理地安排电网内部发电机组的启停，保持电网运行的安全稳定性，减少不必要的旋转备用容量，适时安排电网和电源项目投资，合理安排机组检修计划，有效降低发电成本，提高经济效益和社会效益。电力负荷预测工作既是电力规划工作的重要组成部分，也是电力规划的基础。

世界各国都十分重视电力需求预测工作，对电力需求预测方法进行了大量的研究、改进与完善，借鉴应用数学、数量经济学、系统工程等学科的新成果、新理论，同时借助飞速发展的计算机技术和信息技术，发展和创造了许多科学预测方法，充分揭示了国民经济各部门用电发展变化的规律，提高了预测的科学性和准确度。近 30 年来，根据电力需求与社会经济发展的紧密相关性，我国电力规划计划工作者也对电力需求预测方法进行了大量研究工作，已将多种科学预测方法（如弹性系数法、单耗法、回归分析法、时间序列法、投入产出法、专家估计法等）运用于实际工作之中，并取得了较好的预测效果。

二、电力负荷预测内容

1. 最大负荷

最大负荷是确定电力系统装机规模的基础数据，最大负荷加上电网中损失的负荷和厂用负荷，再加上适当的备用容量，就等于电力系统的装机容量。

2. 需电量

需电量是进行能源供需平衡的主要依据。

3. 电力负荷曲线及其特征值

电力负荷的大小及其在时间上的分布特性，对电力规划及电力系统运行是至关重要的，它是确定电力系统中电源结构、调峰容量需求、运行方式及能源平衡的主要依据。

三、电力负荷预测方法分类

一般将预测方法分为两大类：定性预测和定量预测。

（1）定性预测是根据掌握的信息资料，凭借专家的经验知识，运用一定的方法，对未来的趋势、规律、状态做出定性的判断和描述。定性预测常用的方法有专家经验法、德尔菲法、类推预测法，其核心都是专家依据个人的经验、智慧和能力进行判断。

（2）定量预测是依据已有的统计资料，选择或建立合适的数学模型，分析研究其发展变化规律并对未来做出预测。定量预测方法又可分为因果法、趋势外推法和其他方法。

1）因果法是通过寻找不同变量之间的因果关系，分析一个变量对另一个变量的影响程度，进而对未来进行预测的方法。它主要适用于存在相关关系的数据预测，例如，国内生产总值和全社会用电量之间就存在一定的相关性，通过统计分析找出其中的规律，并用确定的函数关系来描述，然后就可以根据国内生产总值预测全社会用电量。

2）趋势外推法是根据历史负荷的变化规律，对未来进行预测的定量预测方法。它主要适用于具有时间序列关系的数据预测，以时间为自变量，以预测对象为因变量，按照预测对象的历史数据的变化规律，找出其随时间变化的规律，从而建立预测模型并进行预测。

3）其他方法包括计量经济分析、投入产出分析、系统动力学、神经网络、灰色模型、专家系统等方法，这些预测方法主要借助复杂的数学模型模拟用电和经济之间的数量关系，从而提高人们认识用电负荷的广度、深度和精度，这些预测方法比较复杂，需要较多的专业知识，本章只简单介绍其原理。

第二节 经典预测方法

一、电力弹性系数预测方法

1. 电力弹性系数概念

电力负荷的增长与国民经济的发展有着密切的关系，一般可用下列经验公式表示为

$$y = ax^{\beta} \tag{5-1}$$

式中：y 为用电量或用电负荷；x 为国民经济指标值；a、β 为常数。

对式（5-1）两边取对数，得

$$\ln y = \ln a + \beta \ln x$$

对上式两边求导数，可得

$$\frac{\mathrm{d}y}{y}\bigg/\frac{\mathrm{d}x}{x} = \beta \tag{5-2}$$

电力负荷（电力或电量）和国民经济指标的变化符合式（5-1）时，它们的增长率之比为一常数 β，此常数 β 称为电力弹性系数。

电力弹性系数描述电力生产（发电负荷或发电量）增长速度与国民经济增长速度之间的关系时，它被称为电力生产弹性系数，其一般定义式为

$$电力生产弹性系数=\frac{电力生产年均增长率}{国民经济年均增长率}$$

电力弹性系数描述电力消费（用电负荷或用电量）增长速度与国民经济增长速度之间的关系时，它被称为电力消费弹性系数，其一般定义式为

$$电力消费弹性系数=\frac{电力消费年均增长率}{国民经济年均增长率}$$

2. 常用的国民经济指标

国民经济指标有多种，可以根据不同的使用目的或需要选用。常用的国民经济指标如下。

（1）国民生产总值（GNP）。国民生产总值是国际上通用的指标，我国在 20 世纪 80 年代开始使用。它是指一国在一定时期（通常为 1 年）内所生产的最终产品和劳务的市场价值的总和，通常由国民经济各物质生产部门的净产值、固定资产折旧以及非物质生产部门的纯

收入三部分组成。它是综合反映一国（或地区）经济发展水平的最概括的重要经济指标。国民生产总值的计算方法有以下几种。

1）生产法（或称部门法）。国民生产总值是由物质生产部门的增加值（即附加值），加上提供服务的公用事业、通信、贸易、金融、教育、卫生、生活服务及政府等部门的增加值而求得的。

2）支出法（或称最终产品法）。国民生产总值是由个人消费支出、政府消费支出、用作固定资本投资和增添设备的国内私人总投资，以及商品与劳务的净出口额等加以汇总而求得的。

3）收入法（或称成本法）。国民生产总值是由生产全部产品和提供服务所发出的工资、薪金、间接税（国家对商品或消费行为征收的税）净额（即间接税减去政府津贴后的差额）、固定资产折旧，以及利息、利润、租金收入等加总而求得的。

国民生产总值一般采用支出法计算，其他两种方法计算所得的数据可作参考。在计算国民生产总值指标时，还要注意剔除通货膨胀因素，采用不变价格，以便各国（或各地区）之间，或同一国家（或同一地区）不同时期之间的数据进行比较。

(2) 国内生产总值（GDP）。国内生产总值也是综合反映国家（或地区）经济发展水平的经济指标。它是指一个国家的领土范围内的居民于一定时期（通常为 1 年）内，所生产的产品和劳务的总价值量。它等于国民生产总值扣除国外要素净收入后的产品和劳务的价值总和。国外要素净收入是指本国居民在国外资本及劳务等的收入，减去外国居民在本国的资本及其服务的收入后的差额。

(3) 国民生产净值（NNP）。国民生产净值是指一个国家在一定时期（通常为 1 年）内，国民经济各部门生产的最终产品和劳务价值的净值。它等于国民生产总值减去固定资产折旧后的余额。

(4) 国民收入。国民收入是指一个国家在一定时期（通常为 1 年）内，各物质生产部门劳动者创造的价值的总和。从实物形态看，它是社会总产品中扣除用于补偿已消耗掉的生产资料部分以后，剩下来的那部分社会产品。从价值形态看，它是创造国民收入的那些物质生产部门（包括工业、农业、建筑业、为生产服务的那部分货运业、邮电业），以及作为生产过程继续的那部分物质供应和商业（如流通过程中必要的包装、保管和加工等）劳动者所创造的价值总和。这是包括我国在内的社会主义国家使用的国民收入概念。它的计算方法有以下两种。

1）生产法。国民收入等于社会总产品价值中，扣除消耗掉的生产资料的价值后的余额，也等于物质生产部门的净产值的总和。

2）分配法。国民收入等于物质生产部门劳动者（工人、农民及其他个体劳动者）收入和生产单位的社会纯收入（包括利润、税金和利息等）的总和。

在资本主义国家，国民收入即国民所得，它是一个国家在一定时期（通常为 1 年）内，物质生产部门的净产值和非物质生产部门提供服务的纯收入的总和。国民收入的计算方法有以下三种。

1）支出法。国民收入等于消费、投资、政府采购和净出口之和。

2）生产法（也称部门法）。国民收入等于国民经济各产业部门（包括工业、农业、建筑业、交通运输业、商业、金融业、保险业等）的净增加值，加上政府和服务部门的工资。

3）收入法。国民收入等于所有各种要素的收入，即等于劳动者的工资收入、资本家的利息收入、地主的地租收入、企业的利润等的总和。

(5) 工农业总产值（即工农业生产总值）。工农业总产值是工农业产品总产量的货币表现。按工厂法计算的工农业总产值包括了已消耗的生产资料的转移价值和工人新创造的价值，其中有重复计算部分。社会分工越细，重复计算的部分越大。

尽管我国在较长历史时期内，一直使用工农业总产值作为考核国民经济发展水平的重要经济指标，但由于它的计算方法带来的弊病，使这一指标难以起到度量国民经济发展水平的作用，所以 20 世纪 80 年代以后，其地位逐步被国民生产总值（或国内生产总值）指标所取代。

建议在电力负荷预测中采用国民生产总值（或国内生产总值）作为综合反映我国经济发展水平的指标。

3. 利用电力弹性系数法预测

若已知电力生产（或消费）弹性系数的预测值为 β，预测期（规划期）国民生产总值的年均增长率为 a_k，根据电力生产（或消费）弹性系数的一般定义，可测算出电力生产（或消费）的年均增长率 a_p 为

$$a_p = \beta a_k \tag{5-3}$$

可以利用式（5-4）预测出规划期所需的电力和电量，即

$$W_t = W_0(1+\beta a_k) \tag{5-4}$$

式中：W_t 为规划期需要的电力（或用电量），万 kWh；W_0 为基年的实际发电量（或用电量），万 kWh；β 为规划期采用的电力生产（或消费）弹性系数；a_k 为规划期预计的国民生产总值年均增长率；t 为基年至规划年间隔的年数。

应用弹性系数法预测电力负荷的前提条件是必须预先知道预测期（或规划期）内国民经济的发展目标及其年平均增长速度，这可以根据国家经济发展战略规划来确定。弹性系数法预测电力负荷的关键及核心问题，是如何确定预测（或规划）期的电力生产（或消费）弹性系数值。由于弹性系数值受多方面因素的影响，而且又具有某种时间惯性，因此既要从历史数据中寻找，又要考虑它在未来可能发生的变化，进而从影响弹性系数的诸因素的变化中预测出预测（或规划）期弹性系数的可能取值。

由式（5-4）预测出规划期某年需要的发电量（或用电量）后，可以根据式（5-5）计算出相应的电力需要量，即

$$P_t = \frac{W_t}{h_H} \tag{5-5}$$

式中：P_t 为需预测的规划年的发电负荷（或用电负荷），万 kW；W_t 为预测出的规划年的发电量（或用电量），万 kW；h_H 为规划期采用的发电（或用电）负荷利用小时数，它也是一个预测值，既要考虑系统现有的负荷利用小时数的现状，又要考虑规划期的实际需要和可能。

4. 我国电力弹性系数影响因素分析

(1) 历史数据。了解我国及世界各国的历史数据，对于确定我国今后的电力弹性系数值有重要的参考价值。美国、英国、日本和中国的电力弹性系数和中国 2004—2009 年的电力弹性系数见表 5-1 和表 5-2。

表 5-1　美国、英国、日本和中国的电力弹性系数

国家	电力弹性系数			年用电量（亿 kWh）			国内生产总值（GDP）年均增长率 2012/1980 年	电力弹性系数 2012/1980
	1960—1980 年	1981—2000 年	2001—2018 年	1980 年	2012 年	年均增长率 2012/1980 年		
美国	1.6	0.8	0.2	23829	39931	1.68	5.64	0.30
英国	2.87	2.35	0.71	2849	3447	0.62	4.62	0.13
日本	1.3	1	−0.1	5775	8597	1.29	5.63	0.23
中国	2.43	0.75	1.01	2763	49591	9.76	11.21	0.87

表 5-2　中国 2004—2009 年的电力弹性系数

项目＼年份	2004	2005	2006	2007	2008	2009
电力生产弹性系数	1.51	1.18	1.15	1.02	0.58	0.76
电力消费弹性系数	1.52	1.19	1.15	1.01	0.58	0.77

从表 5-1 的数据可以看出：①美国、英国和日本 20 世纪 80 年代前，电力弹性系数均超过 1，其中美国和日本只是到了 20 世纪 80 年代以后才降低到 1 以下；②随着经济的不断发展，多数国家的电力弹性系数值呈降低趋势；③中国的电力弹性系数在 21 世纪初有所上升大于 1。

美国的经济很早就以服务业为主，工业比重在 2012 年下降至 20.5%，明显处于工业化后期。1961—2012 年 GDP 年平均增长 3.1%，用电量年均增长 3.3%，去除异常值之后电力弹性系数整体波动幅度在－5.6～3，其中 1961—1980 年间波动区间为－5.6～3，1981—2000 年在 0.1～1.9，2001—2012 年波动在－1.7～2.2。1980—2012 年，用电量年均增长 1.68%，同期 GDP 年均增长率为 5.64%，电力弹性系数为 0.3。

1961—2012 年，英国工业比重迅速降低，由之前的 42.1%下降至 20.8%，开始转为服务业为主，GDP 年均增长 2.2%，用电量年均增长 1.8%，波动区间为－2.9～3.3。其中，1961—1980 年电力弹性系数波动区间为 0.5～3.3，在 1981—2012 年间，波动区间扩大为－2.9～2.8。具体来说，1961—1973 年英国工业占经济比重高达 40%以上，用电量增速大于经济增速，电力弹性系数大于 1，随着工业化进程的深入，英国工业占比下降，电力弹性系数开始降低。从 1980—2012 年，年用电量的年均增长率为 0.62%，而 GDP 年均增长率达到了 4.62%，电力弹性系数为 0.13。

1961—2012 年，日本工业比重从 43.5%下降至 26%，经济转为以服务业为主，GDP 年均增长 3.8%，用电量年均增长 4.1%，电力弹性系数整体在－13.9～7.9，波动剧烈。期间，1961 年到 1990 年间日本工业占比稳定在 37.5%左右，电力弹性系数去除异常值之后在－0.6～2，从 1990 年产业结构变化，工业占比下降到 33.6%，电力弹性系数波动区间也随之扩大至－4.1～7.9。其中，1980—2012 年日本用电量年均增长率达到了 1.29%，GDP 年均增长率为 5.63%，电力弹性系数为 0.23。

从表 5-2 可知，在 2004—2009 年期间，我国的电力生产弹性系数和电力消费弹性系数在 0.58～1.52 波动。

（2）影响电力弹性系数值的主要因素分析。影响电力弹性系数值的因素有很多，主要有经济发展水平、产业结构变化、科技及工艺水平、生活水平、电价水平及节电政策和措施等。

1）经济发展水平。国民经济的发展水平是与电气化水平相适应的，一个国家的电气化水平越高，这个国家的经济发展水平就越高。资料证明，在国家电气化的最初几个阶段，也就是国家工业化（或经济发展）的初期阶段，电气化水平较低，相应时期的电力弹性系数高，如我国在第一个五年计划时期电力弹性系数为1.96，第三个五年计划时期电力弹性系数为1.41，第五个五年计划时期，电力弹性系数为1.24，均较高。而在国民经济的调整时期，如我国在1963年，电力弹性系数为0.93，1981年电力弹性系数为0.61，均较低，且小于1。

2）产业结构变化。产业结构的变化对电力弹性系数的影响很大，是决定弹性系数值的主要因素。我国的产业结构过去一直是以农、轻、重的比例关系来描述，现在改用第一、第二、第三产业的比例关系来描述。同时，各产业内部还有不同的结构比例。产业结构发生调整和变化，必然引起用电构成和国民经济指标的变化，从而影响电力弹性系数值的变化。下面分别按我国三个产业结构变化及居民生活用电水平的变化来分析电力弹性系数的变化趋势。

a. 第一产业对电力弹性系数的影响。按现行的统计口径，第一产业包括农业、林业、牧业、渔业，其中农业占主导地位。在农业电气化时期，农业用电量的增长速度大于农业产值的增长速度，农业电力弹性系数是大于1的，如我国在1979—1983年，年均农业电力弹性系数为1.34。随着农业用电的日渐普及，农业电气化水平的不断提高，发展到一定阶段，农业用电的增长速度会变慢，而农业产值由于科技成果应用的影响，增长速度可能会逐渐接近甚至超过农业用电的增长速度，使农业电力弹性系数逐渐接近于1，并可能小于1。

第一产业中其他行业的用电比例均不大，它们对第一产业电力弹性系数值的影响也不大，因此，第一产业用电弹性系数值主要决定于农业用电。然而，由于第一产业产值在国民经济生产总值中的比例呈下降趋势，因此，未来我国的第一产业用电，尽管总量是增加的，但对于全国综合电力弹性系数的贡献还不足以引起全国综合电力弹性系数值的较大变化。

b. 第二产业对电力弹性系数的影响。第二产业是指城乡工业、交通运输业、建筑业等，其中工业是主体。目前工业产值在国民生产总值中的比例仍在50%以上，有的工业地区，其产值比例甚至高达70%以上。工业用电在全行业（或社会）用电量的比例，大致与产值比例相当。因此，第二产业对电力弹性系数的影响很大。

在国家工业化初期，一般重工业、基础工业有较大发展，工业用电量增长速度高于工业产值的增长速度，工业弹性系数均大于1，如我国1980年以前。随后，随着工业结构的调整，轻工业比例上升，重工业比例下降。由于轻工业，电子工业的耗电量小，且产值较高，产值的增长速度快于电量的增长速度，使工业电力弹性系数值呈减小趋势。工业内部节能措施的实施，以及新技术新工艺的采用，进一步减少了电力的消耗量，使工业电力弹性系数进一步减小。工业内部结构调整是我国进入20世纪80年代以后工业电力弹性系数小于1的主要原因。

第二产业中的交通运输业及建筑业等用电比例呈上升趋势，它们对第二产业电力弹性系数的贡献是使其增大，但由于它们的用电总量较小（世界各国包括发达国家在内均是如此），其影响程度也小，因此，我国第二产业电力弹性系数值的未来变化趋势是逐渐减小的，而且小于1，但目前仍应维持在1左右为好。第二产业对全国综合弹性系数的影响是使其减小。

c. 第三产业对电力弹性系数的影响。我国第三产业发展较晚，但发展速度较快，产业比例呈迅速上升态势。第三产业的耗电特点是在第三产业发展初期，产值单耗是增加的，导致用电量的增长速度明显大于产值的增长速度，第三产业的电力弹性系数大于1。

当第三产业发展到相当规模后，产品附加值迅速增大，产值单耗会逐渐减小，从而引起电力弹性系数减小，由电力弹性系数值大于1，发展到一定水平后，电力弹性系数值可能变为小于1，其结果也可能使全国综合电力弹性系数值逐渐减少。由于第三产业的产值比例逐渐增大，到21世纪初，第三产业的产值比例达到并超过第二产业，又由于第三产业的科技含量和加工深度日益提高，从而使第三产业的电力弹性系数减小，它们对全国综合弹性系数的影响是使其减小到接近于1或者小于1。

3）科技及工艺水平。技术进步和工艺改进，产品加工深度的提高，使单位产品的电耗量减少，产品的附加值却增加，从而使产值的增长速度可能高于用电量的增长速度，电力弹性系数值减小。

4）生活水平。城乡居民生活水平的不断提高，促使居民生活用电水平不断提高。与居民生活用电高度相关的因素是人均居住面积、户数、家用电器的普及率等因素，而这些因素主要取决于居民人均收入水平（从而引起生活水平）的提高。

目前，我国居民生活用电水平是较低的。2019年一般省区的年人均生活用电水平为732kWh，仅为经济合作与发展组织（OECD）国家的28%。即使北京、上海等经济比较发达的大都市，年人均生活用电直到2017年才达到1000kWh（2017年北京市人均用电量为1004kWh，福建省人均用电量为1043kWh，其他城市均低于1000kWh）。而发达国家年人均生活用电一般均达到3000～5000kWh（同年美国相关数据为4486kWh，加拿大相关数据为4617kWh），有的发达国家年人均生活用电甚至已经达到10000kWh。可见我国仍处于居民生活用电水平的初级阶段，居民生活用电仍将以较快的速度增长，估计居民生活用电量年均增长速度不会低于10%。居民生活用电的这种增长趋势将对电力弹性系数产生很大的影响，总的影响趋势是使全国综合电力弹性系数增大。

5）电价水平。电价结构的调整及电价水平的提高，对用电的增长有一定影响，从而对电力弹性系数也有一定影响。

随着电价结构日趋合理，电价水平随着物价指数也将做出合理调价，对电力消费总的影响是有利于节约用电。因此，一般来讲，我国电价改革在相当时期内对电力弹性系数的变化是起抑制作用的，并促使其变小。

6）节电措施和政策。节电措施包括管理节电和技术节电两方面。管理节电的首要方面是产业（或经济）结构的调整及日趋合理化；其次是提高管理的效率，减少浪费，从而达到节约的目的。技术节电是指通过用电设备的技术改造与工艺更新，实现增产、节约用电的目标。节电措施及节电政策的实施，可以相对减少电力消耗的总量，并降低电力消耗的增长速度，从而使电力弹性系数减小。

综上所述，促使电力弹性系数增大的因素有：高耗电产品（如原材料工业）增长快；生产中物质消耗增加，经济效益降低，重工业比例增大；生活用电比例增大；电价相对偏低等。引起电力弹性系数减小的因素有：经济结构调整，轻工业比重上升；增加高耗电产品的进口；产品加工深度提高，单位电能产值增加；技术进步、工艺改进，使单位产品电耗减少；节电措施日见成效；第三产业的发展，甚至达到超过第二产业的比例等。在确定电力弹性系数值时，要详细分析这些影响因素的可能变化趋势，并根据电力弹性系数的历史数据，参照其他国家和地区的相关数据，慎重决定。至于谈到缺电因素的影响，不能简单地归结为应加快电力建设的速度，而应在具体分析缺电对地区经济的影响后确定。缺电一方面影响地区耗电量总量及其增长速度，另一方面，也影响地区国民生产总值的数量及其增长速度。分析缺电对电力弹性系数的影响时，应视缺电的边际效益的大小而定。若少供电量（因缺电）的边际产值率高于已供电量的平均产值率，则电力弹性系数值是应减少的；若缺电的边际产值率小于平均电度的产值率，则电力弹性系数值应该增大。

应用电力弹性系数法预测电力负荷，一般仅适合于大范围（如华北、华东、华中、华南等跨省区），较长时段（如五年及以上时段）的预测，属于较长期趋势预测。它是一种宏观预测方法。当预测时间段、预测范围小时，应用电力弹性系数法将难以获得满意的结果。

二、单耗法

1. 单位耗电定额的概念

有两种单耗，一种是产值单耗，另一种是产量单耗，它们是反映国民经济及各部门用电特性的指标，是电力负荷预测中的基础指标。

（1）产值单耗。每元国民生产总值（或国内生产总值）所消耗的电能量，称为产值单耗，它又分为综合产值单耗与分行业产值单耗。

1）综合产值单耗是统计口径范围内，全部用电量与国民生产总值之比。综合产值单耗指标的计算式为

$$K=\frac{W}{GNP} \tag{5-6}$$

式中：K 为全国（或地区）某一时段（一般为某年，或某五年）产值单耗，kWh/元；W 为全国（或地区）某一时段（一般为某年，或某五年）用电量，kWh；GNP 为上述相应范围和时段内的国民生产总值，元。

不同国家、不同地区以及不同时期的产值单耗有明显差别，在负荷预测时应选择合适的产值单耗指标。

2）分行业产值单耗。行业的划分根据预测的对象来决定，一般电力负荷预测中行业划分为第一产业、第二产业、第三产业。当然每个产业内部根据需要还可以细分。将某个行业的用电量与相应的国民生产总值之比称为该行业的产值单耗，它们的一般计算式为

$$K_i=\frac{W_i}{GNP_i} \tag{5-7}$$

式中：K_i 为第 i 产业的产值单耗，kWh/元；W_i 为第 i 产业某一时段（一般为某年或某五年）的用电量，kWh；GNP_i 为第 i 产业与上述 W_i 同一时期的国民生产总值，元。

不同行业的产值单耗指标有很大的不同，同一行业不同地区，不同时期的产值单耗也不同，因此，在负荷预测时，要正确确定产值单耗指标。

（2）产量单耗。生产每单位某种产品所消耗的电能量，称为某产品的产量单耗，不同的产品有不同的产耗量纲。例如，煤炭、冶金等生产部门，单耗量纲为 kWh/t；机械加工工业部门，单耗的量纲为 kWh/件。产量单耗的一般表达式为

$$K_j=\frac{W_j}{Q_j} \tag{5-8}$$

式中：K_j 为生产第 j 种产品的产量单耗，kWh/t；W_j 为生产第 j 种产品的用电量，kWh；

Q_j 为第 j 种产品的生产量，t。

不同产品的用电单耗不同，同一种产品不同地区以及不同时间的用电单耗也不同，因此在确定产量单耗指标时要慎重处理。

2. 预测模型

(1) 产值单耗法。

1) 综合产值单耗法。根据国家（或地区）国民生产总值发展目标和选用的产值单耗指标，可按式（5-9）计算规划年的用户的需电量，即

$$W_t = K \cdot GNP_t \tag{5-9}$$

式中：W_t 为预测年（或规划年）的需电量，万 kWh；K 为预测年（或规划年）选用的产值单耗指标，kWh/元；GNP_t 为预测年（或规划年）国民生产总值的目标值，万元。

2）产业产值单耗法。根据预测年（规划年）分产业产值单耗指标和各产业的国民生产总值目标，分别预测出各产业预测年（或规划年）的需电量，然后与居民生活需电量的预测值叠加，得出需预测的全社会的需电量。相应的计算式为

$$W_t = \sum_{i}^{n} K_i \cdot GNP_{it} + W'_t \tag{5-10}$$

式中：W_t 为预测年的需电量，万 kWh；K_i 为第 i 产业的产值单耗，kWh/元；GNP_{it} 为第 i 产业预测年的国民生产总值的目标值（以不变价格计算），万元；n 为产业划分个数，一般 $n=3$，也可以进一步细分；W'_t 为预测年居民生活需电量，万 kWh。

$$W'_t = K_0 \cdot B_t \tag{5-11}$$

式中：K_0 为预测年人均年生活用电量指标，kWh/(人·年)；B_t 为预测年预计居民人口数，万人。

$$B_t = B_0(1+a)^t \tag{5-12}$$

式中：B_0 为基础年（一般为预测起始年）人口数，万人；a 为预测期估计的人口自然增长率，它等于人口出生率扣除人口死亡率，%。

产值单耗法既可以用于近期预测，也可以用于长期预测。预测的关键是能否较准确地确定产值单耗指标，并需要知道预测期国民生产总值的增长目标和人口发展政策。产值单耗指标一般是根据历史统计数据，在分析影响产值单耗诸因素的可能变化趋势后确定的。

(2) 产量单耗法（又称产品产量法）。根据某种产品预测年（或规划年）的单位产量耗电定额指标和该产品预测年（或规划年）预计的产品产量，可以计算出预测年（规划年）生产该产品相应需要消耗的电量值，其计算式为

$$W_{it} = K_{it} Q_{it} \tag{5-13}$$

式中：W_{it} 为预测年度 t 生产 i 种产品需要消耗的电量，万 kWh；K_{it} 为预测年度 t 生产 i 种产品的单位产量单耗指标，kWh/单位产品；Q_{it} 为预测年度 t 预计生产 i 种产品的数量。

式（5-13）一般用于某种工业产品生产用电量的计算，能得到比较满意的结果。电力系统（或地区）工业部门的总需电量，可以在计算工业产品生产用电量的基础上，采用式(5-14)计算，即

$$W_t = \sum_{e} \sum_{j} \left[\sum_{i} (K_{ijet} Q_{ijet}) + W'_{jet} \right] + W'_t \tag{5-14}$$

式中：W_t 为预测年度 t 系统（或地区）的所需用电量，万 kWh；K_{ijet} 为预测年度 t、经济区

e、工业部门 j、工业产品 i 的用电单耗指标；Q_{ijet} 为预测年度 t、经济区 e、工业部门 j、工业产品 i 的产量；W'_{jet} 为预测年度与产品单耗无关，与地区、工业部门有关的用电量，万 kWh；W'_t 为其他工业用电量，万 kWh。

利用上述产品产量单耗法得出的需电量预测值，大约占工业需电量的 50%～70%，其余部分可用其他方法预测。预测出系统（或地区）的工业需电量后，其他非工业用电量，可按它们与工业用电量的一定比例得出，从而可以预测出全系统（或地区）的总需电量。

产品产量单耗法仅适用于近期（一般不超过 5 年）预测，因为更远期的工业产品产量指标难以获得。而产值单耗法既可以用于近期预测，也可以用于中长期预测，因为中长期的经济增长目标往往是预先可以知道的。

3. 影响产值（或产量）单耗的因素分析

影响产值单耗的因素与影响产品单耗的因素有很多相似之处，归结起来，有产品结构、产业结构、节电措施、产品价格，以及产品生产的条件等因素。

(1) 产品结构。耗电大的产品产量的增长速度减缓，产值比例降低，必然引起产值单耗呈下降趋势，这从我国改革开放以来的统计资料可以说明这一点。例如，2019 年，占工业用电量 50%以上的有色金属冶炼和压延加工业（占 15.2%）、黑色冶金（占 14%）、化工（占 11.2%）、非金属矿物制品业（占 9.1%）四大行业，产值单耗均呈下降趋势，其主要原因是产品结构发生了变化。

随着我国供给侧改革和产业结构升级，产值单耗大的产品的发展速度减缓，在行业总产值中的比例减小，而产值单耗小的产品的发展速度加快，在行业产值中的比重上升，必然引起该行业产值单耗减小，从而引起工业产值单耗下降。

(2) 产业结构。国民经济产业结构变化，对综合产值单耗影响很大。我国经济发展的总趋势是经济结构不断轻型化，因此，我国综合产值单耗的总的变化趋势是逐步降低的，但产值单耗的变化趋势在三大产业中呈现出不同的情况。

1) 第一产业，产值单耗在电气化过程中呈上升趋势，目前上升的势头减缓，但仍有微略增长。然而，因第一产业产值在国民生产总值中的比例较小，对整个产值单耗的影响也较少。

2) 第二产业，由于产业内部结构进行调整，重工业比例下降，轻工业比例上升，加上产业内部节能措施的实施并日见成效，第二产业产值单耗呈下降趋势。加上第二产业产值在国民生产总值中的比例较大，故其对综合产值单耗的影响较大。目前，我国工业化综合指数表明我国已处于工业化发展后期阶段，未来第二产业产值单耗下降趋势可能会加大。

3) 第三产业，在第三产业的发展初期，它的产值单耗是上升的，当发展到一定程度，初具产值单耗下降趋势。我国目前仍处于第三产业的成长阶段，产值单耗呈下降趋势，这种趋势在短期内不会改变，并且未来我国一定会进入以第三产业为主的社会阶段。目前第三产业产值在国民生产总值中的比例与发达国家相比还不算高，因而对综合产值单耗的影响较小，今后随着第三产业产值在国民生产总值中的比例的进一步提高，第三产业对综合产值单耗的影响会逐渐增大，甚至会超过第二产业的影响。这种影响，更加促使综合产值单耗在未来会有更大的下降。

同时，产值单耗的水平在不同地区是不同的，这是由于不同的地区的经济结构（或产业结构）不同所致，这种情况可由表 5-3 的数据得到证明。

表 5-3　2018 年各地区各类产业单位产值单耗

（GDP、用电量、单耗单位：亿元、亿 kWh、kWh/元）

区域	全国			第一产业			第二产业			第三产业		
	GDP	用电量	单耗	GDP	用电量	单耗	GDP	用电量	单耗	GDP	用电量	单耗
全国	896915.6	68449	0.076	64734.0	728	0.011	366000.9	47235	0.13	469574.6	10801	0.023
华北	119247.22	6537.07	0.055	6123.86	76.4	0.153	43194.01	802.6	0.703	69929.35	86.9	0.12
东北	56751.59	3815.96	0.067	6195.01	29.9	0.070	20466.89	782.2	0.732	30089.69	57.1	0.12
华东	233464.02	15666.31	0.067	10728.44	81.6	0.093	98579.24	864.2	0.473	124156.34	55.6	0.07
福建	35804.04	2313.8	0.064	2379.82	7.6	0.0513	17232.36	92.7	0.531	16191.86	8.3	0.06
山东	76469.67	6083.88	0.079	4950.52	34.5	0.0811	33641.72	355.9	0.560	37877.43	20.8	0.07
华中	123848.19	7234.35	0.058	10920.48	83.5	0.0768	33777.32	772.4	0.775	59350.39	50.3	0.069
华南	112562.33	6093.58	0.054	7850.92	24.6	0.046	49863.88	345.9	0.456	64747.53	40.6	0.061
西南	95206.52	5076.56	0.053	10593.58	23.5	0.034	36992.86	449.20	0.658	46901.07	29.8	0.07
西北	51453.83	6486.18	0.126	4991.53	53.6	0.195	22772.44	399.5	0.965	23689.91	36.5	0.123

从表 5-3 可以看出，第一产业单位产值电耗较高的地区是华北和西北地区，这两个地区的农业产值较低，耕作技术比较粗放，排灌用电比例较大，因而单位产值耗电较大；西南、华南单位产值较低，主要原因是华南地区（尤其是珠江三角洲）农业耕作深度高，产值高，故单位产值耗电低，而西南地区单位产值低的主要原因是电气化水平低。第二产业单位产值耗电高的地区是华北、东北、华中和西北地区，主要原因是这些地区重工业产值比例较大；单位产值最低的地区是华东和华南地区，反映了这些地区的经济结构已相对轻型化，轻工业、电子工业等产值较高，而耗电相对较少的产值比例较大。第三产业单位产值电耗较高的地区是华北、东北和西北地区，这些地区正处于第三产业发展速度较快，但发展水平不高的情况，故单位产值电耗较高；单位产值较低的地区是华南和福建等地区，这反映了沿海开放地区第三产业已有相当的发展规模，产品的附加值高，因而产值单耗较低。从综合产值电耗来看，华北、东北和西北较高，而华南较低，这也反映了经济结构和经济发展水平不同对产值单耗的影响，东北、华北第二产业比例高，且第二产业中重工业产值比例高，而华南地区第三产业比例高，且第三产业单耗又比较低。华东地区虽然第二产业比例较大，但产业内部的结构比较轻型化，故综合产值电耗水平还是比较低的。

（3）节电措施。节电措施的实施，肯定有利于降低产值电耗水平。中国能源战略的基本内容是坚持节约优先、立足国内、多元发展、依靠科技、保护环境、加强国际互利合作，努力构筑稳定、经济、清洁、安全的能源供应体系，以能源的可持续发展支持经济社会的可持续发展。开始显见成效，大量节电措施的实施，将促使产值单耗和产量单耗不断下降。

产品产量单耗降低，也必然引起产值单耗的降低。我国在节电方面的潜力还很大，还有大量的生产设备正在改造，工艺水平也将不断提高，加上劳动生产率水平的不断提高，产值单耗和产量单耗的下降总趋势是不会逆转的。因此，规划期各类产品的单耗指标有望进一步降低。

（4）产品价格。产品价格的变化对产值有影响。产品质量提高，以质论价，优质优价，在耗电水平增加不多，甚至可能不增加的情况下，由于质量提高而引起价格的提高，从而增加产值，使产品产值单耗降低。

至于物价指数（通常为通货膨胀率的度量）的上涨引起的产品价格变化，应当从产值计算中剔除掉，即应采用不变价格计算国民生产总值。因此，这类物价变动因素对产值单耗是没有影响的。当然，价格因素对产品产量单耗是没有影响的。

（5）产品生产的条件。生产条件改变，无论是对产值单耗，还是对产量单耗均有影响。生产条件的改变，有可能使某些行业的产值单耗和产量单耗呈上升趋势。

例如，原煤工业由于开采深度增加，改善安全采取的措施，以及排水、通风、通信等设施的改善，均会引起用电量的增加。

总之，无论是产值单耗，还是产量单耗，均受到多种因素的影响，在决定规划期采用的指标数值时，应在分析历史数据的基础上，综合考虑规划期内上述涉及诸因素的变化可能带来的影响后由专家确定。

三、负荷密度法

负荷密度预测法是从某地区人口或土地面积的平均耗电量出发做预测，计算式为

$$E = sd$$

式中：E 为某地区的年（月）用电量；s 为该地区的人口数（或建筑面积、土地面积）；d 为用电密度，即平均每人（或每平方米建筑面积，每公顷土地面积）的用电量。

做预测时，首先预测出未来某时期的人口数量 $\hat{s}$ 和人均用电量 $\hat{d}$，未来用电量预测公式 $\hat{E}=\hat{s}\hat{d}$。把人口数量换成建筑面积或土地面积，按单位面积计算用电密度，预测公式完全类似。

第三节 时间序列预测

时间序列是按时间先后次序观测、统计、记录下来的某种指标的数列。这里的时间可以是年、季、月、日、小时等，统称为时期，相邻两个时期之间的时间间隔必须统一（相等）。指标 y 可以是人口总数、产值、利润、外汇汇率、股市价格等。对于电力部门，指标 y 可以是发电量、供电量、售电量、最大负荷等。

任何一个指标 y 总会受各种因素的动态影响，因而其时间序列是这些因素影响的总结果，一般表现为动态变化。

各种不同的指标，由于所受影响因素的不同，不同时间的影响程度不同，其时间序列的变化规律不同，不同时间的时间序列也会表现出各自不同的特征，一般来说，一个时间序列的影响因素，难以一一分析，但从其作用效果，可以划分为四种变动：①趋势变动（或长期变动趋势，T）；②季节变动（S）；③循环变动（或周期变动，C）；④不规则变动（I）。任何一个时间序列总是表现为上述几种变动的不同组合的总结果 Y，可用乘法模型表示为

$$Y = T \cdot S \cdot C \cdot I$$

或用下列加法模型表示为

$$Y = T + S + C + I$$

对乘法模型取对数变换后，可转化为加法模型，因此，本文只讨论加法模型。时间序列可以划分为四种变化特征。

（1）趋势性。某个变量由于受到某些因素的同性质（或同向）的影响，其时间序列表现为持续性的上升或下降的总变化趋势，期间变动幅度可能有时不等。因而，这种总变动趋势

可能是线性的，也可能是非线性的。例如，我国年发电量的时间序列，具有上升趋势。

（2）季节性。时间序列以一年为周期（也可以月、周、日为周期），随着自然季节的推移而呈现变化，在各年的一定季节出现高峰值，而在另外一定季节出现低谷值。例如，商品销售、城市居民用电负荷、水力发电厂发电量等，这种时间序列的季节性特征或因自然的原因引起，如气候变化，或因社会工作制度、生产习俗引起，如节假日、上下班、高峰时间等。

（3）周期性。上述季节性变动是一种典型的周期性特征，它是以一年为周期发生周期性变化；此外，周期性还可能是以数年、月、日或数十年、月、日为周期而呈现变化，周期不固定，短期来观察周期性不明显，长期观察才能发现其规律性。例如，资本主义社会的经济危机一般以数十年为周期。

（4）不规则性。不规则性变动可分为突然性和随机性变动，突然性变动是由于目前难以预料的作用因素引起的，其规律性或其概率性目前尚难以认识和推测，如天气、自然灾害等。随机性变动是可以利用概率统计方法寻求概率分布规律或随机模型来进行描述的变动，或者说，一个时间序列的未来值，若能用一个经过历史数据验证的概率分布加以推测，则称它为随机性时间序列。

在预测技术中，一般将不规则变动视为干扰，必须设法将其排除或过滤掉，而将趋势性变动特征反映出来，以预测时间序列的长期变化的主要趋势，必要时也应将季节性或周期性特征反映出来。

任何一个时间序列，可能同时具有以上几个特征，也可能是上述特征中某几个特征的组合。时间序列的不同特征，要用不同的方法才能反映出来；或者说，要明确究竟采用哪种方法来对时间序列的未来值进行预测比较适当，应首先认识清楚时间序列的变动特征，根据不同的特征，选择不同的预测方法。

进行时间序列预测时，必须注意的一个关键性问题是可比性，包括时间可比性和指标可比性。时间可比性是指时间序列的各个时期，时距的时间长短必须保持一致，如长短不一或有缺失，应首先做必要的调整或计算（插值）处理。指标可比性是指指标的内容（即指标统计口径）、计算方法、计量单位，应该前后一致、可比，价格要用可比价（不能用现行价），才能真正反映工业发展规模水平。

时间序列预测，不需要考虑指标与各影响因素的横向联系，不需要利用其他任何数据和外部情况资料，计算简单，是一种简便易行的预测方法。

一、移动平均法

设时间序列为 x_t（$t=1, 2, \cdots, n$），定义

$$M_t^{(S)} = \frac{1}{S}\sum_{i=0}^{S-1} x_{t-i}, \quad t = S, S+1, \cdots, n \tag{5-15}$$

为序列 x_t（$t=1, 2, \cdots, n$）的跨度为 S 的移动平均。

移动平均能成为分析时间序列的有效工具是由其以下性质决定的。

（1）移动平均对直线序列“透明”。即若 x_t 满足 $x_t = a+bt$（$t=1, 2, \cdots, n$），则输出 $M_t^{(S)}$ 满足

$$M_t^{(S)} = \frac{1}{S}\sum_{i=0}^{S-1} x_{t-i} = a+b\Big(t+\frac{1}{S}\sum_{i=0}^{S-1} i\Big) = a+b\Big(t+\frac{S-1}{2}\Big) = x_{t+(S-1)/2}$$

即 $M_t^{(S)}$ 是 x_t 在$\frac{S-1}{2}$步之后的值；a 为直线的截距；b 为直线的斜率。

（2）若序列 x_t（$t=1, 2, \cdots, n$）是周期为 S 的序列，即满足 $x_{t+S}=x_t$，则跨度为 S 的移动平均 $M_t^{(S)}$ 为常数。

（3）若 x_t（$t=1, 2, \cdots, n$）为独立同分布序列，方差为 $\mathrm{var}(x_t)=\sigma^2$，则

$$\mathrm{var}[M_t^{(S)}]=\frac{\sigma^2}{S}$$

即移动平均序列的方差为原始序列的$\frac{1}{S}$。

以上三个性质表明，$M_t^{(S)}$ 能压缩随机波动、分离周期因素、保持数据趋势，移动平均法经常用来从时间序列中分离周期成分、趋势成分等。在用于预测时，选择 $M_t^{(S)}$ 对 x_{t+1}进行估计，即 $\hat{x}_{t+1}=M_t^{(S)}$。

二、指数平滑法

指数平滑法实际是加权的移动平均法，它是选取各时期权重数值为递减指数数列的均值方法。根据平滑次数的不同，指数平滑有一次指数平滑、二次指数平滑和高次指数平滑等。一次指数平滑又称单指数平滑，对于时间序列 $x_t(t=1, 2, \cdots, n)$，其一次指数平滑公式为

$$S_t=\alpha x_t+(1-\alpha)S_{t-1} \tag{5-16}$$

式中：α 为平滑系数，$0<\alpha<1$。

对 $S_{t-1}(t=1, 2, \cdots, n)$ 继续做指数平滑，就是对原时间序列 $x_t(t=1, 2, \cdots, n)$ 的高次平滑。

取 $S_0=x_1$，根据上述递推公式（5-16）可以得到

$$S_t=\alpha x_t+(1-\alpha)\alpha x_{t-1}+(1-\alpha)^2\alpha x_{t-2}+\cdots+(1-\alpha)^{t-1}\alpha x_1$$

上式表明，指数平滑方法利用了所有的历史数据。由于 $0<\alpha<1$，所以上式中的权系数随着指数的增加而逐渐趋于零，这就是“指数平滑”的由来。指数平滑公式中对较早的数据赋以较小的权重，对最新的数据赋以最大的权重，避免了移动平均方法中只利用最近有限个观测数据的问题。用于预测时，令 S_t 是对 x_{t+1}的估计，即取 $\hat{x}_{t+1}=S_t$。

一般来说平滑方法只适用于具有水平趋势的时间序列，如果负荷序列具有不断增大（或减小）的趋势，用平滑方法预测的结果往往会出现明显的滞后现象，误差较大。

关键参数的选取方法，在用移动平均方法预测时，会遇到跨度 S 的选取问题，在用指数平滑方法预测时，会遇到参数 α 的选取问题，在其他场合也会遇到类似的问题，这是在建立预测模型时，将面临一些关键参数的选择问题，下面给出确定这些参数的一般方法。

设原时间序列为 $x_t(t=1, 2, \cdots, n)$，通过某种方法为其建立的预测模型为 $\hat{x}_t=F_\alpha$（$x_1, x_2, \cdots, x_{t-1}$），也就是说，$\hat{x}_t$ 可以利用时刻 t 以前的观测值 $x_1, x_2, \cdots, x_{t-1}$估计出来，但观测模型中有一个待定参数 α，假设固定参数 α 后得到的预测值序列为 $\hat{x}_t(t=1, 2, \cdots, n)$，则预测误差指标 $E(\alpha)$ 选用平均相对误差

$$E(\alpha)=\frac{1}{n}\sum_{t=1}^{n}\left|\frac{\hat{x}_t-x_t}{x_t}\right|$$

则 α 的选取原则是最小化 $E(\alpha)$，即

$$\alpha^*=\min_{\alpha}E(\alpha)$$

在实际应用时，让 α 取各种可能的值，用不同的 α 分别预测 $\hat{x}_t(t=1, 2, \cdots, n)$，以预测误差最小时的 α 值为最终选择，选定 α^* 后，再使用模型做进一步的预测。

三、自回归模型（AR）

设时间序列 $x_t(t=1, 2, \cdots, n)$ 为平稳零均值序列（其物理含义可以理解为对序列中任意取两段不相交的子序列，其均值、方差是基本相同的），且形式可以表示为

$$x_t = \varphi_1 x_{t-1} + \varphi_2 x_{t-2} + \cdots + \varphi_p x_{t-p} + \varepsilon_t \tag{5-17}$$

式中：φ_1，φ_2，…，φ_p 为参数；p 为正整数；ε_t 为零均值的白噪声序列。

即满足

$$E(\varepsilon_t) = 0, \quad E(\varepsilon_t, \varepsilon_m) = \begin{cases} 1, & m = t \\ 0, & m \neq t \end{cases}$$

式（5-17）中描述的是序列 x_t 自身某一时刻和前 p 个时刻之间的相互关系，因此当模型参数满足一定条件时，称式（5-17）为 p 阶自回归模型 AR(p)。

AR(p) 模型形式简单、直观，而且便于建模与预报。当样本充分大时，随着阶数 p 的提高，AR(p) 模型可以逼近自回归移动平均模型等，因此，AR(p) 模型应用非常广泛。

AR(p) 模型的参数估计：对式（5-17）两边乘以 $x_{t-l}(l=1, 2, \cdots, p)$ 再求其均值，即得关系式

$$E(x_t, x_{t-l}) = \sum_{j=1}^{p} \varphi_j E(x_{t-j}, x_{t-l}) + E(\varepsilon_t, x_{t-l})$$

式中：$E(x_{t-j}, x_{t-l})$为序列 x_t 的自协方差函数 γ_{l-j}，且由 ε_t 特性可以证明 $E(\varepsilon_t, x_{t-l})=0$，由上式可得

$$\gamma_l = \sum_{j=1}^{p} \varphi_j \gamma_{l-j}, \quad l = 1,2,\cdots,p \tag{5-18}$$

自协方差函数可由样本 x_t 来估计。

因此式（5-18）即为以 φ_1，φ_2，…，φ_p 为未知数的 p 阶线性方程组，应用最小二乘法可得 AR(p) 模型的参数估计为

$$\hat{\Phi} = \begin{bmatrix} \hat{\varphi}_1 \\ \hat{\varphi}_2 \\ \cdots \\ \hat{\varphi}_p \end{bmatrix} = \begin{bmatrix} \hat{\gamma}_0 & \hat{\gamma}_1 & \cdots & \hat{\gamma}_{p-1} \\ \hat{\gamma}_1 & \hat{\gamma}_0 & \cdots & \hat{\gamma}_{p-2} \\ \cdots & \cdots & \cdots & \cdots \\ \hat{\gamma}_{p-1} & \hat{\gamma}_{p-2} & \cdots & \hat{\gamma}_0 \end{bmatrix}^{-1} \begin{bmatrix} \hat{\gamma}_1 \\ \hat{\gamma}_2 \\ \cdots \\ \hat{\gamma}_p \end{bmatrix} \tag{5-19}$$

由于自相关函数 $\rho_l = \gamma_l / \gamma_0$，上式中 $\hat{\gamma}_l$ 即可用 $\hat{\rho}_l$ 代替，且有 $\hat{\rho}_0 \equiv 1$，即得

$$\hat{\Phi} = \begin{bmatrix} \hat{\varphi}_1 \\ \hat{\varphi}_2 \\ \cdots \\ \hat{\varphi}_p \end{bmatrix} = \begin{bmatrix} 1 & \hat{\rho}_1 & \cdots & \hat{\rho}_{p-1} \\ \hat{\rho}_1 & 1 & \cdots & \hat{\rho}_{p-2} \\ \cdots & \cdots & \cdots & \cdots \\ \hat{\rho}_{p-1} & \hat{\rho}_{p-2} & \cdots & 1 \end{bmatrix}^{-1} \begin{bmatrix} \hat{\rho}_1 \\ \hat{\rho}_2 \\ \cdots \\ \hat{\rho}_p \end{bmatrix}$$

模型参数的估计是在给定模型阶数的前提下进行的，只有当模型阶数和参数全估计出来后，模型识别的全过程才算完成。下面介绍最常用的最小信息准则（AIC 和 BIC），它是由日本统计学家赤池（Akaike）提出的，此准则在模型参数极大似然估计的基础上，推导出最佳模型的参数和阶数，应使以下统计量达到最小，即

$$AIC = n\log\hat{\sigma}_{\varepsilon}^{2} + 2s \tag{5-20}$$

式中：$\hat{\sigma}_{\varepsilon}^{2}$ 为模型白噪声方差的估计；s 为独立参数的个数。对于零均值自回归模型 AR(p)，其独立参数为 φ_1，φ_2，…，φ_p 和 $\hat{\sigma}_{\varepsilon}^{2}$，因此 $s=p+1$。如果序列 x_t 的均值非零，则 $s=p+2$。

用 AIC 准则定阶时，需在一定的阶数范围内由低至高地递推计算模型 AR(k) 的参数 $\hat{\Phi}^{(k)}$ 和白噪声方差 $\hat{\sigma}_{\varepsilon}^{2}(k)$。一般可以将模型阶数范围经验地取为样本数 n 的比例（n 较小时）或 $\ln n$ 的倍数（n 较大）。如果在上限处仍不能确定 AIC 最小值，应加大上限；如出现多个极小点，应对各极小点相应模型作多方面比较（例如预报效果）再决定取舍。

由式（5-20）可见，AIC 信息量是模型拟合优度与模型参数个数的加权求和。通常模型拟合度的提高会导致模型参数的增多，导致模型的复杂化，影响模型精度。而 AIC 准则体现了两方面的权衡，具有科学性。

AIC 准则也有不足之处，AIC 准则被证明选择的模型阶数偏高，因此赤池提出下述 BIC 准则弥补其不足，即

$$BIC = n\log\hat{\sigma}_{\varepsilon}^{2} + s\ln n \tag{5-21}$$

式中：各参数意义同于 AIC。

综上，对时间序列 x_t 建立 AR(p) 模型可由以下步骤来实现。

（1）计算样本自协方差 $\hat{\gamma}_l$ 和自相关函数 $\hat{\rho}_l$。

（2）在给定上限内计算 $\hat{\Phi}^{(k)}$ 和 $\hat{\sigma}_{\varepsilon}^{2}(k)$。

（3）计算 AIC 值（或 BIC 值）。

（4）最小 AIC 值（或 BIC 值）相应的阶数 p 和参数 φ_1，φ_2，…，φ_p 即为所求。

四、自回归移动平均模型 ARMA(p，q)

由式（5-17）知，AR(p) 模型要求 ε_t 为白噪声，有时残差量 ε_t 虽不是白噪声，但能由白噪声的线性组合表示，即

$$x_t - \varphi_1 x_{t-1} - \varphi_2 x_{t-2} - \cdots - \varphi_p x_{t-p} = \varepsilon_t - \theta_1\varepsilon_{t-1} - \theta_2\varepsilon_{t-2} - \cdots - \theta_q\varepsilon_{t-q} \tag{5-22}$$

式（5-22）称为自回归移动平均模型 ARMA(p，q)。

式中：θ_1，θ_2，…，θ_q 为移动平均参数。

建模的基本思想是以高阶自回归拟合的近似可靠性为依据，用 x_t 拟合自相关回归模型 AR(p_n)，用该模型的白噪声 $\hat{\varepsilon}_p$，$\hat{\varepsilon}_{p+1}$，…，$\hat{\varepsilon}_n$ 近似代表真正的白噪声序列，并以 x_t 和 $\hat{\varepsilon}_t$ 为样本对模型参数（Φ，Θ）作线性最小二乘估计，此方法的具体步骤如下。

（1）对 x_t 建立高阶自回归模型 AR(p_n)（p_n 为 $\ln n$ 的适当倍数）。

（2）AR(p_n) 模型参数估计为

$$\hat{\varphi} = (\hat{\varphi}_1, \hat{\varphi}_2, \cdots, \hat{\varphi}_{pn})^{\tau}$$

计算 AR(p_n) 模型残差 $\hat{\varepsilon}_t$，有

$$\hat{\varepsilon}_t = x_t - \sum_{j=1}^{p_t}\hat{\varphi}_j x_{t-j}, t = p_n + 1, p_n + 2, \cdots, n$$

（3）检验 $\hat{\varepsilon}_t$ 的独立性，若不独立，则加大 p_n 重新进行前面两步计算，否则进行下一步。

（4）给定阶数 p 和 q，x_t 为 $\hat{\varepsilon}_t$ 视作样本，对线性模型（5-22）求参数（Φ，Θ）的线性最小二乘估计，即

$$\begin{pmatrix}\Phi\\ \Theta\end{pmatrix}=(A^{\tau}A)^{-1}A^{\tau}Y$$

其中：$Y=(x_{r+1},\ x_{r+2},\ \cdots,\ x_n)^{\tau}$

$$r=\max(p,q)+p_n$$

$$A^{\tau}=\begin{pmatrix} x_r & x_{r+1} & \cdots & x_{n-1}\\ x_{r-1} & x_r & \cdots & x_{n-2}\\ \cdots & \cdots & \cdots & \cdots\\ x_{r-p+1} & x_{r-p+2} & \cdots & x_{n-p}\\ \varepsilon_r & \varepsilon_{r+1} & \cdots & \varepsilon_{n-1}\\ \varepsilon_{r-1} & \varepsilon_r & \cdots & \varepsilon_{n-2}\\ \cdots & \cdots & \cdots & \cdots\\ \varepsilon_{r-q+1} & \varepsilon_{r-q+2} & \cdots & \varepsilon_{n-q}\end{pmatrix}$$

（5）在给定的阶数上限内由 AIC 准则选择模型阶数 p、q，计算式为

$$AIC=n\log\hat{\sigma}_{\varepsilon}^2+2(p+q+1)$$

其中

$$\hat{\sigma}_{\varepsilon}^2=\frac{1}{n}\sum_{t=r+1}^{n}(x_t-\hat{\varphi}_1x_{t-1}-\hat{\varphi}_2x_{t-2}-\cdots-\hat{\varphi}_px_{t-p}+\theta_1\hat{\varepsilon}_{t-1}+\theta_2\hat{\varepsilon}_{t-2}+\cdots+\theta_q\hat{\varepsilon}_{t-q})^2$$

五、自回归求和移动平均模型 ARIMA(p，d，q)

线性模型所描述的对象是平稳序列，而实际数据往往不能满足这个条件。ARIMA 是 ARMA 模型的推广形式。这两种准线性模型能够模拟含有多项式趋势和确定性周期的非平稳序列，理论基础和建模手段还是基于 ARMA 模型。

不少序列在一定时段内常呈增长或下降趋势，不能用 ARMA 模型描述，但有些序列通过差分运算可以产生新的平稳序列。

设 x_n 为非平稳序列，即其互不相交的片段的均值或方差是不等的，令

$$w_t=x_t-x_{t-1}$$

如果新序列 w_t 为平稳序列，就称 x_t 为经一次差分运算后平稳的准平稳序列，有些序列可能需要经过多次差分才能成为平稳序列。如果非平稳序列 x_t 经过 d 阶差分后产生平稳序列 w_t，则称 x_t 为 ARMA 序列的 d 阶求和序列，记作 $x_t\sim$ARIMA(p，d，q)。

由此可见，ARIMA 模型是 ARMA 模型的推广，对于 x_t 建立 ARIMA(p，d，q) 模型，就是对 x_t 作 d 阶差分后，对 w_t 建立 ARMA(p，q) 模型；对 x_t 进行预报和控制，则是先对 w_t 做预报，控制后再转化为对 x_t 的处理。

六、季节性时间序列的预测

季节性时间序列是指随着季节的转变时间序列呈现出周期性的变化，时间序列在逐年同月（或季）有相同的变化方向和大致相同的变化幅度。季节变动按照数据的时间序列，有升降趋势和水平趋势，季节性时间序列分析方法包括季节指数趋势法和季节指数水平法，我国的电力负荷有明显的指数增长趋势，这里就只介绍季节指数趋势法。

季节指数趋势法的预测模型为

$$E_t=(a+b\cdot t)f_t$$

式中：$(a+b\cdot t)$ 为时间序列的线性趋势变动部分；f_t 为季节指数。

季节指数趋势法的基本思路是：先分离出不含季节周期变动的长期趋势，再计算季节指数，最后建立预测模型。其基本步骤如下。

(1) 用 S 表示一年的季度数或月份数，对观测值时间序列进行 S 项移动平均。

(2) S 为偶数，应对相邻两期的移动平均再平均后对正，形成新的序列 M_n，从这个序列中找出长期趋势。

(3) 各期用电量除以同期移动平均值得到季节比率 $f_t=E_t/M_t$，以消除长期趋势。

(4) 将各年同季（或月）的季节比率 f_t 平均，季节平均比率 F_i 消除不规则运动（i 表示季度或月份）。

(5) 计算时间序列线性趋势预测值 $\hat{X}_t$，模型为

$$\hat{X}_t = a + b \cdot t$$

(6) 计算季节指数趋势预测值为 $\hat{E}_t=\hat{X}_t F_i$。

时间序列分析方法的优点如下。

(1) 时间序列分析理论已经比较成熟，也有很多现成的工具软件，应用起来比较简便。

(2) 时间序列分析主要根据过去的负荷值来推算未来的负荷，不需要天气、湿度、经济等相关资料，因此在一些相关因素的预测值和某些常数难以得到时，不失为一种可行的方法。

时间序列分析方法的缺点如下。

(1) 它对数据的要求较高。如用于建立 ARIMA 模型的数据应该是平稳的时间序列，即要求序列的任意片段的期望和方差基本上是常数，如果不满足此要求，就要先对原始数据序列作函数变换（如对数变换）、差分等加工处理，待满足平稳性要求后，再建立时间序列模型。

(2) 它不能方便地考虑天气情况等对负荷有重要影响的相关因素。

虽然经济、天气等因素对电力负荷的影响很大，但是对于超短期的负荷序列来说，如果这些因素在很短的时间内没有明显的变化，就可以认为这些因素的影响已经包含在负荷数据里，在对负荷数据建模预测时，模型中也包括了相关因素的影响，所以在没有同期的经济、天气等资料时，可以只对负荷进行分析，暂时不考虑相关因素的影响。

第四节 回 归 预 测

客观世界中，一个事物的运动变化，总是与其他事物相互关联的。回归预测是基于事物之间相互关系的一种数理统计预测方法。回归预测中，首先要对预测对象（因变量）进行定性分析，确定影响变化的一个或多个因素（自变量），然后通过预测对象和影响因素的多组观察值建立适当的回归预测模型进行预测。

由于影响事物变化的因素是多方面的，而且影响因素与预测对象之间的关系也是多种多样的（可以是线性的，也可以是非线性的），因此，要根据不同情况，选用不同的回归预测方法。

一、一元线性回归预测

一元线性回归预测是最基本的、最简单的预测方法，是掌握其他回归预测方法的基础。

一元线性回归预测模型的数学表达式是一元线性方程，即

$$y=a+bx \tag{5-23}$$

式中：y 为预测对象，即因变量或被解释变量；x 为影响因素，即自变量或解释变量；a、b 为待估计的回归系数。

式（5-23）表示预测对象主要受一个因素的影响，而且这种影响是呈线性关系的。这种线性关系在图像上的显示并不完全是一条直线，只是近似一条直线，这种直线称为回归直线。

对于预测对象 y 和相关因素 x，可以收集到 N 对数据（x_1，y_1），（x_2，y_2），…，（x_N，y_N），每一个影响因素 x 的值 x_n 对应一个 y 的估计值 $\hat{y}_n$，即

$$\hat{y}_n=a+bx_n \quad (n=1,2,\cdots,N)$$

则实际值 y_n 与估计值 $\hat{y}_n$ 一般是不相等的，存在一个偏差，这个偏差称为估计误差或残差，用 ε_n 表示。即

$$\varepsilon_n=y_n-\hat{y}_n$$

最小二乘法是以最小误差平方和这一原理来估计系数 a、b，从而建立回归预测模型的。设 Q 表示误差平方和，则有

$$Q=\sum_{n=1}^{N}\varepsilon_n^2=\sum_{n=1}^{N}(y_n-\hat{y}_n)^2=\sum_{n=1}^{N}(y_n-a-bx_n)^2$$

很显然，Q 是 a、b 的函数，当 Q 最小时，根据微分学的极值原理有

$$\begin{cases}\dfrac{\partial Q}{\partial a}=-2\displaystyle\sum_{n=1}^{N}(y_n-a-bx_n)=0\\[2ex]\dfrac{\partial Q}{\partial b}=-2\displaystyle\sum_{n=1}^{N}x_n(y_n-a-bx_n)=0\end{cases}$$

求解以上联立方程可得系数 a，b 的估计值为

$$\begin{cases}\hat{b}=\dfrac{\dfrac{1}{N}\displaystyle\sum_{n=1}^{N}x_ny_n-\bar{x}\cdot\bar{y}}{\dfrac{1}{N}\displaystyle\sum_{n=1}^{N}x_n^2-(\bar{x})^2}\\[3ex]\hat{a}=\bar{y}-\hat{b}\bar{x}\end{cases}$$

其中

$$\bar{x}=\frac{1}{N}\sum_{n=1}^{N}x_n$$

$$\bar{y}=\frac{1}{N}\sum_{n=1}^{N}y_n$$

式中：$\bar{x}$ 为序列 x_n 的平均值；$\bar{y}$ 为序列 y_n 的平均值。

回归预测模型建立后，估计算与实际数据是否有比较好的拟合度，其模型线性关系的显著性如何，能否用来进行实际预测，这些问题必须进行数理统计和物理意义检验。常用的统计检验有标准离差（s）检验、相关系数（r）检验、显著性（F）检验和随机性（DW，Durbin-Watson）检验等。

（1）标准离差用来检验回归预测模型的精度，其计算式为

$$s=\sqrt{\frac{1}{N-2}\sum_{n=1}^{N}(y_n-\hat{y}_n)^2} \tag{5-24}$$

标准离差反映了回归预测模型所得到的估计值 $\hat{y}_n$ 与实际值 y_n 的平均误差，s 值越小越好。一般要求 $10\%<s/\bar{y}<15\%$。

（2）相关系数用来检验两个变量之间的线性相关的显著程度，其计算式为

$$r=\sqrt{1-\frac{\sum_{n=1}^{N}(y_n-\hat{y}_n)^2}{\sum_{n=1}^{N}(y_n-\bar{y})^2}}$$

很显然，有 $|r|\leqslant 1$。

当 $|r|=1$ 时，y 与 x 有完全的线性关系；当 $0<r<1$ 时，y 与 x 有一定的线性正相关关系，即 y 随 x 的增大而增大；当 $-1<r<0$ 时，y 与 x 有一定的线性负相关关系，即 y 随 x 的增大而减小；当 $r=0$ 时，y 与 x 之间不存在线性关系，或是因为两者之间的确没关系，亦或是两者之间不存在线性关系，而存在其他某种关系。

只有 $|r|$ 接近于 1 时，才能用一元线性回归预测模型来描述 y 与 x 之间的关系，但在实际预测中，$|r|$ 的值不一定接近于 1，那么，$|r|$ 的值在什么范围，回归预测模型才有实际意义呢？实际检验中是通过与临界相关系数的比较来判断的，拟定显著性水平 α（一般取 $\alpha=0.05$，即 95%的置信度），然后查相关系数检验表，取自由度 $\nu=N-2$，得到相关系数临界值 r_α；当 $|r|\geqslant r_\alpha$ 时，y 与 x 在显著性水平 α 下显著相关，检验通过。当 $|r|<r_\alpha$ 时，y 与 x 线性关系不显著。

（3）显著性检验用来检验 y 与 x 之间是否存在显著的线性统计关系。如果检验结果是 y 与 x 之间不存在显著的线性统计关系，那么所建立的回归预测模型无效，不能用来进行预测。

首先按下式计算显著性统计量，即

$$F=\frac{\sum_{n=1}^{N}(\hat{y}_n-\bar{y})^2}{\sum_{n=1}^{N}(y_n-\bar{y})^2/(N-2)}=\frac{(N-2)r^2}{(1-r^2)}$$

然后拟定显著性水平 α（一般取 $\alpha=0.05$），查检验表，取自由度 $\nu=N-2$，得临界值 F_α；当 $F\geqslant F_\alpha$ 时，x 与 y 之间在显著性水平 α 下存在线性统计关系，检验通过，否则，所建回归预测模型无效。

（4）随机性检验又称序列相关检验，序列相关是指同一变量前后期之间的相关关系。以一元线性回归预测模型来说

$$y_n=a+bx_n+\varepsilon_n \quad (n=1,2,\cdots,N)$$

式中：ε_n 为随机误差项。回归模型的统计特征有一个假定，即 ε_n 是互不相关的。如果这个假定不能满足，则称 ε_n 是相关的，即存在序列相关。

应该认识到，序列相关是一种常见的现象，如在社会经济系统中，人口的增加与前一年或前几年人口有关，n 年的投资可能与 $n-1$ 年的投资有关，甚至与 $n-2$、$n-3$ 年或更早些

时的投资有关，科技水平的提高也是以之前的科技水平为基础的。此外，在时间序列数据的处理中，采用内插、平滑等方法，也会引起序列相关问题。因此，序列相关在回归预测中是经常遇到的现象。

由于序列相关的存在，采用最小二乘法建立回归预测模型时，会使 a、b 的估值不再有最小方差，不再是有效的估计量，将会使系统检验功能减小，置信区间过宽，使预测失效。因此，必须对回归预测模型进行序列相关检验，以保证预测结果的有效性。

随机性检验方法如下。

1）首先计算统计量，即

$$DW=\frac{\sum_{n=2}^{N}(\varepsilon_n-\varepsilon_{n-1})^2}{\sum_{n=1}^{N}\varepsilon_n^2}$$

2）然后拟定显著性水平 α，查检验表，可得在样本个数为 N，变量个数 $M=1$ 时的临界值 d_u、d_1。

3）最后根据表 5-4 进行判断。

表 5-4　一元回归分析的随机性检验判别表

统计量	检验结果
$(4-d_1)\leqslant DW<4$	否定假设，有负序列相关
$0<DW\leqslant d_1$	否定假设，有正序列相关
$d_u<DW\leqslant(4-d_u)$	接受假设，无序列相关
$d_1<DW\leqslant d_u$	检验无结论
$(4-d_u)\leqslant DW<(4-d_1)$	检验无结论

经以上检验并通过后，回归预测模型可用于预测。预测时，先确定自变量 x 的值 x_0，然后代入所建立的回归预测模型，便可以计算得到因变量 y 的预测值。在确定自变量 x 的值时，可以根据计划值得到，也可以通过其他预测模型，如时间序列模型得到。但是，回归预测模型是经过数理统计方法得到的，有一定的误差，预测结果也有一定的误差，即预测结果有一定的波动范围，这个范围称为置信区间，其计算方法如下。

(1) 首先按式（5-24）计算标准离差 s。

(2) 然后确定置信区间。在大样本（$N\geqslant30$）时，如果取置信度为 $(1-\alpha)\times100\%$，则置信区间为

$$[\hat{y}-t_{\alpha/2}\cdot s,\hat{y}+t_{\alpha/2}\cdot s]$$

式中：$t_{\alpha/2}$ 为在显著性水平为 α，自由度为 $N-2$ 时的 t 统计量，查 t 分布表得到。

(3) 最后在小样本（$N<30$）的情况下，对标准离差进行修正。对于给定自变量的值 x_0，其修正系数 c_0 为

$$c_0=\sqrt{1+\frac{1}{N}+\frac{(x_0-\bar{x})^2}{\sum_{n=1}^{N}(x_n-\bar{x})^2}}$$

则置信区间为

$$[\hat{y}-t_{\alpha/2}\cdot c_0\cdot s,\hat{y}+t_{\alpha/2}\cdot c_0\cdot s]$$

【例 5-1】 1998—2019 年全国 GDP 总量及全社会用电量见表 5-5，散点图如图 5-1 所示。

表 5-5　1998—2019 年全国 GDP（按 1998 年可比价）及全社会用电量

年份	全国 GDP（亿元）	全社会用电量（亿 kWh）	年份	全国 GDP（亿元）	全社会用电量（亿 kWh）
1998	85195.5	11347.3	2009	245297.1	36430
1999	91727.9	12092.3	2010	271287.2	41923
2000	99516.9	13466.2	2011	297307.2	46928
2001	107816.6	14682.5	2012	320674.4	49591
2002	117660.9	16386.3	2013	345586.4	53223
2003	129468.9	18910	2014	370812.5	55233
2004	142559.8	21735	2015	396418.3	55500
2005	158805.5	24689	2016	423123.7	59198
2006	179004.8	29368	2017	451714.2	63077
2007	204479.7	32458	2018	481378.1	68449
2008	224220.7	34268	2019	508790.5	72255

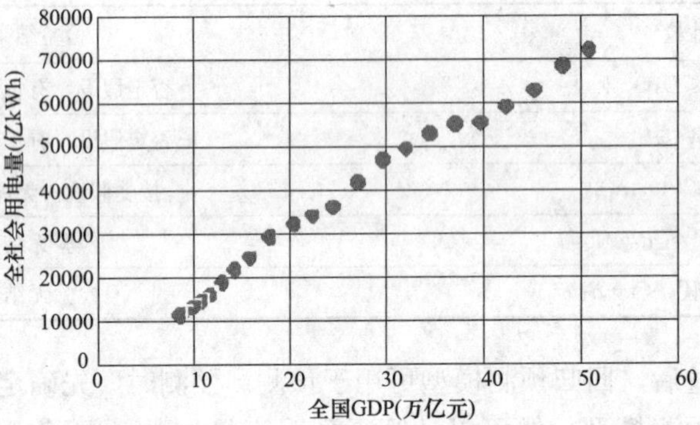

图 5-1　1998—2019 年全国 GDP 总量及全社会用电量散点图

首先为 GDP 和全社会用电量建立一元线性回归模型

$$y=a+bx$$

式中：x 为 GDP；y 为全社会用电量。

使用 1998—2019 年的历史资料，用最小二乘法可以估计出上述模型为

$$y=\hat{a}+\hat{b}x=1160.535+0.143x,R^2=0.989,F=1906.074,DW=0.332$$

模型的样本决定系数 R^2 接近 1，说明回归拟合效果很好；统计量 $F>F_{0.05}(1,22)=248.6$，说明在 $\alpha=0.05$ 的显著性水平下，全社会用电量对 GDP 有显著的线性关系，回归方程是显著的；$0<DW<d_L=1.24$ 说明序列存在正相关；验证回归系数显著性的 t 检验也可通过，$\hat{b}$ 的 95%置信区间为［0.136，0.149］，$\hat{a}$ 的 95%置信区间为［−814.303，3135.373］，因此，上述模型是可用的。由上述模型可知，GDP 总量每增长 1%，全社会用电量将平均增长 0.143%。

利用 1998 年以后的历史资料预测 2008—2019 年的全社会用电量，例如，当预测 2008 年的全社会用电量时，1998—2007 年的 GDP 总量及全社会用电量都是可用的历史资料，当

预测 2010 年的全社会用电量时，1998—2009 年的 GDP 总量及全社会用电量都是可用的历史资料，为了保证较高的预测精度，每年都建立一个一元回归预测模型，2008—2019 年的预测结果见图 5-2。

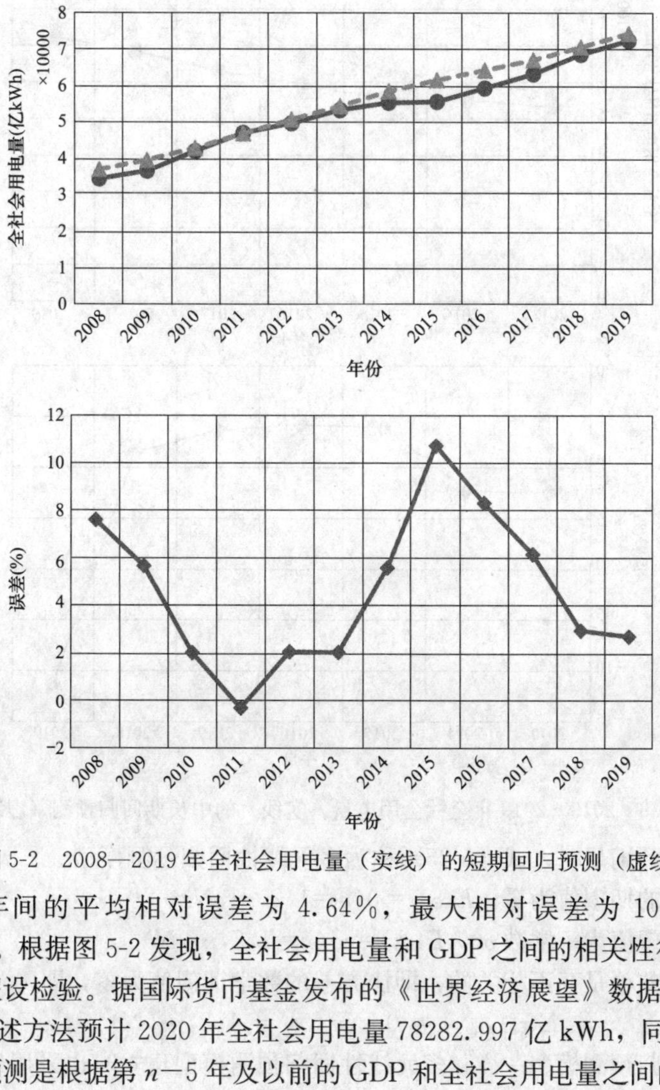

图 5-2　2008—2019 年全社会用电量（实线）的短期回归预测（虚线）

2008—2019 年间的平均相对误差为 4.64%，最大相对误差为 10.73%，均方差为 12393.51 亿 kWh。根据图 5-2 发现，全社会用电量和 GDP 之间的相关性很强，不再为每个模型都进行各种假设检验。据国际货币基金发布的《世界经济展望》数据，2020 年 GDP 预计增长 6%，用上述方法预计 2020 年全社会用电量 78282.997 亿 kWh，同比增长 8.34%。

中长期回归预测是根据第 n—5 年及以前的 GDP 和全社会用电量之间的相关关系建立模型，然后用第 n 年已知的 GDP 预测第 n 年的全社会用电量。2013—2019 年的中长期预测结果见图 5-3。

2013—2019 年的平均相对误差为 8.22%，最大相对误差为 14.24%，用 2015 年及以前的 GDP 和全社会用电量预测 2020 年全社会用电量为 81911.47 亿 kWh。

二、多元线性回归预测

当预测对象 y 受到 m 个因素 x_1，x_2，$\cdots x_M$ 影响时，如果各个影响因素 x_m（$m=1$，2，…，M）与 y 的相关关系可以同时近似地线性表示，则可以建立多元线性回归模型来进行分析和预测。假定因变量 y 与自变量 x_m 之间的关系可表示为

$$y_n = b_0 + \sum_{m=1}^{M} b_m x_{mn} + \varepsilon_n \quad (n = 1,2,\cdots,N) \tag{5-25}$$

式中：N 为样本总数；b_0、$b_m(m=1,2,\cdots,M)$ 为模型回归系数；ε_n 为除自变量 x_m 的影响之外，对 y_n 产生影响的随机变量，即随机误差。

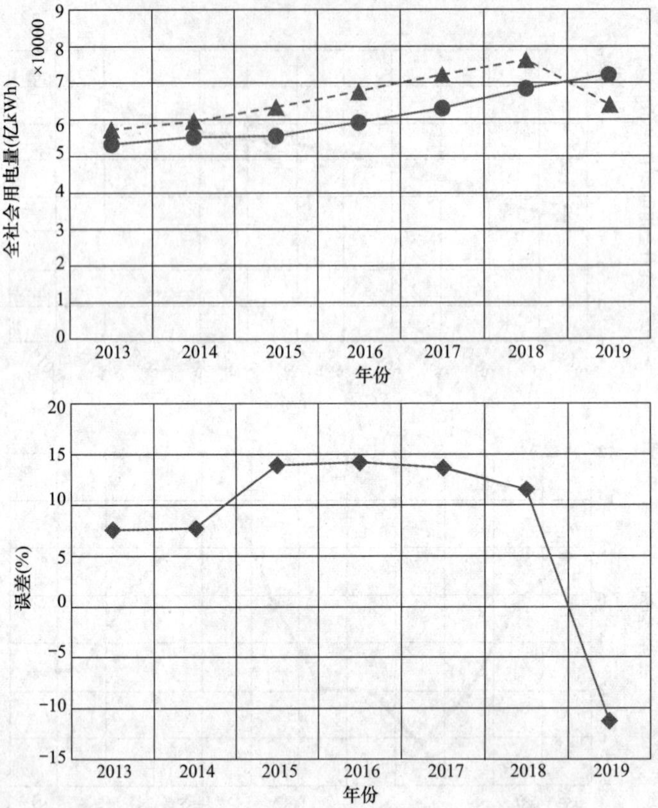

图 5-3 2013—2019 年全社会用电量（实线）的中长期回归预测（虚线）

当以下假设得到满足时，式（5-25）称为多元线性回归预测模型。

(1) 随机误差的期望值为零，$E(\varepsilon_n)=0(n=1,2,\cdots,N)$。

(2) 方差的期望值为一常数 σ^2，$E(\varepsilon_n^2)=\sigma^2(n=1,2,\cdots,N)$。

(3) 各随机误差项是互不相关的，即协方差的数学期望值为零，即

$$E(\varepsilon_{n_1},\varepsilon_{n_2})=0 \quad (n_1,n_2=1,2,\cdots,N)$$

和一元线性回归预测模型一样，多元线性回归预测模型建立时也采用最小二乘法估计模型参数。

式（5-25）可用矩阵形式写为

$$\boldsymbol{Y}=\boldsymbol{XB}+\boldsymbol{U}$$

其中自变量矩阵为

$$\boldsymbol{X}=\begin{pmatrix} 1 & x_{11} & x_{21} & \cdots & x_{M1} \\ 1 & x_{12} & x_{22} & \cdots & x_{M2} \\ \cdots & \cdots & \cdots & \cdots & \cdots \\ 1 & x_{1N} & x_{2N} & \cdots & x_{MN} \end{pmatrix}$$

即 M 个自变量与 y 对应的 N 组数据。

因变量列向量为

$$\boldsymbol{Y}=[y_1,y_2,\cdots,y_N]^{\tau}$$

回归系数向量为

$$\boldsymbol{B}=[b_0,b_1,b_2,\cdots,b_M]^{\tau}$$

随机误差向量为

$$\boldsymbol{U}=[\varepsilon_1,\varepsilon_2,\cdots,\varepsilon_N]^{\tau}$$

即 y 的 N 个数据。

参数 $\boldsymbol{B}$ 的选取标准是使随机误差向量满足 $\boldsymbol{U}^{\tau}\boldsymbol{U}$ 最小，运用矩阵代数运算知识，可得多元线性回归预测模型系数估计式

$$\boldsymbol{B}=(\boldsymbol{X}^{\tau}\boldsymbol{X})\boldsymbol{X}^{\tau}\boldsymbol{Y}$$

接下来要进行各种统计假设检验，才能使用上述模型进行预测。

（1）标准差检验。计算标准差为

$$s=\sqrt{\frac{\sum_{n=1}^{N}(y_n-\hat{y}_n)^2}{N-M-1}}$$

式中：M 为自变量个数。标准差反映了回归预测模型所得到的估计值 $\hat{y}_n$ 与实际值 y_n 的平均误差，s 的值越小越好。

（2）相关系数检验。计算相关系数为

$$r=\sqrt{1-\frac{\sum_{n=1}^{N}(y_n-\hat{y}_n)^2}{\sum_{n=1}^{N}(y_n-\overline{y})^2}}$$

r 满足 $|r|=1$。$|r|$ 值越大，说明 y 与 x_1，x_2，…，x_M 相关性越强。

（3）显著性检验。计算统计量为

$$F=\frac{\sum_{n=1}^{N}(\hat{y}_n-\overline{y})^2}{M\cdot s^2}$$

拟定显著性水平 α（一般取 $\alpha=0.05$），然后查检验表，取自由度 $\nu=N-M-1$，得临界值 F_{α}。当 $F\geqslant F_{\alpha}$ 时，认为 x_1，x_2，…，x_M 与 y 之间在显著性水平 α 下存在线性统计关系，检验通过，否则，所建立的回归预测模型无效。

（4）t 检验。t 检验是通过对回归系数 b_m（$m=1$，2，…，M）进行逐一检验，以判断 x_m 是否因系数 b_m 为零而必须删除的统计检验。

检验时先计算统计量

$$t_{b_m}=\frac{b_m}{s_{b_m}}$$

式中：s_{b_m} 为回归系数的标准差。

然后设定显著性水平 α，查 t 分布表，取自由度 $\nu=N-M-1$，得到 t 检验值 $t_{\alpha/2}$。

当 $t_{b_m}\geqslant t_{\alpha/2}$ 时，检验通过。当 $t_{b_m}<t_{\alpha/2}$ 时，说明所选自变量 x_m 对 y 的影响不显著，或者自变量间存在多重共线性，应该剔除或做某种处理。

多重共线性是指自变量之间存在线性关系或接近线性关系。应用最小二乘法估计参数的一个重要条件就是自变量之间为不完全的线性相关。如果完全相关，则 $(X^{\tau}X)^{-1}$ 不存在，

最小二乘法就失效了。在一般情况下，自变量之间都有某种程度的相关。如果相关程度比较低，则其影响可以忽略。但当存在高度的相关性，即有严重的多重共线性时，会产生以下后果。

（1）参数估计的精度降低，某些回归系数的标准偏差很大，不能正确反映自变量与因变量之间的关联程度，使参数估计值很不可靠。

（2）回归系数的估计值可能对某几组观察值特别敏感，这些观察值一旦变动，对参数估计影响很大。

（3）回归系数可能出现与物理意义不符的符号。

（4）可能将有用的变量排除掉。

在多元线性回归预测中，显著性检验用来判断全部自变量的整体作用与因变量的线性关系是否显著，而 t 检验用来检验每一个自变量与因变量的线性关系是否显著。所以，在多元线性回归预测中，t 检验比显著性检验更有必要。根据 t 检验的结果，可以剔除那些对因变量线性关系不显著的自变量，重新建立回归模型。

（5）随机性检验。首先计算统计量为

$$DW=\frac{\sum_{n=2}^{N}(\varepsilon_n-\varepsilon_{n-1})^2}{\sum_{n=1}^{N}\varepsilon_n^2}$$

然后拟定显著性水平 α，查检验表，可得在样本个数为 N，变量个数为 M 时的临界值 d_u、d_1，最后根据表 5-4 中的规则进行判别。

（6）预测区间的确定。按照正态分布理论，当置信度为 95%时，对于某组自变量的取值为 $x_0=(x_{10},\ x_{20},\ \cdots,\ x_{M0})$，代入式（5-25），则可求得该预测区间为 $[\hat{y}_0-2s,\ \hat{y}_0+2s]$。

三、非线性回归预测

社会、经济活动以及自然界中有些因素之间的相互影响往往不是线性关系，而是非线性关系。在这种情况下，若采用线性回归分析方法构建预测模型，则会造成实际现象或行为的失真，因此应该采用适当的非线性预测模型。

非线性曲线的类型有多种，各因素之间的影响也是多样的，因此，在预测过程中首先应该根据样本的散点图样，选定一种或多种适合的曲线类型，再利用样本数据通过参数估计，构建所选的曲线预测模型。

实际上，大多数非线性模型都可通过相应的非线性变换转化为线性模型，然后再应用线性模型建模。

（1）幂函数曲线回归模型

$$y=ax^b$$

令 $y'=\ln y$，$x'=\ln x$，则原模型可转化为标准的一元线性回归模型 $y'=a'+bx'$。

（2）指数曲线回归模型

$$y=ae^{bx}$$

令 $y'=\ln y$ 则原模型可转化为标准的一元线性回归模型 $y'=\ln a+bx$。

（3）对数曲线回归模型

$$y=a+b\ln x$$

令 $x'=\ln x$，则原模型可转化为标准的一元线性回归模型 $y=a+bx'$。

（4）双曲线回归模型

$$\frac{1}{y}=a+\frac{b}{x}$$

令 $y'=\frac{1}{y}$，$x'=\frac{1}{x}$，则原模型可转化为标准的一元线性回归模型 $y'=a'+bx'$。

（5）S曲线回归模型

$$y=1/(a+b\mathrm{e}^{-x})$$

令 $y'=\frac{1}{y}$，$x'=\mathrm{e}^{-x}$，则原模型可转化为标准的一元线性回归模型 $y'=a'+b'x'$。

（6）多项式自回归模型

$$y=b_0+b_1x+b_2x^2+\cdots+b_mx^m$$

令 $x_i=x^i(i=1,2,\cdots,m)$，则原模型可转化为标准的多元线性回归模型 $y_n=b_0+\sum_{m=1}^{M}b_mx_{mn}+\varepsilon_n$。

第五节　投入产出分析及预测法

投入产出分析是从经济系统的整体出发，分析各个部门的相互依存关系，研究部门之间产品流入和输出的数量关系，进而掌握经济系统活动规律的现代管理方法。投入产出分析的基本用途是：编制发展计划，进行经济结构分析和综合平衡，预测经济系统的未来状况。随着电子计算机的普及应用，投入产出分析法对于科学地安排、预测和分析经济活动越来越方便和有益。

一、部门间投入产出表

投入产出表有报告表和计划表之分。报告表是统计过去的数据而得到的，目的是了解各部门相互关联的实际状况；计划表的用途是对未来一段时期的生产活动进行计划和平衡。

投入产出表建立在产品流向分析的基础上。任何一个部门的产品，按其流向可分为三类：一是留作本部门生产性消耗的产品，称为自耗产品；二是提供给其他部门作为生产性消耗的产品，称为中间产品；三是直接提供给人民生活消费或出口，用作储备的产品，称为最终产品。

价值型部门投入产出表的基本格式见表5-6。

表5-6　价值型部门间投入产出表

产出投入		中间产品							最终产品					总产出
		部门1	部门2	…	部门 j	…	部门 T	合计	消费	储备	积累	出口	小计	
物质消费	部门1	X_{11}	X_{12}	…	X_{1j}	…	X_{1T}						Y_1	X_1
	部门2	X_{21}	X_{22}	…	X_{2j}	…	X_{2T}						Y_2	X_2
	…	…	…		…		…							
	部门 j	X_{i1}	X_{i2}	…	X_{ij}	…	X_{iT}						Y_t	X_t
	…	…	…		…		…							
	部门 T	X_{T1}	X_{T2}	…	X_{Tj}	…	X_{TT}						Y_T	X_T

续表

产出投入		中间产品							最终产品					总产出
		部门 1	部门 2	…	部门 j	…	部门 T	合计	消费	储备	积累	出口	小计	
新创造价值	劳动报酬 和社会纯 收入小计	V_1 M_1 Z_1	V_2 M_2 Z_2	… … …	V_j M_j Z_j	… … …	V_T M_T Z_T							
总投入		X_1	X_2	…	X_j	…	X_T							

注　X_{ij} 为第 i 个部门的产品流入第 j 个部门的数量（价值量）；Y_i 为第 i 个部门的最终产品量（价值量）；X_i 为第 i 个部门的总产量（价值量）；V_j 为第 j 个部门的劳动报酬；M_j 为第 j 个部门的社会纯收入；Z_j 为第 j 个部门的新增价值；X_j 为第 j 个部门的总产量（价值量）。

必须明确的是，投入产出表中的部门是指物质生产部门或物质生产过程中的劳动服务部门。表中用粗线分成三个部分。第一部分是物质消费，每一行表示一个部门的产品分配给各部门（包括本部门）产品的数量。这部分的用途是反映各部门生产与消耗的联系。表中的第二部分是最终产品量，它包括了消费（居民消费和社会团体消费）、储备、积累（基本建设投资等）和出口的产品，这部分可用于分析国民经济中积累和消费的比例及构成。表中的第三部分是新创造价值，反映了各部门创造价值的情况，新创造价值包括劳动报酬和社会纯收入（利润和税金），这部分可用于分析各部门的收入和国民收入初次分配的情况。

二、基本平衡方程式

从表 5-6 的水平方向来看，某个部门的产品分配到各部门的数量与最终产品之和，应等于这个部门的总产量。这个平衡关系可以表达为

$$X_i = \sum_{j=1}^{n} X_{ij} + Y_j \quad (i = 1,2,\cdots,n) \tag{5-26}$$

式（5-26）称为产品分配平衡方程式。

从表 5-6 的垂直方向来看，各部门产品的价值应与生产中消耗的价值、新创造的价值平衡，可用下式表达为

$$X_j = \sum_{i=1}^{n} X_{ij} + Z_j \quad (j = 1,2,\cdots,n)$$

三、直接消耗系数和完全消耗系数

定量掌握部门之间的相互联系，就必须研究各部门之间的直接消耗和完全消耗。直接消耗是指某部门的产品在生产过程中，对另一部门产品的消耗。例如，炼钢过程中消耗电力，就是钢对电力的直接消耗。

（1）直接消耗系数 a_{ij} 表示生产单位第 j 种产品消耗第 i 种产品的数量。其计算式如下

$$a_{ij} = \frac{X_{ij}}{X_j} \quad (i,j = 1,2,\cdots,n)$$

直接消耗系数刻画了部门间的直接联系，但部门之间还存在间接联系。例如，炼钢过程中消耗的电力，是钢对电力的直接消耗，炼钢的同时还需要消耗铁、焦炭、冶金设备等，而炼铁、炼焦和制造冶金设备也要消耗电力，这是钢对电力的一次间接消耗。继续分析下去，还可以找到钢对电力的二次、三次等多次间接消耗。显然，要掌握部门间的相互联系，就必须研究总的消耗量。

（2）完全消耗系数 b_{ij} 表示生产单位第 j 种产品对第 i 种产品的完全消耗量。它是单位直接消耗和所有单位间接消耗之和。

通常采用矩阵计算完全消耗系数的。一般来说，假设有 n 个部门，并以 $\boldsymbol{A}$ 表示直接消耗系数矩阵，它是所有的直接消耗系数按一定次序排列而成的

$$\boldsymbol{A}=(a_{ij})_{n\times n}$$

以 $\boldsymbol{B}$ 表示完全消耗系数矩阵

$$\boldsymbol{B}=(b_{ij})_{n\times n}$$

完全消耗系数矩阵 $\boldsymbol{B}$ 的计算式如下

$$\boldsymbol{B}=(\boldsymbol{I}-\boldsymbol{A})^{-1}-\boldsymbol{I}$$

式中：$\boldsymbol{A}$ 为直接消耗系数矩阵；$\boldsymbol{I}$ 为 n 阶单位矩阵。

直接消耗系数反映了产品之间的直接联系，它说明生产一个单位产品对各部门产品的直接消耗量。完全消耗系数，是从最终产品的角度来反映部门间的消耗关系，它说明生产一个单位最终产品对各部门产品的消耗量。这两个系数从不同角度定量地表达了各部门之间的相互联系，是编制计划的重要技术参数，也是修改和调整计划的数量依据。

四、投入产出数学模型

式（5-26）可写成矩阵方程

$$\boldsymbol{AX}+\boldsymbol{Y}=\boldsymbol{X}$$

移项后，得

$$\boldsymbol{X}-\boldsymbol{AX}=\boldsymbol{Y}$$

于是得投入产出数学模型

$$(\boldsymbol{I}-\boldsymbol{A})\boldsymbol{X}=\boldsymbol{Y} \tag{5-27}$$

式中：$\boldsymbol{A}$ 为直接消耗系数矩阵；$\boldsymbol{X}$ 为总产品列向量；$\boldsymbol{Y}$ 为最终产品列向量。已知各部门的总产量 $\boldsymbol{X}$，就可根据上式求出满足平衡关系的各部门最终产品量 $\boldsymbol{Y}$。

在式（5-27）的等号两边同时乘一个系数 $(\boldsymbol{I}-\boldsymbol{A})^{-1}$ 得

$$\boldsymbol{X}=(\boldsymbol{I}-\boldsymbol{A})^{-1}\boldsymbol{Y}$$

这是一个很关键的数学步骤。上式也是一个投入产出数学模型，当已知最终产品 $\boldsymbol{Y}$ 时，将它代入上式，就可求出各部门满足最终需求的总产量 $\boldsymbol{X}$。上式反映了以社会需求决定社会产品的重要原则。如果能通过需求调查估计未来时期的最终产品量，也可用来编制各部门在保证最终产品前提下的各部门计划产量，则由上式可预测各部门在保证最终产品前提下的各部门产量，也可以用来编制各部门产量计划。

第六节　灰色预测方法

一、灰色预测概论

1. 灰色系统的定义

部分信息已知、部分信息未知的系统称为灰色系统。作为两个极端，信息完全未知的系统称为黑色系统；信息完全已知的系统称为白色系统。例如，日食、月食可以根据天文原理精确地计算出来，这类问题可视为白色系统；又如一个球队，如果我们只知道队员的年龄、身高、体能、比赛次数、胜败情况等，但不知道每个队员的球技、队员间的配合程度、教练员的素质，那么研究该球队时的系统可以视为灰色系统。

显然，黑色、灰色和白色是一种相对的概念。世界上没有绝对的白色系统，因为任何系统

总有未知的部分；也没有绝对的黑色系统，因为既然一无所知，也就无所谓该系统的存在了。

2. 灰色系统的特点

（1）用灰色数学来处理不确定量，使之量化。在数学发展史上，最早研究的是确定型的微分方程，即是在拉普拉斯决定论框架内的数学。它认为一旦有了描写事物的微分方程和初值，就能确定该事物任何时刻的运动。随后发展了概率论和数理统计，用随机变量和随机过程来研究事物的状态和运动。模糊数学则研究没有清晰界限的事物，如小溪、大河等无法找到精确的分类标准，它通过隶属函数来使模糊概念量化。因此，能用模糊数学来描写如语言、不精确推理及若干人文科学。灰色系统理论则认为不确定量是灰色，用灰色数学来处理不确定量，同样能使不确定量量化。

（2）充分利用已知信息寻求系统的运动规律。研究灰色系统的关键是如何使灰色系统白化、模糊化、优化。灰色系统理论视不确定量为灰色量，提出了灰色系统建模的具体数学方法，它能运用时间序列数据来确定微分方程的参量。灰色预测不是把观测数据序列视为一个随机过程，而是看作随时间变化的灰色量或灰色过程，通过累加生成和累减还原逐步使灰色量白化，从而建立相应于微分方程解的模型并做出预报。

（3）灰色系统理论能处理贫信息系统。灰色预测模型只要求较少的观测资料即可建立，这是与时间序列分析、多元分析等概率统计模型要求较多资料很不一样的。因此，对于某些只有少量观测数据的项目来说，灰色预测是一个有用的工具。

3. 灰色系统理论及灰色预测的研究内容

灰色系统作为系统科学的一个分支，其理论大致包括八个方面的内容。

（1）灰色系统的数学问题。

（2）灰色因素的关联分析。

（3）灰色建模。

（4）灰色预测。

（5）灰色决策和规划。

（6）灰色系统分析。

（7）灰色系统控制。

（8）灰色系统优化。

系统是复杂的多层次子系统的集合。若局限在某一层次考察问题，则当其他层次（内外层次）相对稳定时，反映该层次变化规律的量是确定的，或者说是白的；当其他层次不稳定时，就会观测到某些不确定量，它是其他层次对该层次作用的结果。这些不确定量不能确切地体现该层次的变化规律。然而，如站在较高层次来考察问题时，这些所观测到的不确定量又变为在较高层次可确定的量，体现了较高层次的某种变化规律。灰色系统理论认为低层次系统的不确定量是高层次系统的相对稳定量，应充分利用这类稳定的信息寻求系统发展变化的规律。正因为这样，灰色系统理论能揭示系统某些长远的运动规律。

基于灰色系统理论（简称灰色理论或灰理论）的 GM（1，1）模型的预测，称为灰色预测。灰色预测可分为五类。

（1）数列预测。

（2）灾变预测。

（3）季节灾变预测。

（4）拓扑预测（多阈值预测）。

（5）系统综合预测。

二、关联分析

1. 关联分析的含义

为了定量地研究两个事物间的关联程度，人们提出了各种形式的指数，如相关系数和相似系数等。这些指数大多是以数理统计原理为基础的，因此使用时要求有足够的样本个数或者要求数据取一定的概率分布。例如，在实际工作中用到的很多相关系数，当样本个数小于10时，所得的相关系数可信程度就很低。

在客观世界中，有许多因素之间的关系是灰色的，分不清哪些因素之间关系密切，哪些因素之间关系不密切，这样就难以找到主要矛盾和主要特征。灰色因素的关联分析，目的是定量地表征各因素之间的关联程度，从而揭示灰色系统的主要特性。关联分析是灰色系统分析和预测的基础。

定量地表征灰色系统各因子之间关联程度的指数有两种，按其计算方法的差异，分别称为绝对值关联度和速率关联度。

2. 绝对值关联度

（1）关联系数。绝对值关联度由计算关联系数来求得，因此要先弄清关联系数的含义。

定义：设参考时间序列和比较时间序列分别为

$$x_0(t_k)=\{x_0(t_1),x_0(t_2),\cdots,x_0(t_n)\}\quad(k=1,2,\cdots,n)$$

$$x_j(t_k)=\{x_j(t_1),x_j(t_2),\cdots,x_j(t_n)\}\quad(j=1,2,\cdots,I)$$

式中：x_0 为被考察对象的序列，称为参考序列；x_j 为与 x_0 比较关联程度的序列，称为比较序列；k 为第 t_k 时刻参考序列和比较序列的采样点；I 为比较序列的个数，即比较序列可以是一个，也可以是多个。

若记 t_k 时刻 x_0 与 x_j 的关联系数为 $\xi_{0j}(t_k)$，则绝对值关联系数的公式为

$$\xi_{0j}(t_k)=\frac{\Delta_{\min}+\rho\Delta_{\max}}{\Delta_{0j}(t_k)+\rho\Delta_{\max}}\tag{5-28}$$

其中，各时刻的 x_0 与 x_j 的最小绝对差值为

$$\Delta_{\min}=\min_j\min_k|x_0(t_k)-x_j(t_k)|\quad(k=1,2,\cdots,n;j=1,2,\cdots,I)$$

各时刻的 x_0 与 x_j 的最大绝对差值为

$$\Delta_{\max}=\max_j\max_k|x_0(t_k)-x_j(t_k)|\quad(k=1,2,\cdots,n;j=1,2,\cdots,I)$$

t_k 时刻时，x_0 与 x_j 的绝对差值为

$$\Delta_{0j}(t_k)=|x_0(t_k)-x_j(t_k)|\quad(k=1,2,\cdots,n;j=1,2,\cdots,I)$$

式中：ρ 为分辨系数，是一个事先取定的常数，取 $\rho\leqslant 0.05$，以使 ξ_{0j} 值在［0，1］之间变化。

【例 5-2】 设参考时间序列和两个比较时间序列，它们的数值分别为

$$x_0(t_k)=\{5,8,9,6,7\}$$

$$x_1(t_k)=\{1,5,9,7,10\}$$

$$x_2(t_k)=\{-2,-4,-2,-4,-1\}$$

试计算它们的绝对值关联系数。

解 首先计算同一时间序号时，x_0 与 x_1、x_2 的绝对差值，对 x_1 有

$$\Delta_{01}(t_1)=|x_0(t_1)-x_1(t_1)|=|5-1|=4$$

$$\Delta_{01}(t_2) = |x_0(t_2) - x_1(t_2)| = |8-5| = 3$$

同理

$$\Delta_{01}(t_3) = |9-9| = 0$$
$$\Delta_{01}(t_4) = |6-7| = 1$$
$$\Delta_{01}(t_5) = |7-10| = 3$$

对 x_2 有

$$\Delta_{02}(t_1) = |x_0(t_1) - x_2(t_1)| = |5-(-2)| = 7$$
$$\Delta_{02}(t_2) = |x_0(t_2) - x_2(t_2)| = |8-(-4)| = 12$$

同理

$$\Delta_{02}(t_3) = |9-(-2)| = 11$$
$$\Delta_{02}(t_4) = |6-(-4)| = 10$$
$$\Delta_{02}(t_5) = |7-(-1)| = 8$$

可将以上数据进行排列，结果见表 5-7。

表 5-7 x_0、x_1、x_2 的数值以及它们的绝对差值和关联系数

时间序号 k	1	2	3	4	5
$x_0(t_k)$	5	8	9	6	7
$x_{01}(t_k)$	1	5	9	7	10
$x_{02}(t_k)$	−2	−4	−2	−4	−1
$\Delta_{01}(t_k)$	4	3	0	1	3
$\Delta_{02}(t_k)$	7	12	11	10	8
$\xi_{01}(t_k)$	0.600	0.667	1.000	0.857	0.667
$\xi_{01}(t_k)$	0.462	0.333	0.353	0.375	0.429

由表 5-7 可知 $\Delta_{\min}=0$、$\Delta_{\max}=12$，然后根据式（5-28），分别计算各时刻参考序列 x_0 与比较序列 x_1、x_2 的关联系数。若取分辨系数 $\rho=0.5$，对 x_1，各时刻的关联系数为

$$\xi_{01}(t_1) = \frac{\Delta_{\min} + \rho\Delta_{\max}}{\Delta_{01}(t_1) + \rho\Delta_{\max}} = \frac{0+0.5\times 12}{4+0.5\times 12} = 0.6$$

同理

$$\xi_{01}(t_2) = \frac{0+0.5\times 12}{3+0.5\times 12} = 0.667$$

$$\xi_{01}(t_3) = \frac{0+0.5\times 12}{0+0.5\times 12} = 1.0$$

$$\xi_{01}(t_4) = \frac{0+0.5\times 12}{1+0.5\times 12} = 0.857$$

$$\xi_{01}(t_5) = \frac{0+0.5\times 12}{3+0.5\times 12} = 0.667$$

同理，可计算出每个时刻 x_0 与 x_2 的关联系数，它们的数值为

$$\xi_{02}(t_1) = \frac{\Delta_{\min} + \rho\Delta_{\max}}{\Delta_{01}(t_1) + \rho\Delta_{\max}} = \frac{0+0.5\times 12}{7+0.5\times 12} = 0.462$$

$$\xi_{02}(t_2) = 0.333,\quad \xi_{02}(t_3) = 0.353$$

$$\xi_{02}(t_4) = 0.375,\quad \xi_{02}(t_5) = 0.429$$

（2）绝对值关联度及其性质。以上计算清楚地表明，绝对值关联系数只表示了各个时期参考序列和比较序列之间的关联程度，为了从总体上了解序列之间的关联程度，必须求出它们的时间平均值，即

$$r_{0j}=\frac{1}{n}\sum_{k=1}^{n}\xi_{0j}(t_k) \tag{5-29}$$

式中：r_{0j}为参考序列x_0对比较序列x_j的绝对值关联度。

【例 5-3】 中x_0对x_1、x_2的绝对值关联度分别为

$$r_{01}=\frac{1}{5}\sum_{k=1}^{5}\xi_{01}(t_k)=\frac{1}{5}(0.6+0.667+1.0+0.857+0.667)=0.7582$$

$$r_{02}=\frac{1}{5}\sum_{k=1}^{5}\xi_{02}(t_k)=\frac{1}{5}(0.462+0.333+0.353+0.375+0.429)=0.3904$$

有$r_{01}>r_{02}$，说明x_0与x_1的关联程度比x_0与x_2高。

绝对值关联程度有以下性质。

1）关联系数的值受最小绝对值差$\Delta_{\min}$和最大绝对差$\Delta_{\max}$的制约。由式（5-28）各项可知，一旦数据序列中出现某个极大值和极小值，关联系数就会受到影响。这就是说，一个因变量与一个自变量单独计算关联度和一个因变量与几个自变量同时计算关联度，其结果是不一样的。这一点不同于相关系数，两个变量之间相关系数的大小是不受第三个变量影响的。

2）关联系数$\xi_{0j}(t_k)$的值，主要取决于x_0与x_j在各时刻的绝对差值，如果x_0与x_j的单位不同，作图比例尺不同或空间的相对位置不同，都会影响ξ_{0j}的值。因此，用式（5-28）计算时，首先要对序列数据进行无量化处理，即将变量x_0、x_j化为无单位的相对数值。

常用的处理方法有以下几种。

1）初值化处理，有

$$x_i'(t_k)=\frac{x_i(t_k)}{x_i(t_1)}\quad(i=0,1,2,\cdots,I)$$

即用数据序列的第一个值来除，得到一个新序列，它是不同时刻的值相对于第一个时刻值的百分比。例如，有一个不同时刻的数据序列为{4，3，5，8}，初值化处理后，新序列为{1，3/4，5/4，2}。

2）均值化处理，有

$$x_i'(t_k)=\frac{x_i(t_k)}{\bar{x}_i}\quad(i=0,1,2,\cdots,I)$$

式中：$\bar{x}_i$为x_i序列的平均值，处理后得到一个占平均值百分比的新数列。

例如，数据序列{4，3，5，8}，它的平均值$\bar{x}_i=5$，均值化处理后，新序列为{4/5，3/5，1，8/5}。

3）规格化处理：这是数理统计中经常使用的方法，有两种规格化处理的方法。

a. 极差规格化，即

$$x_i'(t_k)=\frac{x_i(t_k)-\min x_i(t_k)}{\max x_i(t_k)-\min x_i(t_k)}$$

例如，数据序列{4，3，5，8}，它的最小值为3，最大值为8，经极差规格化处理后得到的新序列为{1/5，0，2/5，1}。

b. 标准差规格化，即

$$x_i'(t_k)=\frac{x_i(t_k)-\bar{x}_i}{s}$$

式中：s 为 x_i 的标准差，即 $s=\sqrt{\frac{1}{n-1}\sum_{i=1}^{n}(x_i-\bar{x})^2}$。

例如，数据序列 {4，3，5，8}，它的平均值 $\bar{x}=5$，它的标准差为

$$s=\sqrt{\frac{1}{4-1}[(4-5)^2+(3-5)^2+(5-5)^2+(8-5)^2]}=2.1602$$

经过标准差规格化处理后的新序列为 $\left\{\frac{4-5}{2.1602},\frac{3-5}{2.1602},\frac{5-5}{2.1602},\frac{8-5}{2.1602}\right\}$，即 {−0.4629，−0.9258，0，1.3888}。

(3) 分辨率系数 ρ 的取值。由式（5-28）不难看出，当 $\Delta_{0j}(t_k)=\Delta_{\min}$ 时，关联系数达最大值，即关联系数的上界值为 $\xi_{0j}(t_k)=1$。当 $\Delta_{0j}(t_k)=\Delta_{\max}$ 时，关联系数有最小值，有

$$\xi_{0j}(t_k)=\frac{\Delta_{\min}+\rho\Delta_{\max}}{\Delta_{\max}+\rho\Delta_{\max}}$$

上式的分子分母都除以 $\Delta_{\max}$，得

$$\xi_{0j}(t_k)=\frac{1}{1+\rho}\left(\rho+\frac{\Delta_{\min}}{\Delta_{\max}}\right)$$

当原数据作初值化处理后，新数据 $x_0'(t_1)$、$x_j(t_1)$ 均为 1，这时有

$$\Delta_{\min}=|x_0'(t_1)-x_j'(t_1)|=0$$

因此，关联系数的下界值为

$$\underline{\xi_{0j}}=\frac{\rho}{1+\rho}$$

当 $\rho=1$ 时，$\underline{\xi_{0j}}=0.5$，那么 $\underline{\xi_{0j}}$ 就在 [0.5，1] 范围内取值，此时取值范围小，分辨率低。若取 $\rho=0.1$，则 $\underline{\xi_{0j}}=0.09$，$\underline{\xi_{0j}}$ 就在 [0.09，1] 范围内取值，此时关联系数的取值范围扩大，分辨率提高。因此，我们把 ρ 称为分辨系数。实际使用时，应根据序列间的关联程度选择分辨系数，一般以 $\rho\leqslant 0.5$ 为宜，以取 $\rho=0.1$ 为佳。

3. 速率关联度

绝对值关联度是反映事物间关联程度的一种指标，它能体现具有一定样本长度的给定因素间的关联情况。但它也有明显的缺点，就是绝对值关联度受数据中极大值和极小值的影响，一旦数据序列中出现某个极值，关联度就会变化。因此，绝对值关联度有时不能真正反映数列间的关联程度。另外，计算绝对值关联度时，必须首先对原数据进行无量化处理，会比较麻烦。

速率关联度是从另一个角度来定义关联度的。它反映的是两个事物在发展过程中的相对变化速率。如果相对变化速率大体一致，则认为两者有较好的关联；反之，如果两个事物在发展过程中的相对变化速率不一致，则两者的关联程度就较差。

(1) 关联函数。速率关联度由关联函数导出，因此先介绍关联函数。

设有参考数据序列 $y(t)$ 和两个比较数据序列 $x_1(t)$、$x_2(t)$，y 的相对变化速率为 $\frac{\Delta y(t)}{y(t)\Delta t}$，$x_1$ 的相对变化速率为 $\frac{\Delta x_1(t)}{x_1(t)\Delta t}$，$x_2$ 的相对变化速率为 $\frac{\Delta x_2(t)}{x_2(t)\Delta t}$。若 x_1 的相对变化速率比 x_2 更接近于 y 的相对变化速率，那么就认为 x_1 与 y 的关联程度比 x_2 与 y 的关联程度大。基于这一思想，定义函数 $x(t)$ 与 $y(t)$ 的关联函数为

$$\xi(t)=\frac{1}{1+\left|\frac{\Delta x(t)}{x(t)\Delta t}-\frac{\Delta y(t)}{y(t)\Delta t}\right|}\quad(t=1,2,\cdots,n)\tag{5-30}$$

其中，$\Delta x(t)=x(t+1)-x(t)$。

$$\Delta y=y(t+1)-y(t)$$

当等间隔采样时

$$\Delta t=(t+1)-t=1$$

由式（5-30）可知，$\xi(t)$ 的上界为1，下界为0，它的大小决定于 $x(t)$ 与 $y(t)$ 的相对变化速率。

（2）速率关联度。当 $x(t)$、$y(t)$ 为离散数列时，速率关联度表示为

$$r=\frac{1}{n-1}\sum_{t=1}^{n-1}\xi(t) \tag{5-31}$$

由式（5-30）和式（5-31）可知，这样定义的关联函数反映了每一时刻两事物相对变化速率的一致程度，速率关联度反映了特定时段内两事物相对变化速率一致程度的平均状况。

关联度分析的目的是要在影响某参考数列 y 的各因素 x_1，x_2，…，x_n 中找出主要因素，也就是按对 y 的关联程度大小对 $x_i(i=1，2，…，n)$ 进行排序。

若 x_i 与 y，x_j 与 y 的关联度分别为 r_i、r_j，则有以下判断。

（1）$r_i>r_j$ 时，称 x_i 优于 x_j。

（2）$r_i<r_j$ 时，称 x_i 劣于 x_j。

（3）$r_i=r_j$ 时，称 x_i 等价于 x_j。

（4）$r_i\geqslant r_j$ 时，称 x_i 不劣于 x_j。

（5）$r_i\leqslant r_j$ 时，称 x_i 不优于 x_j。

最后根据专业知识判定关联分析的实际程度。

【例 5-4】 设参考序列 $y(t)$ 为某地2015—2019年逐年总用电量，$x_1(t)$ 为同期逐年工业用电量，$x_2(t)$ 为同期逐年除工业外各行业用电量，具体数据见表5-8。试求 y 与 x_1、x_2 的速率关联度。

表 5-8　　各年度用电数据　　（单位：亿kWh）

年份	2015	2016	2017	2018	2019
序号 t	1	2	3	4	5
$y(t)$	90.00	97.63	104.88	118.84	156.34
$x_1(t)$	64.19	70.67	74.57	86.76	109.95
$x_2(t)$	25.81	26.96	30.31	32.08	46.39
$\Delta y(t)$	7.63	7.25	13.96	37.5	
$\Delta x_1(t)$	6.48	3.90	12.19	23.19	
$\Delta x_2(t)$	1.15	3.35	1.77	14.31	
$\xi_{yx_1}(t)$	0.9841	0.9813	0.9705	0.9539	
$\xi_{yx_2}(t)$	0.9614	0.9524	0.9305	0.8846	

解　首先计算关联函数 $\xi(t)$。

1）$x_1(t)$ 与 $y(t)$ 的关联函数 $\xi_{yx_1}(t)$。

对2015年有

$$\Delta y(1)=y(2)-y(1)=97.63-90.00=7.63$$

$$\frac{\Delta y(1)}{y(1)}=\frac{7.63}{90.00}=0.0848$$

$$\Delta x(1)=x(2)-x(1)=70.67-64.19=6.48$$

$$\frac{\Delta x(1)}{x(1)}=\frac{6.48}{64.19}=0.1010$$

代入式（5-30），得

$$\xi_{yx_1}(1)=\frac{1}{1+\left|\dfrac{\Delta x_1(1)}{x_1(1)}-\dfrac{\Delta y(1)}{y(1)}\right|}=\frac{1}{1+|0.1010-0.0848|}=0.9841$$

同理可得 $\xi_{yx_1}(2)=0.9813$，$\xi_{yx_1}(3)=0.9705$，$\xi_{yx_1}(4)=0.9539$。

2）$x_2(t)$与 $y(t)$的关联函数 $\xi_{yx_2}(t)$。

同步骤 1）一样可计算出 $\xi_{yx_2}(1)=0.9614$，$\xi_{yx_2}(2)=0.9524$，$\xi_{yx_2}(3)=0.9305$，$\xi_{yx_2}(4)=0.8846$。并将以上计算结果列在表 5-8 中。

计算速率关联度，由式（5-31）得

$$r_{yx_1}=\frac{1}{n-1}\sum_{t=1}^{n-1}\xi_{yx_1}(t)=\frac{1}{5-1}\times(0.9841+0.9813+0.9705+0.9539)$$

$$=\frac{3.8898}{4}=0.9724$$

$$r_{yx_2}=\frac{1}{n-1}\sum_{t=1}^{n-1}\xi_{yx_2}(t)=\frac{1}{5-1}\times(0.9614+0.9524+0.9305+0.8846)$$

$$=\frac{3.7289}{4}=0.9322$$

$r_{yx_1}>r_{yx_2}$ 说明 y 与 x_1 的关联度比 y 与 x_2 的好，即该地 2015—2019 年逐年总用电量与同期工业用电量的关系比同期其他行业用电量的关系密切。

速率关联度的优点是不受数据序列中极值的影响，不需对原数据进行无量化处理。但速率关联度也有缺点，那就是当两个互相比较的变量的变化速率差别很大时，往往只有一个变量的变化速率起作用。

速率关联度的另一个问题是当数据中出现零值时，即式（5-30）中的 $x(t)=0$ 或 $y(t)=0$ 时，无法进行计算。为避免这一问题，可定义斜率关联函数，即

$$\xi(t)=\frac{1}{1+\left|\dfrac{\Delta x(t)}{\Delta t}-\dfrac{\Delta y(t)}{\Delta t}\right|}\tag{5-32}$$

当数据为等间隔采样时，$\Delta t=(t+1)-t=1$，式（5-32）变为

$$\xi(t)=\frac{1}{1+|\Delta x(t)-\Delta y(t)|}\tag{5-33}$$

这时，由于增量 $\Delta x(t)$和 $\Delta y(t)$的量级不同，必须先对数据序列进行规格化处理，即极差规格化或标准差规格化。同样，关联度定义为不同时刻关联函数的平均值有

$$r=\frac{1}{n-1}\sum_{t=1}^{n-1}\xi(t)\tag{5-34}$$

三、灰色建模与预测

1. 数据的预处理

首先从一个简单实例来考察问题

设初始数据序列

$$x^{(0)}(i)=\{x^{(0)}(1),x^{(0)}(2),\cdots,x^{(0)}(n)\}=\{6,3,8,10,7\}$$

对数据进行一次累加

$x^{(1)}(1)=x^{(0)}(1)=6$

$x^{(1)}(2)=x^{(0)}(1)+x^{(0)}(2)=6+3=9=x^{(1)}(1)+x^{(0)}(2)$

$x^{(1)}(3)=x^{(0)}(1)+x^{(0)}(2)+x^{(0)}(3)=6+3+8=17=x^{(1)}(2)+x^{(0)}(3)$

$x^{(1)}(4)=x^{(0)}(1)+x^{(0)}(2)+x^{(0)}(3)+x^{(0)}(4)=6+3+8+10=27=x^{(1)}(3)+x^{(0)}(4)$

$x^{(1)}(5)=x^{(0)}(1)+x^{(0)}(2)+x^{(0)}(3)+x^{(0)}(4)+x^{(0)}(5)=6+3=+8+10+7$

$=34=x^{(1)}(4)+x^{(0)}(5)$

于是得到新序列 $x^{(1)}(i)=\{6，9，17，27，34\}$。

归纳上面的式子可写为

$$x^{(1)}(i)=\sum_{j=1}^{i}x^{(0)}(j)=x^{(1)}(i-1)+x^{(0)}(i) \tag{5-35}$$

称式（5-35）所表示的为一次累加生成，类似的可定义

二次累加

$$x^{(2)}(i)=\sum_{j=1}^{i}x^{(1)}(j)$$

n 次累加

$$x^{(n)}(i)=\sum_{j=1}^{i}x^{(n-1)}(j) \tag{5-36}$$

显然有 $x^{(1)}(1)=x^{(2)}(1)=\cdots=x^{(n)}(1)=x^{(0)}(1)$。

为了把累加数列还原为初始数列，需进行后减运算，或称累减生成。它是指前后两个数据之差。如上例中有

$$\Delta x^{(1)}(5)=x^{(1)}(5)-x^{(1)}(4)=34-27=7=x^{(0)}(5)$$

$$\Delta x^{(1)}(4)=x^{(1)}(4)-x^{(1)}(3)=27-17=10=x^{(0)}(4)$$

$$\Delta x^{(1)}(3)=x^{(1)}(3)-x^{(1)}(2)=17-9=8=x^{(0)}(3)$$

$$\Delta x^{(1)}(2)=x^{(1)}(2)-x^{(1)}(1)=9-6=3=x^{(0)}(2)$$

归纳上面的式子得到一次后减

$$\Delta x^{(1)}(i)=x^{(1)}(i)-x^{(1)}(i-1) \tag{5-37}$$

2. 建模原理

给定一数据序列

$$x^{0}(i)=\{x^{(0)}(1),x^{(0)}(2),\cdots,x^{(0)}(n)\}$$

经一次累加得

$$x^{(1)}(i)=\sum_{j=1}^{i}x^{(0)}(j) \tag{5-38}$$

设 $x^{(1)}(i)$ 满足一阶单变量常微分方程

$$\frac{\mathrm{d}x^{(1)}}{\mathrm{d}t}+ax^{(1)}=u \tag{5-39}$$

式中：a 为常系数；u 为对系统的常定输入。式（5-39）的解为

$$x^{(1)}(t)=\left[x^{(1)}(t_0)-\frac{u}{a}\right]e^{-a(t-t_0)}+\frac{u}{a}$$

对等间隔取样的离散值则为

$$x^{(1)}(k+1)=\left[x^{(1)}(1)-\frac{u}{a}\right]e^{-ak}+\frac{u}{a} \tag{5-40}$$

灰色建模的途径是根据式（5-35）的序列值通过最小二乘法来估计常数 a 和 u。

因为 $x^{(1)}(1)$ 留作初值用，故将 $x^{(1)}(2)$、$x^{(1)}(3)$、…、$x^{(1)}(n)$ 分别代入式（5-40），微分用差分代替，又因等间隔取样 $\Delta t=(t+1)-t=1$，故得

$$\frac{\Delta x^{(1)}(2)}{\Delta t}=\Delta x^{(1)}(2)=x^{(1)}(2)-x^{(1)}(1)=x^{(0)}(2)$$

类似地有

$$\frac{\Delta x^{(1)}(3)}{\Delta t}=x^{(0)}(3)$$

$$\cdots$$

$$\frac{\Delta x^{(1)}(n)}{\Delta t}=x^{(0)}(n)$$

于是，式（5-40）改写成

$$\begin{aligned}x^{(0)}(2)+ax^{(1)}(2)&=u\\x^{(0)}(3)+ax^{(1)}(3)&=u\\&\cdots\\x^{(0)}(n)+ax^{(1)}(n)&=u\end{aligned}$$

把 $ax^{(1)}(i)$ 项移到右边，并写为向量的数量积形式有

$$\begin{cases}x^{(0)}(2)=(-x^{(1)}(2),1)\begin{bmatrix}a\\u\end{bmatrix}\\x^{(0)}(3)=(-x^{(1)}(3),1)\begin{bmatrix}a\\u\end{bmatrix}\\\cdots\\x^{(0)}(n)=(-x^{(1)}(n),1)\begin{bmatrix}a\\u\end{bmatrix}\end{cases} \tag{5-41}$$

由于$\dfrac{\Delta x^{(1)}(i)}{\Delta t}$涉及累加到 $x^{(1)}$（i）的两个时刻的值，因此作为背景值 $x^{(1)}(i)$ 取前后两个时刻的等权滑动平均代替，并将式（5-41）写为矩阵表达式有

$$\begin{bmatrix}x^{(0)}(2)\\x^{(0)}(3)\\\cdots\\x^{(0)}(n)\end{bmatrix}=\begin{bmatrix}-\frac{1}{2}[x^{(1)}(2)+x^{(1)}(1)] & 1\\-\frac{1}{2}[x^{(1)}(3)+x^{(1)}(2)] & 1\\-\frac{1}{2}[x^{(1)}(2)+x^{(1)}(1)]\cdots & \\-\frac{1}{2}[x^{(1)}(n)+x^{(1)}(n-1)] & 1\end{bmatrix}\begin{bmatrix}a\\u\end{bmatrix} \tag{5-42}$$

令 $\boldsymbol{Y}=(x^{(0)}(2),\ x^{(0)}(3),\ \cdots,\ x^{(0)}(n))^{\mathrm{T}}$

这里，$\boldsymbol{T}$ 表示转置，令

$$\boldsymbol{B}=\begin{bmatrix}-\frac{1}{2}[x^{(1)}(2)+x^{(1)}(1)] & 1\\ -\frac{1}{2}[x^{(1)}(3)+x^{(1)}(2)] & 1\\ \cdots & \\ -\frac{1}{2}[x^{(1)}(n)+x^{(1)}(n-1)] & 1\end{bmatrix}$$

$$\boldsymbol{U}=\begin{bmatrix}a\\ u\end{bmatrix}$$

则式（5-42）的矩阵式为

$$\boldsymbol{Y}=\boldsymbol{BU} \tag{5-43}$$

式（5-43）的最小二乘估计为

$$\hat{\boldsymbol{U}}=\begin{bmatrix}\hat{a}\\ \hat{u}\end{bmatrix}=(\boldsymbol{B}^{\mathrm{T}}\boldsymbol{B})^{-1}\boldsymbol{B}^{\mathrm{T}}\boldsymbol{Y} \tag{5-44}$$

把式（5-44）中的估计值 $\hat{a}$ 和 $\hat{u}$ 代入式（5-40），得到时间响应方程

$$\hat{x}^{(1)}(k+1)=\left[x^{(1)}(1)-\frac{\hat{u}}{\hat{a}}\right]\mathrm{e}^{-\hat{a}k}+\frac{\hat{u}}{\hat{a}} \tag{5-45}$$

当 $k=1$，2，…，$n-1$ 时，由式（5-45）计算得拟合值；当 $k\geqslant n$ 时，$x(k+1)$ 为预测值。

由于模型是基于一阶单变量微分方程式（5-40）建立的，故称为一阶一元灰色模型，记为GM(1，1)。需指出的是，建模时先要进行一次累加，因此要求初始数据均为非负数，否则累加时会正负抵消，达不到使数据序列随时间递增的目的。

综上所述，GM(1，1）的建模步骤如下。

（1）根据原始数据序列计算一次累加序列。

（2）建立 $\boldsymbol{B}$ 阵。

（3）求逆矩阵 $(\boldsymbol{B}^{\mathrm{T}}\boldsymbol{B})^{-1}$ 及 $\boldsymbol{B}^{\mathrm{T}}\boldsymbol{Y}$。

（4）根据 $\boldsymbol{U}=(\boldsymbol{B}^{\mathrm{T}}\boldsymbol{B})^{-1}\boldsymbol{B}^{\mathrm{T}}\boldsymbol{Y}$ 求估计值 a 和 u。

（5）用时间响应方程计算拟合值。

（6）用累减运算还原，即

$$\hat{x}^{(0)}(i)=\hat{x}^{(1)}(i)-\hat{x}^{(1)}(i-1)\quad (i=2,3,\cdots,n) \tag{5-46}$$

（7）模型检验包括残差检验、关联度检验、后验差检验。

1）残差检验的计算式为

$$\varepsilon^{(0)}(i)=x^{(0)}(i)-\hat{x}^{(0)}(i) \tag{5-47}$$

式中：$\varepsilon^{(0)}(i)$ 为第 i 个残差；$x^{(0)}(i)$ 为初始序列的第 i 个数据；$\hat{x}^{(0)}(i)$ 为拟合值。

或计算相对误差

$$\varepsilon_e^{(0)}(i)=\frac{|x^0(i)-\hat{x}^0(i)|}{|x^0(i)|} \tag{5-48}$$

2）关联度检验。按关联度计算方法计算出 $x^{(0)}(i)$ 与初始序列 $\hat{x}^{(0)}(i)$ 的关联系数，然后计算关联度，根据经验，当 $\rho=0.5$ 时，关联度大于 0.6 便是满意的。

3）后验差检验。首先计算初始序列的均方差 S_1，有

$$S_1=\sqrt{\frac{1}{n-1}\sum_{i=1}^{n}[x^0(i)-\overline{x^0}]^2}$$

其次，计算出残差 ε 的均方差 S_2

$$S_2=\sqrt{\frac{1}{n-1}\sum_{i=1}^{n}[\varepsilon^0(i)-\overline{\varepsilon^0}]^2}$$

$$\overline{\varepsilon^0}=\frac{1}{n}\sum_{i=1}^{n}\varepsilon^0(i)$$

然后，计算方差比 $C=S_2/S_1$。

计算小概率 $P=\{|\varepsilon^0(i)-\overline{\varepsilon^0}|<0.6745S_1\}$

根据表 5-9 判断预测精度。

表 5-9　　根据 *P*、*C* 值判断预测精度

P 值	*C* 值	预测精度等级	*P* 值	*C* 值	预测精度等级
>0.95	<0.35	好	>0.70	<0.65	勉强合格
>0.80	<0.5	合格	≤0.70	≥0.65	不合格

3. 残差模型与二变量模型

（1）残差模型。当用 GM(1，1) 来拟合原序列时，若误差较大，模型精度不够，需要对残差进行修正。视残差序列为新的数据序列

$$\varepsilon^{(1)}(i)=x^{(1)}(i)-\hat{x}^{(1)}(i)\quad(i=2,3,\cdots,n)$$

建立新的 GM(1，1)，再把残差模型的计算值加到原模型的拟合值上去，以提高精度。若进行一次残差修正后精度仍不够，还可以对修正后的模型进行第二次、第三次或更多次的修正，直到满意为止。

通常残差序列的数据中有正有负，进行一次累加就会正负抵消，不能生成递增序列。这时应使所有数据都变为正值，方法是在残差序列中寻找最小负值，所有残差序列值均加上 $|\varepsilon_{\min}^{(1)}|+1$，即

$$\varepsilon^{(1)\prime}(i)=\varepsilon^{(1)}(i)+|\varepsilon_{\min}^{(1)}|+1$$

然后再对 $\varepsilon^{(1)\prime}(i)$ 建立 GM(1，1)。

另外，从利用近期信息考虑，只对预测期较近若干时刻的序列值进行修正，即待修正的残差序列为 $\varepsilon^{(1)\prime}(i)(i=k,k+1,\cdots,n$ 且 $k\geqslant1)$，这样的修正结果有利于改进预测效果。

（2）二变量模型。若系统的输入不是一个常定值 u，而是一个变量 x_2 时，描写系统性状的方程为

$$\frac{\mathrm{d}x_1^{(1)}}{\mathrm{d}t}+ax_1^{(1)}=bx_2^{(1)}\tag{5-49}$$

式中：$x_1^{(1)}$ 为系统状态变量的一次累加值。

为了导出建模公式，改写式（5-49）为

$$\frac{\mathrm{d}x_1^{(1)}}{\mathrm{d}t}+ax^{(1)}=ux_0^{(1)}\tag{5-50}$$

这里 $x_0^{(1)}\equiv1$。对比式（5-49）与式（5-50），只要在建模公式的 $x_0^{(1)}$ 的位置用 $x_2^{(1)}$ 替代

即可，于是得

$$\boldsymbol{Y}=(x_1^{(0)}(2),x_1^{(0)}(3),\cdots,x_1^{(0)}(n))^{\mathrm{T}}$$

$$\boldsymbol{B}=\begin{bmatrix}-\frac{1}{2}[x_1^{(1)}(2)+x_1^{(1)}(1)] & x_2^{(1)}(2)\\ -\frac{1}{2}[x_1^{(1)}(3)+x_1^{(1)}(2)] & x_2^{(1)}(3)\\ \cdots & \\ -\frac{1}{2}[x_1^{(1)}(n)+x_1^{(1)}(n-1)] & x_2^{(1)}(n)\end{bmatrix}$$

$$\hat{\boldsymbol{U}}=\begin{bmatrix}\hat{a}\\ \hat{b}\end{bmatrix}=(\boldsymbol{B}^{\mathrm{T}}\boldsymbol{B})^{-1}\boldsymbol{B}^{\mathrm{T}}\boldsymbol{Y}$$

时间响应方程为

$$\widehat{x}_1^{(1)}(k+1)=\left[x_1^{(1)}(1)-\frac{\widehat{b}}{\widehat{a}}x_2^{(1)}(k)\right]\mathrm{e}^{-\widehat{ak}}+\frac{\widehat{b}}{\widehat{a}}x_2^{(1)}(k) \tag{5-51}$$

称基于式（5-51）的模型为一阶二元模型，记为 GM(1，2)。若有 $N-1$ 个变量作为输入，则为一阶 N 元模型，记为 GM(1，N)。若微分方程中的导数为二阶或 M 阶时，模型变为 GM(2，N) 或 GM(M，N)。特别地，当 $M=0$ 时，模型变为静态的，记为 GM(0，N)，可以证明静态模型 GM(0，N) 与回归模型是等价的。计算表明，二阶和二阶以上的模型由于适应性差，很少为实际所使用。一阶二元模型或一阶多元模型由于要求不同变量的取值大体要同步，且用作预测时要知道输入变量的未来值，也不易在预测实践中取得好效果。

【例 5-4】 某地电网 2010—2016 年用电量作为原始数据样本，利用灰色预测模型 GM(1，1)预测 2017—2021 年该地电网的用电量水平，表 5-10 是整理后的该地电网用电量原始数据样本。

表 5-10　某地用电量原始数据　（单位：亿 kWh）

年份	2010	2011	2012	2013	2014	2015	2016	$\overline{x}^{(0)}$
用电量 $x_t^{(0)}$	37	40	45	55	68	85	105	62.14

解　取 $t=1$，以后各年分别为 2，3，…，可以求得 GM(1，1) 的累加值如下。

$$x_1^{(1)}=x_1^{(0)}=37$$
$$x_2^{(1)}=x_1^{(1)}+x_2^{(0)}=37+40=77$$
$$x_3^{(1)}=x_2^{(1)}+x_3^{(0)}=77+45=122$$
$$x_4^{(1)}=x_3^{(1)}+x_4^{(0)}=122+55=177$$
$$x_5^{(1)}=x_4^{(1)}+x_5^{(0)}=177+68=245$$
$$x_6^{(1)}=x_5^{(1)}+x_6^{(0)}=245+85=330$$
$$x_7^{(1)}=x_6^{(1)}+x_7^{(0)}=330+105=435$$

矩阵 $\boldsymbol{B}$ 为

$$B=\begin{bmatrix}-\frac{1}{2}[x_1^{(1)}+x_2^{(1)}] & 1\\ -\frac{1}{2}[x_2^{(1)}+x_3^{(1)}] & 1\\ -\frac{1}{2}[x_3^{(1)}+x_4^{(1)}] & 1\\ -\frac{1}{2}[x_4^{(1)}+x_5^{(1)}] & 1\\ -\frac{1}{2}[x_5^{(1)}+x_6^{(1)}] & 1\\ -\frac{1}{2}[x_6^{(1)}+x_7^{(1)}] & 1\end{bmatrix}=\begin{pmatrix}-57 & 1\\ -99.5 & 1\\ -149.5 & 1\\ -211 & 1\\ -287.5 & 1\\ -382.5 & 1\end{pmatrix}$$

向量$\boldsymbol{Y}$为

$$\boldsymbol{Y}=(x_2^{(0)},x_3^{(0)},x_4^{(0)},x_5^{(0)},x_6^{(0)},x_7^{(0)})^{\mathrm{T}}=(40,45,55,68,85,105)^{\mathrm{T}}$$

根据式（5-44）求得$\hat{\boldsymbol{U}}$，得

$$\hat{\boldsymbol{U}}=\begin{bmatrix}\hat{a}\\ \hat{u}\end{bmatrix}=(\boldsymbol{B}^{\mathrm{T}}\boldsymbol{B})^{-1}\boldsymbol{B}^{\mathrm{T}}\boldsymbol{Y}$$

$$=\left[\begin{pmatrix}-57 & 1\\ -99.5 & 1\\ -149.5 & 1\\ -211 & 1\\ -287.5 & 1\\ -382.5 & 1\end{pmatrix}^{\mathrm{T}}\begin{pmatrix}-57 & 1\\ -99.5 & 1\\ -149.5 & 1\\ -211 & 1\\ -287.5 & 1\\ -382.5 & 1\end{pmatrix}\right]^{-1}\begin{pmatrix}-57 & 1\\ -99.5 & 1\\ -149.5 & 1\\ -211 & 1\\ -287.5 & 1\\ -382.5 & 1\end{pmatrix}^{\mathrm{T}}\begin{pmatrix}40\\ 45\\ 55\\ 68\\ 85\\ 105\end{pmatrix}=\begin{bmatrix}-0.2047\\ 25.8354\end{bmatrix}$$

即$\hat{a}=-0.2047$，$\hat{u}=25.8354$。

取$x_1^{(1)}=x_1^{(0)}=37$代入式（5-45）中，整理后得

$$\hat{x}_{t+1}^{(1)}=\left[x_1^{(1)}-\frac{\hat{u}}{\hat{a}}\right]\mathrm{e}^{-\hat{a}t}+\frac{\hat{u}}{\hat{a}}=163.206\mathrm{e}^{0.2047t}-126.206$$

由此模型进一步推算可获得$x_1^{(1)}$的模型值见表5-11。根据$\hat{x}_t^{(0)}=\hat{x}_t^{(1)}-\hat{x}_{t-1}^{(1)}$，且取$\hat{x}_1^{(1)}=\hat{x}_1^{(0)}=37$将数据进行还原处理，可得$\hat{x}_t^{(0)}$的模型值见表5-11。为了提高精度，使预测结果更具有可靠性，还可以对GM(1，1)模型进行残差修正，建立相应的误差修正模型。

表5-11　计算结果

t	$\hat{x}_t^{(1)}$	$\hat{x}_t^{(0)}$	$x_t^{(0)}$	$\varepsilon_t=\hat{x}_t^{(0)}-x_t^{(0)}$	$\lvert\varepsilon_t-\bar{\varepsilon}\rvert$
1	37.00	37.00	37	0	0.545
2	74.07	37.07	40	−2.93	2.385
3	119.57	45.50	45	0.50	1.045
4	175.40	55.83	55	0.83	1.375
5	243.92	68.52	68	0.52	1.065
6	328.10	84.08	85	−0.92	0.375
7	431.18	103.18	105	−1.82	1.275

1）残差检验。根据表5-11第5列有

绝对误差序列 {0，2.93，0.50，0.83，0.52，0.92，1.82}。

相对误差序列 $\{\frac{0}{37},\frac{2.93}{40},\frac{0.50}{45},\frac{0.83}{55},\frac{0.52}{68},\frac{0.92}{85},\frac{1.82}{105}\}$={0，7.32%，1.11%，1.51%，0.76%，1.08%，1.73%}。

最大相对误差为7.32%，大于5%，个别项精度不高。

2）关联度检验。首先计算关联系数，由绝对误差序列可知 $\Delta_{\min}=0$，$\Delta_{\max}=2.93$，ρ 取0.5，由式（5-28）得

$$\xi(1)=\frac{\Delta_{\min}+\rho\Delta_{\max}}{\Delta(1)+\rho\Delta_{\max}}=\frac{0+0.5\times2.93}{0+0.5\times2.93}=1$$

$$\xi(2)=\frac{0+0.5\times2.93}{2.93+0.5\times2.93}=0.33$$

$$\xi(3)=\frac{0.5\times2.93}{0.50+0.5\times2.93}=0.75$$

$$\xi(4)=\frac{0.5\times2.93}{0.83+0.5\times2.93}=0.64$$

$$\xi(5)=\frac{0.5\times2.93}{0.52+0.5\times2.93}=0.74$$

$$\xi(6)=\frac{0.5\times2.93}{0.92+0.5\times2.93}=0.61$$

$$\xi(7)=\frac{0.5\times2.93}{1.82+0.5\times2.93}=0.45$$

其次，计算关联度

$$r=\frac{1}{n}\sum_{k=1}^{n}\xi(t_k)=\frac{1}{7}(1+0.33+0.75+0.64+0.74+0.61+0.45)=0.65$$

$r=0.65$ 是满足 $\rho=0.5$ 时检验标准（$r>0.6$）的，通过关联度检验。

3）后验差检验。残差平均值为

$$\bar{\varepsilon}=\frac{1}{7}\sum_{t=1}^{7}\varepsilon_t=-0.545$$

残差方差值为

$$S_1^2=\frac{1}{n-1}\sum_{t=1}^{n}(\varepsilon_t-\bar{\varepsilon})^2=1.978$$

初始数据平均值为

$$\bar{x}^{(0)}=\frac{1}{n}\sum_{t=1}^{n}x_t^{(0)}=62.14$$

初始数据方差值为

$$S_2^2=\frac{1}{n-1}\sum_{t=1}^{n}(x_t^{(0)}-\bar{x}^{(0)})^2=643.476$$

后验差比值为

$$C=\frac{S_1}{S_2}=\sqrt{\frac{1.978}{643.476}}=0.055$$

当$C<0.35$时满足精度要求，而$C=0.055<0.35$，故所得GM(1，1)通过后验差检验。

小误差概率为

$$P=\{|\varepsilon_t-\bar{\varepsilon}|<0.674S_2\}$$
$$0.674S_2=17.10$$

由表5-11中$|\varepsilon_t-\bar{\varepsilon}|$的值可见，其中各项均满足$|\varepsilon_t-\bar{\varepsilon}|<0.674S_2=17.10$，故判断所得GM(1，1)模型可以进行参数的短、中、长期预测。该地电网2017—2021年各年度用电量预测结果见表5-12。

表5-12　　预 测 结 果　　（单位：亿kWh）

年份	2017	2018	2019	2020	2021
用电量预测	126.62	155.38	190.68	234.00	287.16

第七节　定性预测方法

一、专家经验法

专家经验方法分为专家会议法和德尔菲法。专家会议法是组织有关方面的专家，通过会议的形式，面对面地讨论问题，对未来的电力供需形势进行分析预测，然后在专家判断的基础上，综合专家意见，得出最终的电力需求预测。专家个人判断难免受个人专业、学识、经验和能力的影响，需要召集行业相关专业的专家们，利用群体智慧，集思广益，并通过讨论、交流达成共识，为正确决策提供依据。这种方法的缺点如下。

（1）专家的判断难免受个人专业、学识、经验和能力的影响。

（2）权威者的意见往往起主导作用，影响专家得出正确的结论。

德尔菲（Delphi）法是在专家个人判断和专家会议法的基础上发展起来的一种专家经验法，它可以避免专家会议法的缺点。德尔菲法不通过会议形式，而是通过书面形式独立地发表个人见解，专家之间的身份相互保密，但专家的见解可以相互参考，经过多次反复，给专家以重新考虑并修改原来意见的机会，最后综合给出预测结果。

德尔菲法最初用于科学发现和技术发明的预测，后来逐步用于经济预测。它在电力系统中可以用来预测未来哪些电力技术将有突破性发展，这种突破性发展将在何时发生；某一地区哪一时期的用电水平将有何等显著变化，未来一年或几年全国或地区发电量及用电量的预测等。德尔菲法分以下几步进行。

（1）准备阶段。确定专家组成员，他们应该对电力预测问题具有专家级水平，并且积极发表意见。一般选10～20人为宜；拟订提出的问题，问题要明确，便于专家做出简洁的回答；搜集专家们可能用到的资料。

（2）第一轮预测。把所需资料及提出的问题分送给各位专家，请他们按要求回答问题给出意见，注明回收日期，以便及时收回材料。

（3）反复预测。把专家首次意见加以综合，归纳出几种不同意见，再次分送给专家们复议，他们在比较自己意见和别人意见的基础上，确定是否修改自己的意见，然后把第二次判断意见收集起来，再次归纳分析。这样反复3～4次即可将专家们的意见趋向一致。

（4）得出预测结果。可用统计方法对最后一次专家意见进行分析，得出预测结果。

德尔菲法克服了专家会议法的不足，节约了专家们的时间、行程费用，使专家们可以方便地安排时间、思考问题并发表意见。德尔菲法的特点为：

1）匿名性。德尔菲法通过匿名信函的方式收集专家意见，专家背靠背地发表意见。专家们只同组织者发生联系，专家之间不存在横向联系。以减少交叉影响和权威效应，使专家毫无顾忌地发表和修改自己的意见。

2）反馈性。德尔菲法通常要经过3～4轮专家意见征求，而且每轮都将上轮较为集中的意见或部分信息反馈给专家，供专家修改自己意见时参考。德尔菲法以信函方式征询专家意见，具有费用低的经济性，同时，又通过广泛聘请专家，能在较大范围内，征询各个方面专家意见，达到集思广益的效果。

3）收敛性。每轮意见收集后，组织者都将意见进行处理，根据专家意见集中程度，重新整理问题，再次征询专家意见，进而使意见趋于集中。

4）广泛性。德尔菲法采用通信函询方式，可以在比较广泛的范围内征询专家意见，不仅可以用于有历史资料和无历史资料情况下的预测，还可以用于近期探索性和远期开放性情况下的预测。

二、类比法

类比法是对类似事物进行对比分析，通过已知事物对未来事物或新生事物做出预测。例如，要建一个经济开发区，从动工兴建到正常运作，逐年的电量需求是一个新事物，需要在规划设计时做出预测，以便统筹安排。由于没有历史数据，不可能进行模型预测，这种情况下，采用类比法是有效的。找一个已建成的经济开发区，与待建开发区进行比较，找出它们的共同点，利用相似和比例关系，对待建开发区的电量需求做出预测，注意它们的不同之处，由此对预测结果进行调整。

在用类比法时，用于比较的两个事物对研究的问题具有相似的主要特征，这是比较的基础。两事物之间的差异要区别处理，有的可以忽略，有的可用于对预测作个别调整或系统调整。

三、国际比较法

在进行全国范围的电力负荷预测时，往往可以采用国际比较法。它是拿本国的经济发展情况及用电需求情况进行对比分析，并参照国外的电力消费资料确定本国的电力需求量。

国际比较法的关键是选择适宜的对比国家，一般选经济发达、经济结构与本国有某种相似性的国家作为比较对象。国际比较法的一般步骤是：

（1）搜集国外历年的经济发展资料（如国民生产总值）及相应年份的用电量和用电负荷资料。

（2）收集我国预测期的经济发展目标（国民生产总值）指标数及基年的经济指标（国民生产总值）。

（3）根据我国基年的国民生产总值，确定我国目前（基年）相当于比较国家历史上的哪一年份，再分析该国从这一年的经济发展水平到我国预测年预定的经济水平经历了多少年，相应的用电量及用电负荷是多少，以此作为我国初步的预测值。

（4）分析相比较国家与我国用电结构及科技水平的差异，可能对用电量及用电负荷产生的影响，对上述初步预测值进行适当的修正后，便可以得到我国的相应预测值。

第六章　电力供应分析

第一节　电力市场供应分析

电力供应分析是电力市场分析预测研究的一个重要组成部分。电力供应分析是否合理，将直接影响电力市场运行的可靠性、经济性、电能质量、网络结构和电力市场的发展。因此电力供应分析在电力市场分析预测中有着十分重要的地位。电力供应分析所涉及的范围很广，它包括能源、电源、电网、经济、技术、政策、价格、分析方法、计算模型、计算软件等诸多领域，分析工作量大且分析工作复杂。从内容、方法和工作目标上讲，我们可以将电力供应分析分为电力供应能力分析和电力供需平衡计算（或称电力电量平衡计算）分析两大方面。

各省、市、自治区、直辖市等的全社会用电量就供给侧而言，包括三部分：一是省网统调发电厂的发电量和购电量；二是地区调度发电厂发电量和独立发电厂的上网电量；三是其他发电厂发电量（县调发电厂发电量和自备发电厂发电量）。就市场而言，也可以说是分三级电力市场。在省级电力市场供需形势分析中，采用的是省网统调最大负荷，年负荷曲线以及月、周、日的负荷特性必须与统调负荷相适应。这里值得注意的是月最大负荷的选取方法，我国有两种选取方法：一为最大负荷日的瞬时值，二为最大负荷日小时整点值。

电力供应能力分析涉及能源、电源、电网、经济、技术、政策、价格等领域。

一、能源分析

电力是二次能源，是由水能、煤炭、石油、天然气、核能等一次能源转化而来的。

在电力供应能力分析中主要应分析能源资源、能源政策、能源开发、能源生产、能源技术、能源供应（包括能源运输）、能源价格等因素对电力供应能力的影响。年度分析着重在能源生产、能源供应和能源价格对电力供应能力的影响上；较长时期分析还要包括对能源资源状况、能源开发、能源技术、能源政策等的分析。

能源资源状况分析的内容有：不同能源资源的地域分布、资源的数量和质量、经济和技术可开发量、外区甚至境外能源可供量等。水力和一般化石燃料能源不同，其资源量的大小会因天气的影响而发生变化，因此在分析水力资源时要分析不同来水条件下（或称为不同水文年）的资源状况。对于电力供应能力分析来说，可供发电的能源资源状况分析是能源资源状况分析的重点。

中国能源资源具有分布不均和资源量相对集中的特点。以省、市、自治区、直辖市划分，常规能源资源量（石油、天然气、煤炭和水力总和）上海最少，蕴藏量为零（不计直辖市，省、自治区中能源资源量最少的是海南，约 0.6 亿吨标煤）；山西常规能源最多，为 1549 亿吨标煤（占全国的 25%）。在能源资源分布不均的同时，资源量又相对集中在少数资源点上。能源资源的这种分布特点，决定了能源供应成为影响电力供应能力的重要因素。能源供应分析应包括现状和未来发展两方面，内容有供应方式、运量、发电能源运输比，供应技术、限制因素等。

能源技术是指能源利用的技术。在能源技术对电力供应影响分析中着重分析的是发电技术。能源的未来图景直接取决于能源技术的发展方向和发展速度。同时，能源技术又是能源领域最难以预测的环节之一。关于技术发展的长期预测主要出现在一些专业的预测中，比方说，国际能源署发布的《能源技术展望》。关于技术优先发展方向及其调整的短期预测则主要体现在，比方说，世界能源理事会发布的《世界能源问题监测》之中。世界能源理事会最新的监测情况显示，对于在能源领域领跑全球的国家来说，目前最需要积极发展的能源技术方向就是能效和可再生能源。此外，数字技术、分布式、创新型市场结构和储能等技术重要性的迅速提升，也成为能源技术发展的优先方向。

当前，全世界许多国家，尤其是大型的能源生产国和大型的能源消费国，都明确了各自的能源技术优先发展领域，同时，出于加强气候治理的客观需要，这些国家还对此前制定的能源战略做出了调整。鉴于能源技术的发展存在诸多不确定性，不同版本的预测中对未来最具前景能源技术的认识各有侧重，再加之燃料动力综合体对不同国家经济的贡献程度有所差异，各个国家纷纷针对自身特点制定出了独具本国特色的技术优先发展战略。这些战略既反映了各国不同的经济发展水平（发达国家和发展中国家），又反映了他们不同的能源自给程度（能源进口国和能源出口国）。跟踪和分析主要能源生产消费国的能源技术发展趋势对于评估未来的国际能源合作具有十分重要的意义。

能源价格对电力供应能力的影响十分巨大。在年度分析中这方面的情况分析尤为重要。能源价格包括煤炭、石油、电力等产品的价格。好的能源价格政策可促进生产，鼓励节约，使能源尽可能地获得充分合理、最有效的利用。

能源生产的多环节和能源品种的多样化，形成多种能源价格。多种能源价格之间由于产业的关联和产品的替代与互补性构成密切的内在联系，在这个基础上，通过政策干预，使各种能源品种价格比能反映能源发展的优先次序及能源生产运输消费及各个环节的关系，即能源价格体系。合理的能源价格体系是在充分发挥市场对资源的优化配置的基础上，通过适度的价格干预，体现优先发展的能源供应环节，品种及领域，即通过价格体系的建立体现国家能源发展战略重点及目标。

二、电源结构、电源特性及调峰能力分析

电源结构、电源特性及调峰能力对电力供应有着重要的影响。按照电站使用的能源分类，可以把电站分为以化石类为燃料的电站以及以再生能源为动力的水电、风电、潮汐发电和太阳能等的电站。化石类电站（如煤电、燃气电站等），只要有稳定的燃料供应，一般不受外部条件的限制，发电出力较为稳定；而以再生能源为动力的电站，易受外部环境的影响，发电出力常有波动，与需求时常不能同步。例如，水电比例大的地区，夏季高温时段，空调降温负荷增加很快，但水电的发电出力受天然来水的控制，不同的水文年出力变幅很大，因此在电力供应分析中，需选取适当的数据进行分析。在年度电力供应影响的分析中，应结合水文、气象等方面的资料，对下一年度的来水进行分析预测，这对于制定电力供应策略十分必要。在长期电力供应影响的分析中，一般选取系统长序列水文资料中的不同代表水文年（如丰、平、枯水年）进行水电出力分析。

在电力供应分析中，还应考虑电源的不同特性及其装机比例、水电机组与火电机组的相互配合、风电、光伏发电等新能源电力与电网消纳、储能相互协调，水电比例大的地区应考虑

天然来水的影响，火电为主的地区要分析电源的调峰能力，以及是否有适应负荷的快速变化的能力，以满足电力需求等。

三、与外区电力电量交换的能力及购售电价对电力供应能力影响

与外区进行电力电量交换是实现资源优化配置，提高电网供电能力的有效手段之一。

由于不同地区间存在气候、产业结构等方面的差异，导致电力负荷特性不尽相同，同时地区间的电源结构也存在差别。因此深入分析相关地区的负荷及电源特点，实现各省区互联互通，促进资源优化配置，就可以实现电网效益最大化。水电比例大的地区与以火电为主的地区联网，可充分发挥水电调峰能力，利用水电的季节性电能提高火电利用小时数，相应地提高电力供应能力。

考虑外区电力时要分析外区的电力需求及供应情况，分析其富裕时段以及外送能力，只有在外区电力富裕时段以及有外送能力时，外区电力才能在本地区电力供应中加以应用。

外区电力购售电价在电力供应的不同时段影响不同。在电力供应平稳时段，电价可能成为从外区购电首要考虑因素（一般此时水电的季节性电能通常成为区间电量交换的主体）；而在缺电阶段，满足电力供应便成为第一目标。

第二节 电力电量平衡

一、运行模拟

运行模拟是模拟发电系统在分析期内不同时段（年、季、月、日）的运行方式，以校验此时系统装机容量是否足够，装机结构是否合理，各电站（或机组）的工作容量和在负荷曲线图上的工作位置，从而确定系统是否还需再增加装机、各发电厂（或机组）的发电量、系统弃水电量、备用容量或可靠性指标等。在运行模拟中，如果引入了某种随机量，则这种运行模拟称为随机运行模拟；如果将各量均按确定性数据处理，则称运行模拟为确定型运行模拟。目前，大多数的随机运行模拟只考虑了发电机的停运概率，有少数的随机运行模拟也引入了负荷预测数据的随机性，极个别随机运行模拟引入了水力发电厂来水量的随机性。

电力系统确定型运行模拟实际上是电力系统常规的规划和设计中所讲到的电力电量平衡。通常，电力电量平衡校验是在系统负荷、各电厂装机容量和水力发电厂补偿调节数据均已给定的条件下，按照一定的原则或优化目标函数将系统各个或各类电站在负荷曲线图上进行安排，以确定各个电站在负荷曲线图上的工作位置和工作容量，从而得出各电厂发电量、备用容量、空闲容量、弃水电量等有关数据。目前我国电力部门所做的电力电量平衡大多数是在日负荷曲线上进行，少数也有进行周平衡的。

电力电量平衡的实质是研究电力系统的供求关系问题，即研究电力系统中的发电厂如何满足系统在功率和电量方面的需求。

二、电力系统的容量组成

1. 装机容量

装机容量是指发电厂各个发电机铭牌上标明的额定容量的总和。水力发电厂的装机容量由必需容量和重复容量两部分组成。必需容量是维持电力系统正常供电所必需的容量。电力系统用电负荷在某一水平时，若装设了水力发电厂的必需容量，其他发电厂就可以少装同等数量的容量，因此必需容量又称为替代容量。重复容量是指不能用来担负系统的正常工作，仅在汛期多发季节性电量，它是替代火电电量、减少火力发电厂燃料消耗而装在水力发电厂上的容量。水力发电厂的重复容量是在一定的设计负荷水平、供电范围、设计保证率条件下选定的。当上述条件改变时，重复容量有可能转化为必需容量。水力发电厂的必需容量由工作容量与备用容量组成。

2. 工作容量

工作容量是指担任电力系统正常负荷的容量。因为电力系统的负荷是随时变化的，所以工作容量也是变化的，通常所说的工作容量是指担任系统正常负荷最大值的容量。

3. 备用容量

为确保供电可靠性和电能质量，电力系统应具有一部分容量以备急需，这部分容量称为备用容量。备用容量由事故备用容量、负荷备用容量和检修备用容量组成。事故备用容量是指系统内某些机组发生事故时或发电厂预想出力突然下降时，为避免系统停电而装设的容量；负荷备用容量是用来维持电力系统标准频率和负担计划以外的短时负荷或超过正常最大负荷以外的脉动负荷所需要的容量；检修备用容量是指电力系统中进行计划检修而专门装设的容量。电力系统的备用容量可以装在水力发电厂上，也可以装在火力发电厂上，根据这些发电厂的特性及它在电力系统中的工作条件来决定。

电力系统的容量组成为

$$C = C_1 + C_2 + C_3 + C_4 + C_5$$

式中：C 为系统装机容量；C_1 为水电装机容量；C_2 为火电装机容量；C_3 为核电装机容量；C_4 为风电装机容量；C_5 为光伏装机容量。

或者

$$C=C_{11}+C_{21}+C_{12}+C_{22}+C_{13}+C_{31}+C_{32}+C_4+C_5$$

式中：C_{11}为水电工作容量；C_{21}为火电工作容量；C_{12}为水电备用容量；C_{22}为火电备用容量；C_{13}为水电重复容量；C_{31}为核电工作容量；C_{32}为核电备用容量。

4. 空闲容量

在电力系统运行的过程中，由于负荷的变化，有时会出现一部分容量暂时未被利用的情况，这部分处于空闲状态的容量称为空闲容量 C_s。

5. 受阻容量

由于各种原因，电力系统中有一部分容量不能被利用（即不能工作），这部分容量称为受阻容量 C_b。这些受阻容量，对于水力发电厂来说，可能因水量不足或水头降低所致。对于火力发电厂来说，可能是燃料的含热能量太低、汽机的真空度低落或热能输出情况变化等。但必须指出，在不同情况下 C_b 的性质会有所不同。例如，当水力发电厂水量不足时，停止运转的机组是水力发电厂的备用容量，也就是说它可作为站内备用（不是系统备用）。但由于水头不够所造成的出力不足，在该水力发电厂无法补偿。

当电力系统中出现空闲容量和受阻容量时，容量组成为

$$C = C_w + C_r + C_s + C_b$$

式中：C_w 为工作容量；C_r 为备用容量。

三、各类发电厂的技术特性及其运行方式

（一）火力发电厂

1. 火力发电厂的技术特性

火电机组根据其结构特点一般可分为凝汽式机组和供热式机组两大类。

煤、油或天然气为火力发电厂的动力来源，只要煤（油或气）供应有保证，从理论上讲，机组在正常运行条件下，应能发出额定容量。但受运行条件和结构的限制，经常不能按额定容量运行，因此，在研究火力发电厂运行方式时，要关注机组的出力限制与技术最小出力问题。

火力发电厂设备复杂，易发生事故。除了偶然发生事故被迫停机外，汽轮机在正常运行条件下，也不能持续发出额定容量，其原因是多方面的。因此，在进行电力系统电力平衡时，必须具体了解所在系统各个火力发电厂出力受到限制的具体条件。

技术最小出力，或称最小允许运行出力，是指燃烧相当稳定，并不产生有害后果时机组能发出的最小出力。

衡量火力发电厂运行好坏的一项重要综合经济指标为煤耗率，它以发出每度电所消耗的标准煤的数量表示。当火电机组担负稳定负荷时，煤耗率低；当带变动负荷时，煤耗率会升高。

2. 火力发电厂的运行方式

根据不同类型火电机组的特点，火力发电厂在电力系统中的运行方式（即在负荷图上的工作位置）如下。

（1）凝汽式机组。

1）凝汽式机组应尽可能地带稳定负荷，避免带尖峰负荷。

2）凝汽式机组尽可能地在汽轮机的经济区域运转，从而达到最低的煤耗率。剩余部分出力可作为电力系统的热备用。

3）凝汽式机组工作负荷不应小于机组的技术最小出力。

4）凝汽式火力发电厂各机组应按单位煤耗率增长的顺序增加负荷。尽量先使单位煤耗率小的机组带负荷。

但凝汽式火力发电厂在以下情况必须负担系统频率调整任务。

1）当水力发电厂全部容量在洪水期都用于发电时。

2）当日调节水力发电厂停止运行时。

3）当水力发电厂负荷备用容量不足以调整系统频率时。

（2）供热式机组。

供热式机组的运行方式原则上应按照强制的热负荷图来工作（尤其是背压式机组），一般带基荷运行。由于抽气式机组具有凝汽部分，不完全受热负荷的限制，可以有相当的范围调节汽轮机容量。

若热负荷资料缺乏，无法制定热负荷曲线，设计时可将供热式机组放在基荷运行。若热负荷资料齐全，应编制热负荷曲线，在确定其运行方式时，应将热电联产电厂（简称热电厂）运行方式分为热负荷运行及凝汽运行分别考虑。

（二）水力发电站

1. 水力发电站的技术特性

（1）水力发电站的主要设备为水轮机、发电机及其附属设备等。水力发电站设备少，结构简单，运行灵活，启动迅速，适于变动负荷，可以灵活调峰、调频、调相及用作事故备用。

（2）水力发电站的工作状况，取决于天然来水量的多少，水库调节能力的大小和其他限制条件（如综合利用等）。因此，水力发电站的出力和发电量的变化较大。

(3) 水轮机的限制出力由当时的流量和水头决定。技术最小出力受水轮机设备的振动、汽蚀等条件的限制，每一台水力发电站机组的最小出力应根据试验确定。

2. 水力发电站的运行方式

水力发电站按运行方式可分为无调节水力发电站及具有调节能力的水力发电站。

(1) 无调节水力发电站。无调节水力发电站出力的大小取决于天然来水量，因此它不宜带变动负荷。为了减少水量损失，无调节水力发电站一般带基荷工作。但在晚间低谷负荷时，因火力发电厂供热的需要或保证技术最小出力，此时无调节水力发电站应减少一部分负荷，可能被迫弃水。

(2) 具有调节能力的水力发电站。这类水力发电站包括具有日调节、周调节、年调节（或季调节）和多年调节的水力发电站。它可以使一日内的天然来水经过水库的调节，适应负荷的变化，因此在电力系统中主要由它来承担负荷的尖峰或腰荷工作。它在负荷图的尖峰工作，其优点如下。

1) 具有调节能力的水力发电站带尖峰负荷，可以充分发挥水力发电站的运行灵活性、经济性特点，最大限度地替代火力发电厂，较为合理地利用水力资源，减少弃水。

2) 具有调节能力的水力发电站可以使火力发电厂在基荷稳定地工作，提高火力发电厂的发电效率，节省煤耗，降低成本，并获得间接效益（如运输等）。

3) 水力发电站与火力发电厂的合理地配合运用，提高了供电质量，降低了事故概率。

具有调节能力的水力发电站的运行缺点是它带尖峰负荷工作，使上下游水位随时变动，能量有一定的损失，巨型水力发电站应特别注意能量的损失。一般情况下，日调节损失占多年平均发电量的1%～3%，可以忽略不计。

有日调节能力的水力发电站根据水库容积大小，其运行方式又可以分为以下两种情况。

a. 水库容积较大时，水力发电站在电力系统日负荷图上的工作，完全满足日负荷要求，不受水库容积的限制。它在日负荷图上工作容量的大小取决于天然径流与水库的调节库容。

如果水力发电站的装机容量已定，水力发电站的工作容量小于按日电量担负日负荷曲线尖峰时的工作容量时，水力发电站在日负荷图上的工作位置应下移。如果日平均出力增大，则该水力发电站的工作位置须下移至基荷工作。

b. 水库容积较小时，不能满足水力发电站昼夜在日负荷图的尖峰工作。为了合理地利用水力资源和有限的日调节容积，应当求出水力发电站在日负荷图上的有利工作位置。

对于水库容积有限制与无限制的日调节水力发电站，其工作情况在年内变化基本上是相同的。丰水期它们工作在基荷，枯水期它们工作在峰荷，其他时间处于基荷与峰荷之间。

具有年调节能力的水力发电站，可以将年内的天然径流经水库的蓄泄按照年负荷变化要求重新分配。在平水年份，水库的蓄泄情况可分为供水期、蓄水期和天然径流期。供水期水力发电站在峰荷工作，天然径流期是水库由供水到蓄水过渡时段，或水库蓄满后到供水开始的过渡时段，水力发电站在负荷图上的工作位置由峰荷转入到腰荷甚至基荷。在丰水期，若装机容量满发但仍有弃水，则这时水力发电厂在基荷工作。

有多年调节能力的水力发电站，可以将天然来水在连续几年内完全按照电力系统负荷变化要求重新分配，丰水年水量经过水库的调蓄挪到枯水年使用，使丰水年丰水期的弃水量减少。有多年调节能力的水力发电站也可以进行年调节和日调节。遇到枯水年份，水力发电站的工作位置可以全年在负荷图的尖峰工作，仅当多年调节水库容积已经蓄满时，水力发电站在系统日负荷图的工作位置才往下移至基荷，这时水力发电站的工作情况和年调节水力发电站一致。

3. 水力发电站群的特点及运行方式

在水能设计中，必须考虑水力发电站群的特点和相互的影响，目的在于充分发挥各水力发电站的作用，研究合理运行方式，经济、充分地利用水力资源，提高各水力发电站的保证出力和电量。

进行运行方式设计时，必须建立全局观点，从电力系统整体效益最大化考虑问题。在分析、掌握各个不同类型水力发电站情况和特点的基础上，做到水力发电站之间、水力发电站与火力发电厂之间取长补短，互相配合，充分利用它们有利的一面，避免不利的一面，发挥已运行水力发电站的作用，各种调节性能水力发电站间进行水文、库容补偿，达到既能提高枯水期的出力，又能多发电量的目的。

在确定水力发电站群工作位置及运行方式时必须考虑以下问题。

（1）水力发电站间的补偿调节作用。充分发挥电力系统中各水力发电站的水量及库容补偿效益，以提高全系统的保证出力与发电量。

（2）梯级水力发电站的调节性能。当梯级水力发电站中最上一级具有年（季）调节而以下各级为无调节或日调节、周调节时，可将全梯级当作一个水力发电站看待，参与系统的补偿调节；当上下级水力发电站均具有年（或季）调节性能时，应研究各水力发电站的最优蓄泄方式问题。

（3）水力发电站承担综合利用的任务。为满足综合利用部门的要求，应对水力发电站运行方式的限制条件加以分析，如部分水力发电站下游有航运任务，枯水季节须维持河道一定数量的基流，水力发电站应以一定数量的机组在基荷工作等。

（4）结合电力潮流分析各水力发电站的建设地点和经济合理的供电地区。

（5）水力发电站在调峰时尽量避免弃水。在以水力发电为主的电力系统中，由于火电机组某些条件的限制，水力发电站在洪水期经常需要调峰，势必大量弃水。在这种情况下，确定水力发电站的运行方式应特别慎重，尽量减少弃水。

（三）抽水蓄能电站及其运行方式

抽水蓄能电站兼备抽水和发电两类设备。它的运行方式是：在电力负荷低谷或丰水时期，利用电力系统富裕电力，将下水库水抽到上水库，以位能形式储存起来；待到系统负荷高峰或枯水时期，再将上水库水放下，驱动水轮发电机组发电，并将电力送往电力系统，这时，用以发电的水体又回到下水库。由于上水库建设困难且在抽水—发电的转换中有较大的能量损失，抽水蓄能电站的上水库一般都比较小。

抽水蓄能电站有抽水和发电两种运行方式，因此在其建设规模和建设地点的选择上，除了要考虑工程建设方面的一些限制因素外，还要分析其运行对电网的影响。

抽水蓄能电站在电力系统中主要承担四项任务。

（1）调峰。抽水蓄能电站发电机组的负荷变动响应能力很强，可以很好地承担系统调峰需求。

（2）填谷。抽水蓄能电站利用电力系统在后半夜或周末的富裕电能抽水、可使火电机组不必降低出力或停机运行，提高系统的安全性、稳定性和经济性。

（3）备用。抽水蓄能电站机组启停灵活、迅速，很适于在电力系统中担任备用。

（4）调频。抽水蓄能电站机组承卸负荷迅速灵活，负荷跟踪性能好，是系统调频的良好工具。

（四）核电站及其运行方式

核电站的能量来源于反应堆核燃料内发生的可控核裂变链式反应。核裂变不仅释放出能量，同时产生具有强烈放射性的裂变产物及中子活化产物，裂变链式反应的控制及放射性产物的处理是核电站所特有的。核电站的运行特点是在运行时要确保安全，不能让超量放射性物质逸出站外对周围环境产生有害影响，同时又要提高经济性，使其在能源市场中具有竞争力。

核电站除了有原子能反应堆外，还有汽轮发电机组。它的汽轮发电机组与一般火力发电厂的汽轮发电机组大体相同。

从理论上讲，核电站的最小技术出力限制是很小的。但核电站造价高，燃料费用相对较低，为了提高经济性，核电站应在额定功率或尽可能接近额定功率的情况下连续运行，以使核电站具有较高的容量因子，因此核电站宜承担基荷运行。

核电站有负荷变化限制。为确保燃料元件的安全，压水堆功率渐增每分钟不得超过 5% P_N（额定功率），阶跃一次不超过 10%P_N。在更换新燃料或长期停堆后重新启动的情况下功率增长限制为每小时 3%P_N。

核电站反应堆堆型种类很多，目前技术比较成熟、投入商业运营的主要有压水堆、沸水堆、重水堆等几种堆型。

（1）压水堆。压水堆的反应堆芯放置在一个大型压力容器内。核燃料裂变时产生的中子，需要减速才能维持堆芯内铀 235 的链式反应；核燃料裂变时产生的能量（热）需要不断地传走，才能做功。压水堆中的水同时承担了中子减速慢化剂和传递能量载热剂（冷却剂）的双重功能。水在大气条件下的沸点只有 100℃，为了提高它的载热效率，要求在 300～350℃范围内不沸腾，就必须使水保持高压。正是由于反应堆内的水处于高压下工作，这种堆型被称为压水堆。从反应堆压力容器出口的高温高压水，把热量在蒸汽发生器内传给二回路的水和蒸汽，经过循环泵再打进压力容器，周而复始。这个高压回路被称为核电站的一回路，也称主回路。一回路的另一侧为二回路，它是通过蒸汽发生器吸收反应堆里传出的热量，把水加热成蒸汽，用以推动汽轮发电机组，完成能量转换。

（2）沸水堆。沸水堆是在压水堆的基础上，经过简化派生出来的。它通过降低压力，使水在堆芯沸腾后直接生成蒸汽，经过汽水分离，推动汽轮发电机组。堆内的水既作中子慢化剂，又作冷却剂。沸水堆省掉了蒸汽发生器，只有一个回路，而且回路压力和蒸汽温度都比压水堆低，使系统结构简化，制造难度降低。但沸水堆产生的蒸汽直接从反应堆芯出来，具有放射性，汽轮机部分必须采取防护措施。这给汽轮机和蒸汽回路的维修带来困难，会延长检修时间，影响电站利用率等。特别是水加热沸腾后，密度降低，对中子的慢化能力随之减弱，因此相对于同等功率的压水堆，沸水堆所需的核燃料会增多，反应堆体积会增大。

（3）重水堆。重水堆具有重水慢化性能好、吸收中子少特点，不仅可以直接使用天然铀作为燃料，而且可以使天然铀的利用率比轻水堆提高 15%以上，还可实现不停堆换料，即随时可以用新燃料元件替换已烧过的旧燃料元件。因此，重水堆核电站的利用率一般较轻水堆

(压水堆和沸水堆采用净化天然水作慢化剂和载热剂，相对重水而言，称为轻水堆。)核电站提高10%以上。重水堆也有缺点：由于它采用天然铀，堆芯和反应堆体积比相同功率的轻水堆大10倍左右；由于天然水中重水含量太低，制备重水费用高，建造和运行成本高。

(五)燃气轮机发电厂及其运行方式

燃气轮机是以连续流动的气体为工质带动叶轮高速旋转，将燃料的能量转变为有用功的内燃式动力机械，它是一种旋转叶轮式热力发动机。

燃气轮机主要由压气机、燃烧室和燃气透平等组成。燃气轮机的工作过程是：压气机(即压缩机)连续地从大气中吸入空气并将其压缩；压缩后的空气进入燃烧室，与喷入的燃料混合后燃烧，成为高温燃气，随即高温燃气流入燃气透平中膨胀做功，推动透平叶轮带着压气机叶轮一起旋转；加热后的高温燃气的做功能力显著提高，因而燃气透平在带动压气机的同时，尚有余功作为燃气轮机的输出机械功。燃气轮机由静止起动时，需用起动机带着旋转，待加速到能独立运行后，起动机才脱开。

压气机有轴流式和离心式两种，轴流式压气机效率较高，适用于大流量的场合。在小流量时，轴流式压气机因后面几级叶片很短，因此效率低于离心式。功率为数兆瓦的燃气轮机中，有些压气机采用轴流式加一个离心式作为末级，因而在达到较高效率的同时又缩短了轴向长度。

燃气轮机有重型和轻型两类。重型燃气轮机的零件较为厚重，大修周期长，寿命可达10万h以上。轻型燃气轮机的结构紧凑而轻，所用材料一般较好，以航空发动机的结构为最紧凑、最轻，但寿命较短。

功率在10MW以上的燃气轮机多数用于发电。燃气轮机能在无外界电源的情况下迅速起动，机动性好。燃气轮机所用燃料为油或天然气，相对于煤而言，燃料费用高。综合上述情况，燃气轮机发电机组在电网中主要应承担峰荷或作为备用机组。

(六)风电场及其运行方式

风能属于可再生能源，它不随自身的转化和利用而减少。风能又是一种过程性能源，它不能被直接储存，只有转化为其他能源后才能被储存。风能在利用时无污染，它的利用有着巨大的环境保护意义。风能密度很低，因此其利用装置体积大，耗用材料多，投资相对较高。受天气情况的影响，同一地点的风力的大小是变化的，这种变化不能被控制。

风力发电是风能最重要的利用途径。风力发电是利用风能，推动风力机以带动发电机发电。风力发电主要有三种运行方式。

(1)独立运行。风力发电经过蓄电池蓄能后再供给用户使用。这种运行方式主要用于电网不能到达的边远农牧区、海岛、哨所等。

(2)并网运行。按一定排列方式安装风力发电机组，组成风电场。风电场发出的电力全部经变电设备送入电网。并网运行是风力发电的主要发展方向。因风能资源的变化性特点，风力发电存在电源不稳定问题(我国风电年利用小时数一般为2700h，新疆等一些地方可以达到3200h)。

(3)风力发电同其他发电方式互补运行，例如，风力-柴油机发电、风力-太阳能发电、风力-抽水蓄能发电等。风力发电同其他发电方式互补运行一般需要蓄电池，以减少因风力变化带来的发电量变化。它的好处是可减少其他能源的消耗。

风力发电的技术状况以及实际运行情况表明，它是一种安全可靠的发电方式。随着大型机组的技术成熟和产品商品化的进程，风力发电成本逐渐降低，已经具备了和其他发电方式相竞争的能力。风力发电不消耗化石能源、没有“三废”排放，具有广阔的发展前景，和其他发电方式相比，风电场的建设周期一般很短，一台风机的运输安装时间不超过三个月，万千瓦级风电场建设期不到一年，而且安装一台便可投产一台；装机规模灵活，可根据资金多少来确定装机容量，为筹集资金带来便利；运行自动化程度高，可完全做到无人值守；实际占地少，机组与监控、变电等建筑仅占风电场约1%的土地，其余场地仍可以供农、牧、渔使用；风力发电厂对土地要求低，在山丘、海边、河堤、荒漠等地形条件下均可建设；此外，风力发电厂在发电方式上还有多样化的特点，既可以联网运行，也可以和柴油发电机等组成互补系统或独立运行，这对于解决边远无电地区的用电问题提供了现实可能性。

四、电力电量平衡计算

（一）电力系统的月（周）调节系数

电力系统的负荷在一周内各日是有变化的，确定发电厂的工作容量时所依据的负荷曲线一般为最大负荷日的负荷，例如水力发电站求定工作容量的用水量大于其他负荷日的用水量，所以将水电月平均出力换算成日电量时，要考虑周内用电的不均匀性。

在一般情况下，周与周的负荷相对变化不大，可以用月负荷率代替周负荷率。

电力系统负荷的月不均衡性，基本上取决于具有共同休息日的各部门用电所占比例和月内负荷的增长以及生产节奏的不均衡性，此外有其他的偶然性因素，如气温的剧烈变动等。负荷的月不均衡性通常用月负荷率表示。

在电力系统中工作的发电厂，为了满足负荷在月（周）内的变化，发电厂在最大负荷日的日平均出力与电站月（周）平均出力之比来表示月（周）调节系数。

月（周）调节系数（k）＝最大负荷日平均出力/月（周）平均出力

当发电厂能满足系统负荷在月（周）内变化时，即完全适应系统负荷月负荷率σ时，有

$$k = 1/\sigma$$

当电力系统的σ值（或k值）确定后，便需要研究在电力系统的水力发电站、火力发电厂中如何解决系统负荷的月（周）不均衡性的问题，即根据电力系统的具体情况确定水力发电站、火力发电厂的k值。

1. 火力发电厂的月（周）调节系数的确定

火力发电厂的月（周）调节系数的确定主要取决于火力发电厂的月（周）调节系数本身的要求，即火力发电厂的月（周）调节系数一月内机组停机小修或分期检修的情况等。在一般情况下k_t＝1.09～1.05。例如据统计，某电力系统火电机组停机小修或检查的时间，平均每月约为30h，即

$$k_t = \text{每月小时数}/(\text{每月小时数} - \text{停机小时数}) = 30.4 \times 24 \div (30.4 \times 24 - 30) = 1.05$$

2. 水力发电站的月（周）调节系数的确定

水力发电站k_h的确定相对较复杂，它受到多个因素的影响，还与系统的月（周）调节系数有关。它有以下特性。

(1) 当电力系统的月（周）调节系数为某一定值，火力发电厂的月（周）调节系数大时，水力发电场的月（周）调节系数小。

(2) 水力发电站的月（周）调节系数随着水力发电站在负荷图上的位置和工作容量不同而变化，在负荷图上部时它的值大，在负荷图下部时它的值小。

(3) 当水力发电站保证出力小时，又在尖峰工作，则其月（周）调节系数大。

(4) 由于水力发电站调峰、调频作用，水力发电站的月（周）调节系数应大于电力系统和火力发电厂的月（周）调节系数。

(二) 电力电量平衡计算

基于常规方法的电力电量平衡最先要做的是根据系统中各类电站的技术经济特性，确定各类发电厂在日负荷曲线图上工作位置的安排原则和先后顺序。

根据各类发电厂的运行特点，首先应安排由外部条件或机组运行技术条件要求的发电出力在负荷的基荷部分，这些出力有径流式电站出力，有调节能力的水力发电站的强迫出力，有核电站，有热电厂与用热要求相应的机组出力等。

凝汽式机组在负荷变动时会引起额外的燃料消耗，而且负荷变化的速度也受到一定限制，所以应尽可能安排带比较稳定的负荷。

应安排在峰荷上运行的发电厂有：有调节能力的水力发电站的可调出力部分、调峰机组；如果还不能满足峰荷需求，凝汽式机组可带一部分峰荷。燃机电厂调峰的处理一般类似凝汽式机组。

抽水蓄能电站本来是作调峰用的，所以当调峰需要时，应将其安排在尖峰位置运行。

在电力电量平衡计算时，对抽水蓄能电站的抽水容量、风电容量（在电力系统中比例很小）、与外区按协议交换的容量的处理有多种方法，其中之一就是在平衡计算前用这些容量（根据其对系统是发电还是用电的特性）对系统负荷曲线进行修改。

具有调节能力的水力发电站的可调出力 W_{KT} 是指水力发电站由补偿调节确定的月平均出力 W_{YP} 和强迫出力 W_{QP} 之差

$$W_{KT}=k(W_{YP}-W_{QP}) \tag{6-1}$$

式中：k 为考虑一月中各天负荷不平均所取的调节系数，一般取 $k=1.05\sim1.0$，意思是将负荷较小的那些天少用的水量安排在负荷大的那些天用。

各个有调节能力的水力发电站安排的先后顺序，可以由规划设计人员规定，或者按照一定的原则自行排定。例如，可以根据可调出力与计算预想出力 W'_{YX} 之比 T_{KN} 的大小来安排，T_{KN} 小的安排在日曲线图上部，T_{KN} 大的安排在下部，各电站依次进行安排。

$$T_{KN}=W_{KT}/W'_{YX} \tag{6-2}$$

$$W'_{YX}=W_{YX}-W_{BB}-W_{QP} \tag{6-3}$$

式中：W_{YX} 为水力发电厂预想出力，它是由水头决定的可能发出的最大功率；W_{BB} 为根据水力发电站的条件和系统需要该水力发电站应预留的备用容量，如调频备用等。

在日负荷曲线上工作位置安排的原则是首先充分利用水库调度计划给定的水量，其次是充分利用水力发电站的发电机容量。某水力发电站在日负荷曲线图上所占的位置面积，即其发电量应和分配的水量相对应。而这块面积的最大高度，应等于或小于其计算预想出力，如能等于其计算预想出力则最理想，因此时发电机组的容量得到了充分利用。

这样安排完毕后，日负荷曲线图上空余部分即为凝汽式发电机组和热电机组凝汽部分所应承担的负荷。如图 6-1 所示，先安排了日负荷曲线图上最下面水力发电站、核电站、热电厂等部分出力所对应的工作位置和出力，再安排调峰机组和有调节能力的水力发电站的工作位置和工作出力，如图中阴影部分，余下空白部分即为凝汽式机组所应承担的负荷。如何分配凝汽式火力发电厂或机组间的负荷，从理论上讲，可以根据发电厂或机组的热力特性按等微增率原则进行分配。这需要较多的数据和计算工作量。

按上述原则排定各发电厂的工作位置和工作容量，它追求的目标是使系统中凝汽式火电机组的工作容量和发电量最小，它是通过充分发挥水力发电站、核电站、热电厂的容量和电量效益达到的。这实际上就是追求系统的整体经济运行，对规划来说也包含了使增补的凝汽式发电机组的容量最小，不过在方法上粗糙一些。

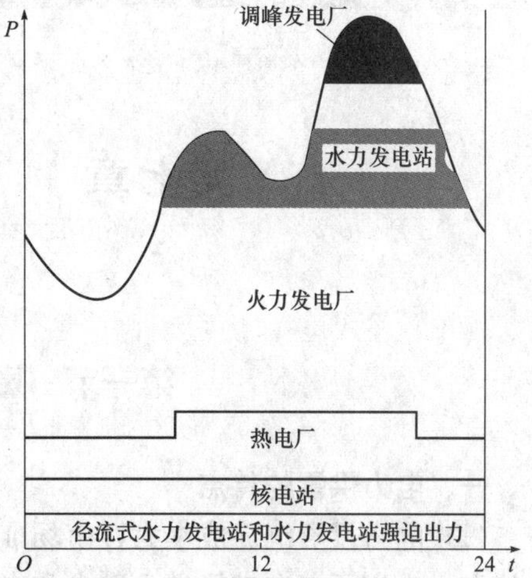

图 6-1　各类发电厂工作位置

综上所述，在进行电力电量平衡时，如果系统中只有凝汽式火力发电厂，则问题比较简单，可以按等微增率或各厂平均煤耗将负荷分配到各个发电厂或机组；如果系统中有水力发电站等限能发电厂时，则问题要复杂一些。

不同的模型有不同的电量平衡计算方法。电力电量平衡计算程序的总体工作图如图 6-2 所示。

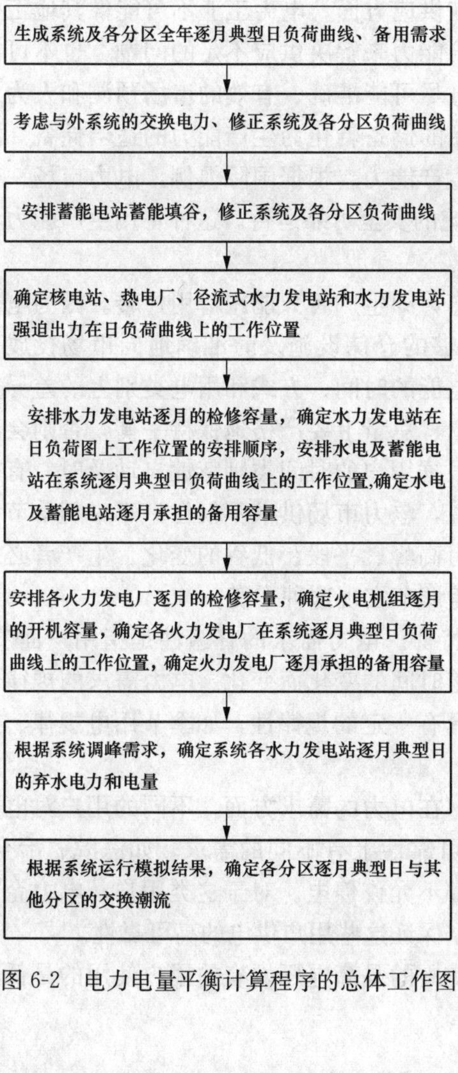

图 6-2　电力电量平衡计算程序的总体工作图

五、对策分析

进行电力供应能力分析和电力电量平衡计算，可以定性和定量地得出电力供需市场状况。根据电力供需市场状况，可以进行以下提高电力供应能力的对策分析。

在电力需求侧可以提出改善需求特性的措施以提高电网的电力供应效益。改善电力需求特性不仅不会减小电力需求量（这里主要是指电量需求），而且由于供电能力的提高反而有助于电力市场的开拓。在年度电力供应分析中，当电网供电能力不足时，安排用户错峰可以成为改善用电特性，以提高电网供电满足率的措施。在中长期电力供应分析中，最好不要采用安排用户错峰这样的做法，因为安排错峰往往要损害用户的利益，应采用提高电力供应能力的措施以满足电力需求的增长。

在电力供应侧，需要根据供需平衡的结果，提出分析期内电源开工、在建、投产规模，提出电源结构要求（峰荷、腰荷、基荷电源构成）以及电源分布等。好的电源布局，有利于电网输电效能的提高。提出分析期内消除电网薄弱环节，保障有效供应的有关措施。在年度分析中，可以提出优化运行方式的建议，以提高电网供电能力。根据电力供需平衡的结果，提出分析期内保障电力供应的其他相关措施，如燃料供应措施等。

第七章　电力供需分析

第一节　影响电力供需的主要因素

一、电力供需的特点

(1) 电力投资沉淀成本大，市场准入和退出相对较难。电力行业其资金密集、技术密集的特点，决定了它在市场进入壁垒和市场退出方面存在着较大的障碍。因此在竞争机制和实现供求机制的转换上，电力行业就不可能像其他行业那样可以及时有效地起到调控资源配置、促进生产要素优化组合的作用，相反会比较容易产生垄断和抑制竞争的诸多不合理因素，与此同时，也会出现较其他行业大得多的投资风险。

(2) 电力供应短期内难以形成迅速增长能力。在供应方面，电力工业不可能像其他工业部门那样，通过在短期内追加生产要素增加生产供给能力来解决供应不足的问题，也不可能用转移资产的方式实现供应能力的下降，而只能通过尽可能准确、有效的市场预测和人为地在投资上做到适度超前和规模上的适度扩大，将产品的储备转化为生产能力的适当储备。因此，电力市场的一个突出特点是保持有一定比例的生产能力。根据国际惯例，电力市场一般有 20%左右的备用生产能力，这样才能保证电力系统的安全可靠运行。这种备用生产能力主要用于在市场需求发生变化时调整供求平衡。

(3) 严格以销定产。电力市场供求严格以销定产，即生产者只能跟着用户转。因为电能不能大量储存，不能像其他产品那样，通过建立足够的仓储设施及时准确地向市场投放商品，调节供求，解决平衡问题。同时，用户在消费电能的时间、方式和用电类别上的差异直接制约着电力的生产和供应。电力市场供求在时间上、总量上要严格地保持平衡，否则会对生产者带来全局性的风险。电力市场的卖方只能是根据用户的时间类别特性自动及时、有效地调控生产总量，以达到电力的供求平衡。具体地说，电力市场供求不仅在一年中随季节变化，在一个月中的不同日期变化，而且在一天内也有高峰、平段、低谷的变化。生产者必须通过调度指令适应用户的需求变化，进行起、停机组调节实现这种平衡。

(4) 电力需求具有普遍性、时间性、规律性的特征。电力需求的普遍性是指用户面广，用电类型复杂。电力需求的时间性主要是指用户随着时间的变化而变化。电力需求的规律性是指在看似无序的大量用电的状态下，电力的需求具有一定的规律性，如季节用电规律、每日峰谷用电规律等。

(5) 不同的用户在用电可靠性上有不同的需求。在电力的需求方面，不同的用户对电力质量有不同的要求，具体体现在不同的用户在用电可靠性上有不同的需求。如医院、冶金、采矿等用户对供电可靠性要求十分严格，任何时候都不允许停电。对于这类用户，电力企业就要靠增加足够的生产供应设施和可靠的保护系统来保证这些用户供电的高可靠性。

(6) 不同用户需要的电压等级不同。有的用户使用的是高电压，有的用户使用的是低电压。使用高电压的用户可以直接连接配电网，使用低电压的用户必须从输配电网上经过多级变压，才可以获得满足需要的低压电能。对于这种不同类别的电力用户，供电企业（卖方）所付出的设备费用、维护费用是不一样的，由此便构成了不同价格的电力供应。

二、宏观经济发展对电力需求的影响

宏观经济发展的主要评价指标是国内生产总值的增长。分析表明，电力与经济增长的趋势大体是一致的。一般经济总量指标与电力总量指标大致呈正相关关系，其中装机、发电量和用电量与国内生产总值和投资的关联较为紧密。

（一）电力消费弹性系数分析

国内生产总值的增长与电力消费之间的关系可以用电力消费弹性系数这一指标来衡量。电力消费弹性系数是反映一定时期内国民经济发展与电量需求增长之间内在关系的宏观指标。电力消费弹性系数反映经济增长对电力的需求强度，与产业结构密切相关，而产业结构一般在短时间内不会发生太大的变化。其计算公式为

$$b=\alpha/\beta$$

式中：b 为电力消费弹性系数；α 为电力消费年平均增长率；β 为国内生产总值年平均增长率。

应该说，电力消费弹性系数是体现经济发展与电力需求增长速度关联性的宏观指标。经济发展所处阶段、经济结构变化趋势及生活用电比例等因素对电力消费弹性系数有较大的影响。电力消费弹性系数反映市场需求情况，综合反映了经济增长对电力供应依赖程度。

发电量增长与经济增长之间的关系表现为：当经济急剧增大时，电力产销增长与经济增长之间的差距扩大，电力消费弹性系数相对较低；当经济增长速度下降时，电力产销增长与经济增长之间的差距缩小，电力消费弹性系数上升；当经济运行处于经济周期谷底时，电力产销增幅高于经济增长，电力消费弹性系数大于1。美国、英国、日本和中国1981年以来的电力弹性系数见表7-1。

表7-1　美国、英国、日本、中国1981年以来的电力弹性系数

国别	1981—2019年电力弹性系数	电力弹性系数			
		1981—1990年	1991—1999年	2000—2009年	2010—2019年
美国	0.6	0.93	0.71	0.2	0.16
法国	1.01	1.27	0.89	0.21	
英国	0.31	0.51	0.49	−0.24	−0.3
日本	0.9	0.9	1.7	0.1	−0.17
德国	0.3	0.45	0.2	0.17	0.15
中国	0.91	0.82	0.74	1.13	0.92

注　资料来源：单葆国，张成龙，中国电力弹性系数与工业化阶段关系。

从20世纪80年代我国经济增长与电力消费的关系看，1981—2019年我国GDP年均增长9.4%，电力消费年均增速为8.5%，电力消费弹性系数为0.91。其中，1981—1990年我国的电力弹性系数为0.82，1991—1999年我国的电力弹性系数为0.74，2000—2009年，我国电力弹性系数上升至1.13，2010—2019年，我国电力弹性系数下降为0.92。可见，我国的电力弹性系数具有波动性，这说明我国各时期经济的增长对电力增长的依赖性有所不同。

（二）GDP的增长与电力消费关系实证分析

国内GDP增长与电力消费增长见表7-2。

表 7-2　　国内 GDP 增长与电力消费增长

增长率＼年份	2007	2008	2009	2010	2011	2012	2013	2014	2015	2016	2017	2018	2019
GDP（%）	14.2	9.7	9.4	10.6	9.5	7.9	7.8	7.3	6.9	6.7	6.8	6.6	6.1
电力消费（%）	14.42	5.23	5.96	14.56	11.7	5.5	7.5	3.8	0.5	5	6.6	8.5	4.5

注　资料来源：国家能源局、中电联、国家统计局。

从图 7-1、图 7-2 可以看出 GDP 增长趋势与电力消费增长趋势基本一致，而且，在 2012—2017 年，电力增长速度要慢于 GDP 的增长速度，这说明我国经济发展进入新常态以来对电力消费增长的依赖性减弱。

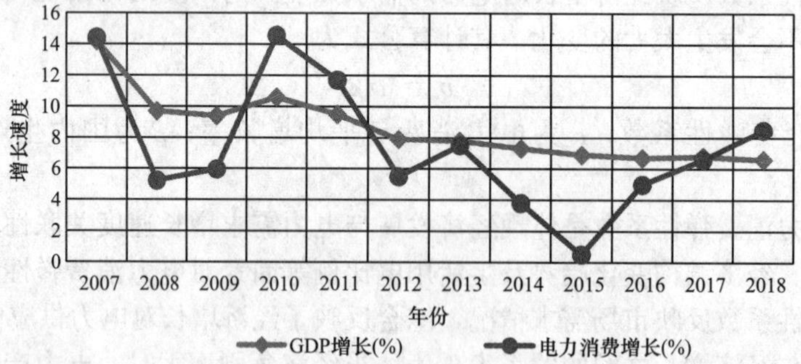

图 7-1　GDP 增长与电力消费增长折线图

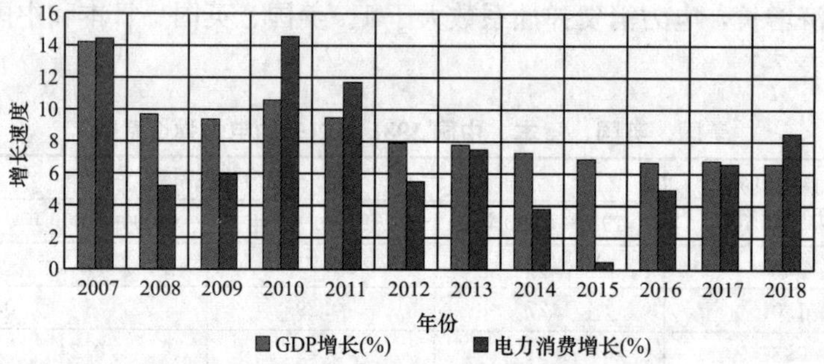

图 7-2　GDP 增长与电力消费增长柱形图

三、人均收入的变化对电力需求的影响

从理论上讲，收入的提高将促进电力消费的增加。对西南三省（云南、贵州、四川）和广东地区的实证分析，也证明了人均收入的变化与电力需求的变化呈正相关关系，如图 7-3～图 7-6 所示。但是，从图 7-5 可以看出，对于贵州省而言，自 2010 年以来，虽然人均收入增长较快，但是电力消费增长一直不明显，这说明在经济发展相对比较落后的地区，人均收入的增长对电力消费的增长影响效果不明显。而在广东省（见图 7-6），人均收入的增长对电力消费的影响相对最为明显，这也进一步证明了在经济比较发达的地区，人均收入的增长对电力消费的影响比较显著。

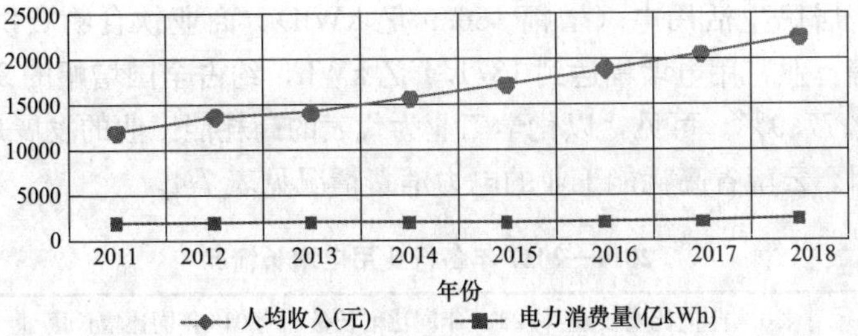

图 7-3　四川省电力消费与人均收入变化趋势

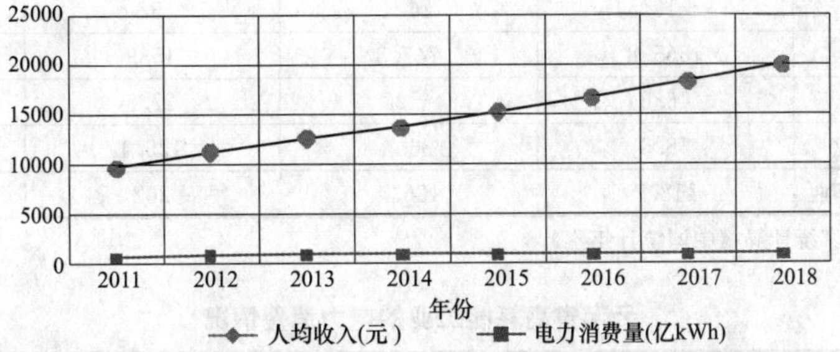

图 7-4　云南省电力消费与人均收入变化趋势

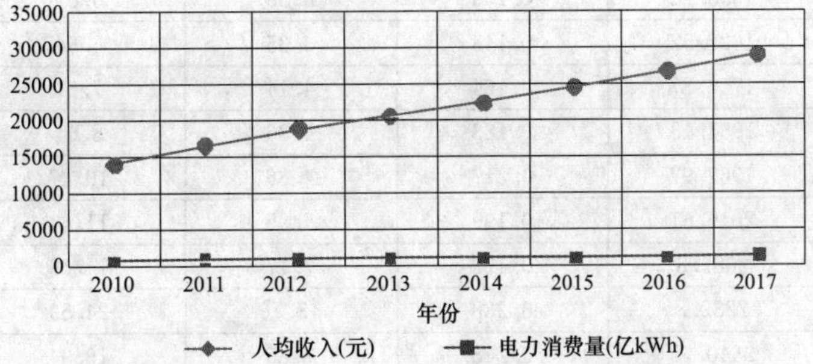

图 7-5　贵州省电力消费与人均收入变化趋势

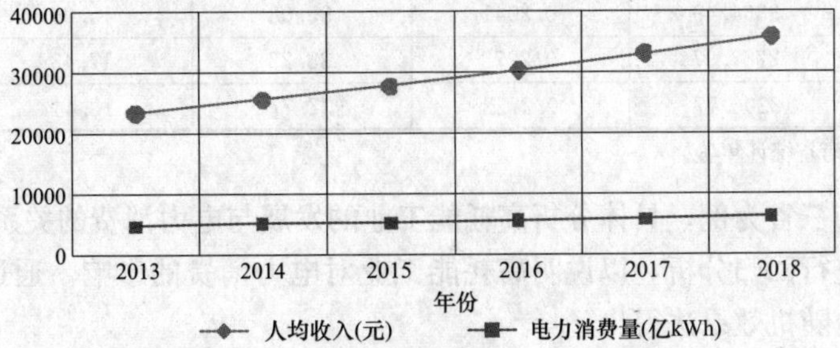

图 7-6　广东省电力消费与人均收入变化趋势

四、高耗能工业的发展对电力需求的影响

从表 7-3 可以看出，2014—2017 年电力消费增长比较快的行业主要有化学工业、居民生活用电和商业饮食物资供销仓储业。2014 年，电力消费突然加速的行业有化学工业（增幅

1565.8 亿 kWh)、居民生活用电（增幅 186.9 亿 kWh)、商业饮食物资供销仓储业（增幅 118.7 亿 kWh）等行业，用电增幅达到 1871.4 亿 kWh，约占全国增幅的 93.1%，其中化学工业用电增幅占比 77.9%。可见，以化学工业为代表的高耗能工业的发展是我国电力消费迅速增长的主要原因。云南省高耗能工业的电力消费情况见表 7-4。

表 7-3　2014—2017 年各行业用电增长情况　（亿 kWh)

用电类别	2014 年同比增长量	2015 年同比增长量	2016 年同比增长量	2017 年同比增长量
全社会用电	2010	267	3688	3889
居民生活用电	186.9	389.1	856	651
农林牧渔水利业	−13.5	26.4	52	83
化学工业	1565.8	747.3	1539	1871
建筑业	46.6	−23	27.3	63
交通运输邮电通信业	58.3	66.4	125.4	167
商业饮食物资供销仓储业	118.7	126.4	202	203

注　资料来源：国家统计局《中国统计年鉴》。

表 7-4　云南省高耗能工业的电力消费情况　（万吨标准煤）

年份	能源消费总量	水电百分比（%）	食品饮料和烟草制造业能源消耗量	黑色金属冶炼及压延能源消耗量	化学工业能源消耗量
1987	1533.22	0.159	3.58	6.07	18.55
1988	1622.52	0.143	3.35	6.64	17.41
1989	1706.87	0.164	4.14	7.61	21.19
1990	1954.18	0.183	4.36	8.64	23.74
1991	1961.92	0.217	4.86	10.47	29.19
1992	2016.61	0.199	5.95	11.64	30.4
1993	2089.8	0.193	7.17	14.69	39.67
1994	2282.8	0.238	13.76	24.59	32.19
1995	2640.55	0.248	7.85	19.94	49.55
1996	2819.43	0.261	8.49	21.14	54.82
1997	3428.98	0.206	8.98	22.81	56.67
1998	3364.49	0.2041	35.08	15.99	52.13
1999	3287.97	0.2272	38.23	17.43	56.82
2000	3206.77	0.2722	37.77	18.44	60.11

注　数据来源：云南省统计年鉴。

下面，以西南三省为例，具体分析高耗能工业的发展与电力消费的关系。

对上列数据进行回归分析，以说明高耗能工业对电力消费的影响。通过 SPSS 软件进行拟合，回归结果由随机效果法得出。

得到的回归方程式为

$$\ln Y = \beta_0 + \beta_1 \ln X_1 + \beta_2 \ln X_2 + \beta_3 \ln X_3 + \xi_i$$

式中：Y 为电力消费量；X_1 为食品饮料和烟草制造业；X_2 为黑色金属冶炼及压延；X_3 为化学工业；ξ_i 为误差项。

通过计算，最后结果为：$\ln Y = 3.002 + 9.002 \times 10^{-2} \ln X_1 + 0.231 \ln X_2 + 0.607 \ln X_3$

模型达到了较好的拟合状态。从回归结果可以看出，所有变量的系数无论是它们的绝对值还是统计显著性都相当合理，证实了食品饮料和烟草制造业、黑色金属冶炼及压延、化学工业等高耗能工业耗电量在云南省的电力消费总量中的比例相对较大。通过模型的回归，得出食品饮料和烟草制造业电力消费量的弹性系数 β_1 是 9.002×10^{-2}，即食品饮料和烟草制造业电力消费量每增加一个百分点，该年全省电力消费量就能增加近 0.1 个百分点；黑色金属冶炼及压延电力消费量的弹性系数 β_2 是 0.231，即黑色金属冶炼及压延电力消费量每增加一个百分点，该年全省电力消费量就能增加 0.231 个百分点；化学工业电力消费量的弹性系数 β_3 是 0.607，即化学工业电力消费量每增加一个百分点，该年全省电力消费量就能增加近 0.61 个百分点。而且，它们的 p 值分别为 0.124，0.097，0.004，均接近或少于 0.1，所以 β_1、β_2、β_3 均显著异于零。可见，云南省高耗能工业的发展与其电力的发展具有重要的关联性。

五、产业结构变化与电力需求的关系

（一）第一、第二、第三产业结构的变化对电力需求的影响

我国 2013—2018 年各产业产值变化情况见表 7-5。

表 7-5　我国 2013—2018 年各产业产值变化情况　（万元）

产业	2013 年	2014 年	2015 年	2016 年	2017 年	2018 年
第一产业	53028.1	55626.3	57774.6	60139.2	62099.5	64734
第二产业	261956.1	277571.8	282040.3	296547.7	332742.7	366000.9
第三产业	277979.1	308082.5	346178.0	383373.9	425912.1	469574.6

注　资料来源：国家统计局《中国统计年鉴（2019）》。

按照表 7-5 的数据，以 2013 年的数据为基数，2014—2018 年各产业的产值增长情况见表 7-6。

表 7-6　2014—2018 年各产业的产值增长情况（以 2013 年的数据为基数）

产业	2014 年	2015 年	2016 年	2017 年	2018 年
第一产业	1.049	1.0895	1.1341	1.1711	1.2207
第二产业	1.0596	1.0767	1.1321	1.2702	1.3971
第三产业	1.1083	1.2453	1.3792	1.53221	1.68924

2013 年以后，三个产业电力消费的情况见表 7-7。以 2013 年为基数的电力消费的增长情况见表 7-8。

表 7-7　三个产业的电力消费情况　（亿 kWh）

产业	2013 年	2014 年	2015 年	2016 年	2017 年	2018 年
第一产业	1014	994	1020	1075	1155	728
第二产业	39143	40650	40046	42108	44413	47235
第三产业	6273	6660	7158	7961	8695	10801

注　资料来源：国家能源局。

表 7-8　三个产业电力消费增长情况（以 2013 年数据为基数）

产业	2014 年	2015 年	2016 年	2017 年	2018 年
第一产业	0.9803	1.0262	1.054	1.0744	0.6303
第二产业	1.0385	0.9851	1.0515	1.0547	1.0635
第三产业	1.0617	1.0748	1.1122	1.0922	1.2422

根据表 7-6 和表 7-8 的数据，可以得到各产业产值的变化与电力消费变化的关系，如图 7-7～图 7-9 所示。

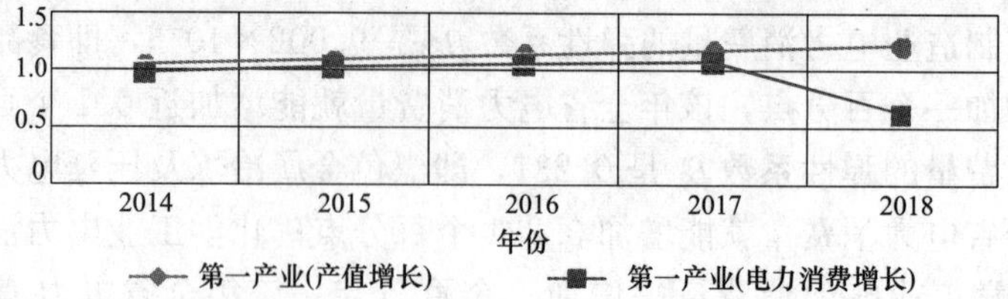

图 7-7　第一产业产值变化与电力消费变化的关系

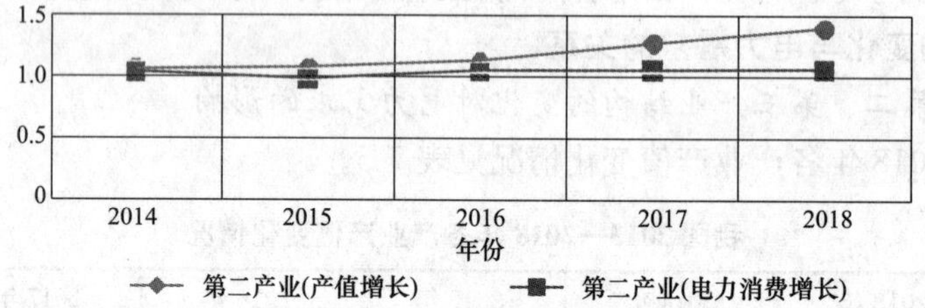

图 7-8　第二产业产值变化与电力消费变化的关系

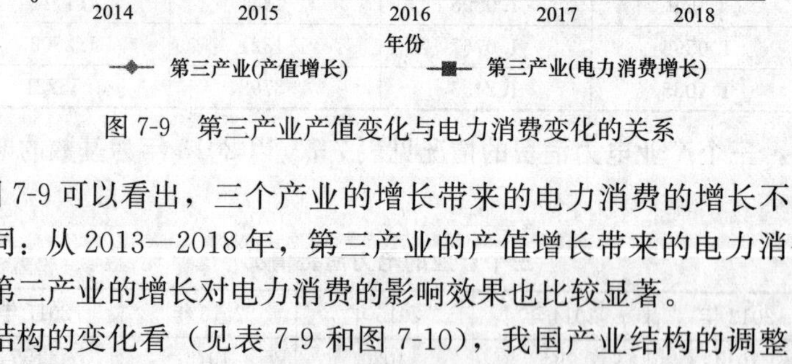

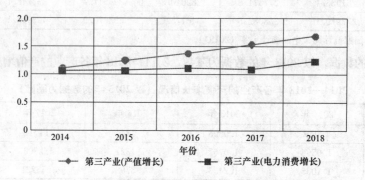

图 7-9　第三产业产值变化与电力消费变化的关系

由图 7-7～图 7-9 可以看出，三个产业的增长带来的电力消费的增长不同，即各产业的电力弹性系数不同：从 2013—2018 年，第三产业的产值增长带来的电力消费的增长效果最为显著，其次是第二产业的增长对电力消费的影响效果也比较显著。

从我国产业结构的变化看（见表 7-9 和图 7-10），我国产业结构的调整中，第三产业的发展呈现逐渐增加态势，第一产业产值比例逐渐降低，第二产业基本保持不变。因此，这一产业结构的变化也决定了我国电力消费将呈现逐渐加快的趋势。但是，三个产业结构的变化趋势比较缓慢，总体上对我国电力需求的影响不是很明显。

表 7-9　　我国 2013—2018 年产业结构的变化（各产业占社会总产值的比例%）

产业	2013 年	2014 年	2015 年	2016 年	2017 年	2018 年
第一产业	8.9429	8.67425	8.422	8.1263	7.5661	7.1902
第二产业	44.1775	43.2840	41.1142	40.0707	40.5411	40.6528
第三产业	46.8796	48.0418	50.4638	51.803	51.8928	52.157

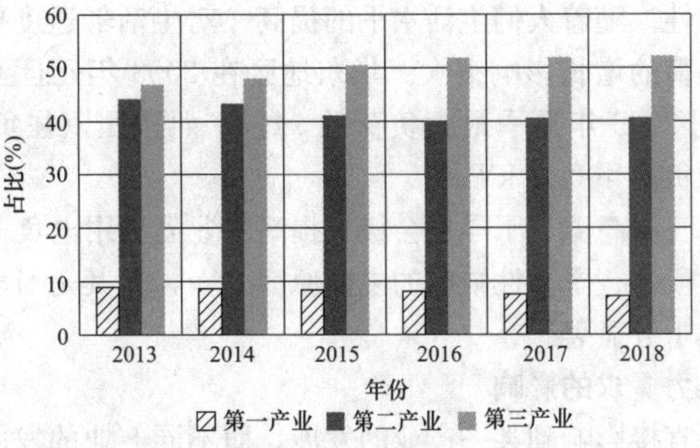

图 7-10　我国产业结构变化示意图

（二）工业内部结构调整对电力需求的影响

2013—2018 年期间，我国工业增加值年均增长 5.96%，而电力增长仅为 5.14%，主要原因是高电耗产品产量大多下降，低能耗、高附加值的产品产量高速增长，造成工业产值保持较快的增长速度，而电力需求增幅减缓。因此，工业产品内部结构的调整对近年来电力需求的影响较大。

（三）未来我国产业结构的变化趋势对电力需求的影响

从发达国家工业内部的用电情况看，由于发达国家在完成了工业化进程后，其产业结构趋向合理，国民经济的增长在更大程度上依靠耗能低、产出高的高新科技产业及发达的服务业。

进入 20 世纪 80 年代以来，出于对人类生态环境和可持续发展的共同关注，世界各国都高度重视提高能源使用效益，节能降耗。同时，西方发达国家出于自身利益的需要，将劳动密集型、能耗高、污染大的产业转移至发展中国家或地区，而着力在高科技产业（低消耗、高产出），如微电子、计算机软硬件、生物技术、通信等方面保持垄断地位。从我国产业结构的变化看，第三产业的发展呈现逐渐增加态势，第一产业产值比例逐渐降低，第二产业基本保持不变。因此，这一产业结构的变化也决定了我国电力需求将呈现逐渐加快的趋势。但是，三个产业结构的变化趋势比较缓慢，总体上对我国电力需求的影响不是很明显。从更长的时期看，我国电力需求在相同的经济发展速度下将有所下降。在西方国家，由于其产业结构趋向合理，国民经济的增长在更大程度上依靠耗能低、产出高的高新科技产业及发达的服务业，所以产业用电比重比我国低许多。今后，随着我国生产力的发展和技术水平的提高，我国工业生产的单位能耗必将降低，同时会加大对技术水平含量高、耗能低的产业的投资，相对减少高耗能工业的投资。因此，我国产业结构的长远发展方向将意味着在相同的工业发展速度下，电力需求呈降低趋势。

六、季节和气候的变化对电力需求的影响

一般来讲，夏季的电力消费要高于其他季节的电力消费量。如我国某年的居民用电量出现了迅速增长的态势（增幅达 138 亿 kWh），其中主要原因是当年夏季我国大部分地区普遍出现了炎热高温的天气。有资料显示，北京市日平均气温在 24℃以上时，每升高 1℃，平均日供电量增长 300 万 kWh；日最高气温在 29.4℃时，每升高 1℃，平均高峰负荷增长 21 万 kW，大约相当于北京市最大负荷的 3.5%。

气象对电力需求影响明显。由于气象变化的不确定性和随机性使得一些地区电力需求存

在一定随机性和不确定性。随着人们生活水平的提高，对生活舒适度要求的提高，酷暑和严寒对夏季和冬季最高负荷的增长影响很大。华东地区在 2003 年元旦上旬气温骤降，导致冬季最大负荷猛增，达到 2002 年夏季最大负荷的 94%，而按照以往负荷曲线，这个比例为 86%左右，相当于增加负荷 400 万 kW。

此外，对于农业而言，高温、干旱也会极大提高农业灌溉用电负荷。而干旱对春秋排灌负荷的影响，是造成时段性、季节性缺电的主要原因之一，尤其是对华北、华中、川渝、华东、南方等区域的影响十分显著。

七、产业政策对电力需求的影响

国家的产业政策将直接影响到某一产业的发展，而不同产业的发展状况又直接影响到对电力的需求强度不同，所以，我们应该关注国家的相关产业政策，从而对电力需求进行准确的预测。例如，2002—2012 年我国电力需求之所以持续高涨（全社会用电量年均增长约 11.75%），部分原因是冶金、建材、化工这些高耗能行业的高速发展，而这些行业之所以高速发展，是由于我国当时实行积极的财政政策、稳健的货币政策，引导投资高速增长，基础设施建设增速等工业化快速发展的必然结果。

而 2013—2018 年全社会用电量年均增长约 5.16%（其中 2015 年同比增长仅 0.48%），这表明我国经济发展进入新常态下，钢铁、水泥等高耗能的产业降低产能，经济结构优化升级，经济增长更趋平稳，增长动力更为多元，电力弹性系数大幅降低是必然结果。

电力需求侧的管理政策，也将对电力需求产生重要的影响。需求侧管理对电力需求量的影响是以“高效与节能并重”为中心，因此，实施需求侧管理政策，将使电能消费量降低。各地需求侧管理工作的重点在于力求通过需求侧管理降低电网的最大用电负荷，通过价格手段和政策措施调节，让用户合理躲峰避峰。如果需求侧管理能够得以有效地实施，它将对我国的电力需求产生较大影响。

八、电力供给对电力需求的影响

在 20 世纪 70 年代产生的供给学派认为，在需求依赖于产出（供给）时，经济增长和进步的速度有赖于供给者的创造能力，从本质上说，企业或者“生产者”，在引起、形成和创造需求方面起着主要的首创性作用。企业的决策，尤其是投资决策，在决定消费者购买的数量和基本类型方面是关键性的因素。该学派认为，在市场供求关系中，供给占主导地位，供给增加自然会使需求增加。

按照供给学派的理论，电力供给的增长也可以使电力需求得到增长。电力资本的投资对电力需求的影响最为明显的例子，是全国农网改造工程。近年来，国家电网有限公司（国家电网）持续加大投入，2016—2018 年，完成农网投资 4854 亿元，经营区域农村供电设施逐步改善，有力促进了电力消费增长。“十三五”前三年，国家电网经营区域内农网用电量快速增长，年均增速高出全网用电量增速 2 个百分点，2018 年农网用电量已达到公司全口径用电量的 46%。随着乡村振兴战略深入实施，新型城镇化与农业现代化步伐不断加快，预计未来两年农村电力需求仍将保持 6%以上的增速。

九、电价的变化对电力需求的影响

电价的变化对电力需求的影响可以进一步细分为电价的变化对居民用户电力需求的影响、对工业用户电力需求的影响以及对商业用户电力需求的影响。对于一般工业用户和收入水平较高的居民用户来讲，电价弹性相对较小，而对于高耗能用户和收入水平较低（或者说电力支出比例较大）的居民用户，电价弹性要相对较大；对于商业用户，电价弹性也比较大，因为除了基本的电力需求以外，一些装饰性质的霓虹灯等电力需求的价格弹性较大。此外，对于生产不受时间限制的工业用户来讲，其电力价格弹性比较大。

具体分析电价的变化对电力需求的影响，有利于在电力供给短期难以增加的情况下，通过调整电价来调节电力需求，以实现电力供需的平衡。对于工业产业，掌握电价需求弹性，还有利于制定调峰和错峰实施期的电价政策。

电价结构对电力需求的影响，主要体现在峰谷电价方面。峰谷电价的执行，一方面抑制高峰负荷的增长，另一方面应该起到较明显的拉高负荷率的作用。

十、影响电力供给的主要因素

（一）电源建设是影响电力供给的主要因素

1978—1996 年，电力供给长期短缺，1996 年下半年至 2000 年电力供给相对富裕，2001—2004 年电力供给不足，2004 年夏季高达 24 个省份电力供给严重短缺，一方面原因在于“九五”期间电源建设开工较少，另一方面原因是自 2001 年加入世界贸易组织（WTO）后，经济快速增长所致。自 2002 年厂网分开以后，电源建设速度加快，2004—2018 年每年新增装机容量都在 1 亿 kW 左右，至今电力供需形势保持总体平衡。

在分析电源建设对电力供给影响的时候，要同时考虑电源建设的类型（例如，水电站由于受到季节性峰枯水期的影响，其电源的建设容量与其实际发电量可能差距较大），还要考虑电源点的分布等因素。

（二）水量是影响水力发电站电力供给的重要因素

水力发电站的工作状况，取决于天然来水的多少，水库调节能力的大小和其他限制条件（如综合利用等）。因此，水力发电站的出力和发电量的变化较大。在我国西南省份，水电站比较高，水量是影响电力供给的重要因素之一。

（三）能源资源供给是影响电力供给的因素之一

电煤的供给和价格纠纷也是部分地区电力供应紧张的重要原因。例如，2018 年 1 月 22 日由中国华能集团有限公司、中国大唐集团有限公司、中国华电集团有限公司和国家电力投资集团有限公司联名提交的《关于当前电煤保供形势严峻的紧急报告》中提到，2017 年以来，煤炭供需持续紧平衡，市场煤价高企。电煤价格处于高位，发电厂面临大面积亏损，在此背景下，又处于冬季用煤高峰季，采煤难，运煤难，发电厂电煤库存告急而影响到电力供应。

（四）电网建设是影响电力供应的关键因素

电网输配能力将直接影响电力的供应。例如，近年来的特高压建设，具体来看，以特高压直流线路为例，±800kV 直流输电输送功率是现有 500kV 直流输电的 5～6 倍、送电距离的 2～3 倍。与传统输电技术相比，特高压输电技术的输送容量最高提升 3 倍，输送距离最高提升 2.5 倍，输电损耗可降低 45%，单位容量线路走廊宽度减小 30%，单位容量造价降低 28%，可以更安全、更高效、更环保地配置能源。据国家电网公司测算，输送同样功率的电量，采用 1000kV 线路比采用 500kV 的线路可节省 60% 的土地资源。我国自然资源分布不均，风能、太阳能、煤炭主要集中在北部和西北部，水能主要集中在西南部，而用电负荷主要在中东部，存在用电富裕与用电缺口的区位差异。我国能源需求和分布不平衡的特点决定了我国需要超长距离的电力输送，而特高压输电技术和设施构建起中国能源运输大通道，极大增强了电能在全国范围内的优化配置能力，也是影响电力供应的关键因素之一。

第二节 电力供需分析的主要内容

电力供需分析主要包括电力需求分析、电力供给分析、电力供需平衡分析三部分内容。

一、电力需求分析的主要内容

（一）电力需求总量分析

电力需求总量分析可以反映出我国总体的电力消费水平，是电力需求分析中一个重要的指标。电力需求总量按照不同的标准可以进行进一步细分。例如，按照用户不同，电力需求总量可以具体分为：①第一产业用电量；②第二产业用电量；③第三产业用电量；④城乡居民生活用电量。第二产业用电量又可以进一步细分为重工业用电量、轻工业用电量，或者分为高耗能工业用电量、普通工业用电量。按照季节不同，电力需求总量可以具体分为：夏季用电量、冬季用电量、春秋季用电量。按照地区不同，电力需求总量可以分为：华北区域用电量、东北区域用电量、华东区域用电量、西北区域用电量、华中区域用电量。

分析各产业电力需求情况，有利于通过对产业结构和产业经济发展的预测，预测出电力需求总量的变化情况；同时，分析不同季节的用电量，有利于安排在用电量相对少的时期进行机组检修和维修；通过分析不同地区的用电量，有利于针对地区特点，优化整体的电力供应。

（二）平、谷、峰用电量的分析

分析平、谷、峰的用电量，计算出峰谷差，可以分析出输电网在用电低谷期的富裕输电容量，进而通过经济手段进行调峰，使输电网的输电量尽可能均衡，既保证电网的安全性，又有利于资源得到充分利用。并且，分析不同地区用电平、谷、峰的时间，可以安排不同地区的错峰，以保证电力供需的平衡。

无论是调峰还是错峰，都需要以电价为主要经济手段实行经济调节，而交易电价的正确制定，是在对用电低谷和高峰时期的相关电量进行科学预测，进而对可交易电量、可供给电量进行分析后的基础上进行的。

（三）用电容量的需求分析

用电容量（Capacity Connected of Electrical Load），是指用户或用电设备可能消耗的最大功率。它强调的是存量概念，即某一时刻对电能的可能的最大需求。有些设备在设计中已考虑有一定的过负荷能力（如变压器、电焊机等），有些设备在运行中一般达不到铭牌容量（如感应电动机）。一般情况下，人们习惯以铭牌容量代替用户用电容量。

对低压用电用户来说，用户用电容量的计算是指各单台用电设备容量之和；对高压用户来说，以其接入电力系统的受电变压器标出的视在功率之和为用电容量，如该用户另有不经变压器直接用电的高压电动机，应将其容量一并计入用电容量之内。

（四）电力负荷分析

电力负荷是指发电、供电地区或电网在某一瞬间所承担的工作负载。对用户来说，用电负荷是指用户连接在电网上的所有用电设备在某一瞬间所消耗的功率之和。2018 年《国家电网公司生产统计工作指南》的规定，其中涉及负荷特性的指标有最高负荷、最低负荷、平均负荷、负荷曲线、负荷率、平均日负荷率、最小负荷率、尖峰负荷率、峰谷差率、最高负荷利用小时等。

二、电力供给分析的主要内容

（一）装机情况分析

分析装机情况，可以了解电力供给的总容量，即理论上可以实现的电力总供给。但是，装机情况只是对电力供给能力预测的一个参考指标，实际的电力供给能力要小于装机容量。不考虑电网输电能力、燃料供应能力、水库储水量的影响，装机容量减去备用容量和需要检修的机组容量，剩下的容量才是电力供给能力。

装机情况的分析可以分为对已装机容量和待装机容量的分析；对火电装机容量、水电装机容量、核电装机容量、风电装机容量、地热装机容量的分析；以及具体到对各电网（华北电网、华东电网、东北电网、华中电网、西北电网、南方电网）的装机容量的分析等。

（二）发电情况分析

发电情况的分析包括发电量的分析、发电利用小时的分析等。发电量的分析是机组发电利用小时分析的基础，同时，在知道电力需求总量和发电量以后，可以对网损情况进行分析。最重要的是，发电量是分析供需是否平衡的重要依据，因为发电量体现了电力供给的实际能力。

发电情况的分析也可以进一步分为水电发电量分析、火电发电量分析、核电发电量分析等；或者分为华东、华中、华北、东北、西北、南方电网地区的发电量分析等；或者分为五大发电集团和其他发电公司的发电量；或者按照发电主体的所有制结构分等。分析的目的不同，划分的标准应该不同。例如，重点分析各地区电力供需平衡情况时，可以按照华东、华中等区域电网的用电量进行分析；若重点分析的是发电量的增长能力，可从发电主体的所有制结构角度进行分析，以分析国有资本、民间资本等进入发电领域的发展趋势。

发电设备利用小时数的分析，有利于在知道总装机容量的基础上分析实际发电量，并对机组的可利用情况进行分析。

发电情况的分析，也可以分为静态分析和动态分析两方面。静态分析是只分析某一时间点上的情况，或者是对现有情况进行分析，或者是对未来某一时刻进行预测。动态分析是对一段期限内的发电情况（几年、十几年或者几十年）进行分析，或对过去的一段期限内的发电情况进行分析，目的是了解发电情况的变化趋势，以及影响发电情况变化的若干因素；对未来的发电情况进行预测分析，主要目的是分析发电的变化趋势，以便对未来的供电和用电措施进行指导，实现未来电力供需的基本平衡，保证经济生产和人们生活水平的需要。

（三）备用服务情况分析

备用服务是电力市场辅助服务的一部分，在电力市场改革当中，辅助服务市场（ASM）的建立与运作越来越重要。辅助服务主要包括负荷跟踪与频率控制、调相、备用、黑启动等，其中，市场成员所提供的机组、出力等的备用，称为备用服务。为保证系统的稳定性，都应留有一定的备用，以应付负荷需求超过预测值，计划运行机组非计划停运等。备用服务根据提供备用服务机组的状况，分为旋转备用服务或非旋转备用服务，也可根据备用机组的不同响应时间与持续时间来区分不同种类的备用服务产品。

总之，在电力市场运行的环境下，为了保证系统的安全、稳定运行，备用服务越来越重要，备用容量的分析，是分析电力实际供给能力的重要因素。

（四）能源资源供给情况分析

对于燃煤机组，电煤的供给和价格情况直接影响着机组的运转情况和电力供给情况；对于燃油机组或燃气机组，石油或天然气的价格和供给将直接影响其电力供应能力。所以，分析电力供给能力时，需要对电煤和石油的供给、价格等进行分析。

分析电煤等能源资源的供给时，还需要分析能源资源的运输能力。很多情况下，用煤紧张并不仅仅是简单的缺煤。煤炭是大宗散装货，运输成本占货价的比例相对较高。山西等地有煤运不出去，华东地区能源需求相对旺盛，而煤炭资源又相对短缺，因此，运输能力问题也是电煤供给的关键问题之一。运输能力一直是制约山西、内蒙古、陕西等地煤炭企业销售的“瓶颈”。运力问题需要与交通部门协调解决，不是企业自身所能决定的。

总之，分析电煤和石油的供给、价格的主要因素包括电煤和原煤的储藏量、开采量、需求量以及运输能力等，同时分析电煤和石油的价格演变趋势，在此基础上，分析预测电煤和石油的供给量以及价格变化，并进一步分析它对机组运转和电力供应产生的影响。

（五）电网建设情况分析

我国经济发展重心偏东，能源资源分布偏西，例如，我国的水电资源主要分布在西南地区，西南地区可开发的水能资源占全国的61.38%，中国的12大水电基地中（金沙江，亚砻江，大渡河，乌江，长江上游，南盘江、红水河，澜沧江干流，黄河上游，黄河中游北干流，湘西，闽、浙、赣，东北），西南地区就占了7个。因此，电网建设情况决定着电力输送情况，从而决定着电力的供给情况。因此，分析电力供给能力时，需要对电网建设情况进行分析。对电网建设情况的分析，又包括对已建电网的分析，又包括对在建电网及将建电网的分析，同时需要对电网的电压等级和输电容量进行分析。

（六）网省间联络线情况分析

随着全国特高压电网的建设，电力电量在全国范围内的优化配置逐渐增强，对网省间联络线情况的分析，有助于分析跨区或跨省的可互供电量，从而有助于分析电力供应问题。

（七）电源结构分析

电源结构包括两方面内容：一是指电源点的分布情况；二是指水电、火电、核电、风电、太阳能等的比例情况。电源点的合理分布是减少网络堵塞，减少窝电现象，提高电力供给能力的重要因素。水电、火电、核电、风电、太阳能也要保持合理的发展结构，水电虽然运行成本低，具有水资源循环利用的优点，但其最大的不足是水库来水不可控，遇到冬季枯水期或夏季降雨少时，其发电量难以得到保证。火电建设周期短、投资少，但是电煤的供给和价格要受市场行情波动的影响，不仅电煤价格的上涨会影响到企业的发电成本，有时电煤的供应还难以保障，影响机组的正常运转；最关键的一点是煤炭的储量是有限的、不可再生的，从长远看，燃煤机组的运行将是比较昂贵的。核电最大的问题是投资大，而且容易发生核泄漏。但是，随着技术问题的解决，核电应该成为电源建设的重要发展方向；风电和太阳能发电皆是可再生绿色能源，且成本逐步降低，但风电和太阳能发电相比火电间歇性大、可调节性差。

水电、火电、核电、风电、太阳能各有特点，在电源的建设中，应该使其保持适当的比例，这样有利于电力供给能力的稳定增长。

三、电力供需平衡分析的主要内容

电力系统是涵盖从发电厂发电机组一直到电力用户电气设备的发输变配用电的统一整体，而且电能的发、供、用或产、供、用是在瞬间同时完成的，所以它们各个环节之间相互的功率传递与交换必须随时保持平衡，这就要求电力系统各发电机发出的功率应随时与随机变化的电力系统负荷消耗的功率（包括系统损耗的功率）相等。这就是一般意义上的电力供需平衡。从电力系统本身来讲，电力供需必须是时时平衡的。这种平衡的实现，主要通过两方面工作来实现：一是调整发电机的有功出力，如增加或减少运行中发电机的出力、启用备用发电机组等；二是调整控制用电负荷，当发电出力不足或电网发生事故需限电时，要求用户按计划指标调整用电负荷，或按照拉闸限电序位进行拉闸限电。

电力供需平衡是指在不采取拉闸限电措施的情况下，保证用户用电的需要，即电力供需平衡强调的是电力的供给能力能够满足电力的需求量，或者是除了备用以外，基本不存在不正常的闲置供给能力。从理论上讲，电力供需的平衡可以基本实现资源的最充分利用，是比较理想的电力市场运行状态。

电力供需平衡分析的主要内容包括两个部分：一是某一电网范围内电力供需是否平衡的分析；二是产生电力供需不平衡的原因分析。

（一）电力供需平衡现状分析

电力供需平衡现状分析是在分别分析电力供给和需求的基础上，综合考虑电力供给和需求情况，分析供需是否平衡。一般来讲，在用电出现紧缺的情况下，对电力供需平衡的分析（即分析电力供给缺口）显得十分重要。

电力供需平衡现状分析包括全国供需平衡状况分析和分地区供需平衡状况分析。分析的重点包括缺电的数量、缺电的时间、缺电的地区、缺电的程度（体现在持续时间上）等内容。

在对电力供需平衡进行现状分析的基础上，还要结合历史数据分析电力供需平衡变化的趋势，以寻找规律。

（二）电力供需不平衡的原因分析

电力供需平衡分析中，电力供需不平衡的原因分析也是一项非常重要的内容。产生电力供需不平衡的原因主要有以下两大类。

(1) 从电力供给角度分析，电力供给能力不足。电力供给能力不足的原因可能主要包括：①电源建设不足；②电网建设滞后；③网省间电量交换不畅；④水电火电比例不合理，导致枯水季节电力供应不足；⑤能源资源问题，例如电煤供应紧张等；⑥意外事故等。

(2) 从电力需求角度分析，电力需求增长过快。电力需求增长过快的原因主要包括：①国内生产总值增长较快；②工业增长速度加快；③高耗能工业增长速度加快；④人民生活水平提高，对家用电器的需求增长较快；⑤天气炎热、持续高温；⑥用电时间相对集中，峰谷差大；⑦各区域能源综合利用有待进一步提升，错峰潜力大等。

分析电力供需不平衡产生的原因时，既要从供应角度进行分析，又要从需求角度进行分析；同时，无论从哪一个角度分析，都要有具体的数据支持，并应该有严密的逻辑分析进行论证。

第三节　电力供需分析中应注意的问题

一、做好数据挖掘，从统计的数据中寻找信息

电力供需分析离不开数据的支持，数据是事实的反映，它是说明电力供需情况的非常重要的基础性资料。电力供需分析中要注意从大量的数据中挖掘其中有用的数据，即在电力供

需分析中，要注意做好数据挖掘工作。

数据挖掘（Data Mining）是从大量的、不完全的、有噪声的、模糊的、随机的实际应用数据中，提取隐含在其中的潜在有用的信息的过程。它的主要功能包括：①进行关联分析；②聚类分析；③偏差检测等。

数据挖掘的基本过程和主要步骤如图 7-11 所示。

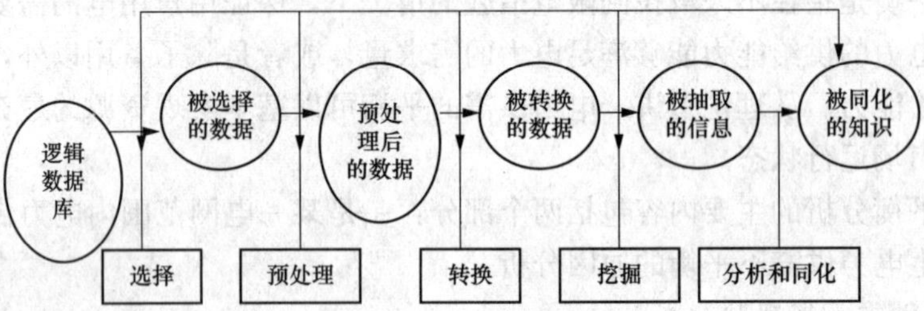

图 7-11　数据挖掘的基本过程和主要步骤

二、定性分析与定量分析相结合

电力供需分析既包括定性分析，也包括定量分析。定性分析是从质的方面分析电力供需与市场其他经济现象之间的规律性，即从事物的质的规定性方面去分析判断，做出预测。定量分析是从量的方面分析其他经济现象与电力供需之间数量变化的关系形态，是在认识事物质的规定性基础上，依据数据资料所建立数学模型的描述进行预测。

定性分析方法，也称判断分析预测法。它是由预测者根据历史资料和现实资料，依靠个人经验、知识和综合分析能力，对电力市场质的变化规定性进行判断，再以判断为依据进行量的预测。从质的方面去分析判断事物，容易把握住事物的发展方向。而且，电力市场分析预测中常常会涉及一些难以量化的因素，如政治因素、心理因素、社会因素等。所以，在电力市场分析预测中，定性分析是重要的方法之一。

在电力供需分析中，定性分析电力供需与其他经济现象之间的关系形态有两种：一是简单的相关变量间的因果关系，即分析影响电力供需的因素有哪些，哪些是主要的，哪些是次要的，它们与电力供需的经济关系的本质是什么；二是复杂的相关变量间的因果关系，即不仅研究各影响因素与电力供需的经济关系，还要研究各影响因素之间的经济关系，以及电力供需或各影响因素内在变化动态关系等。

在对电力市场进行定性分析的同时，也要进行定量分析。定量分析可以使定性分析的结果具有科学的数量概念。

定量分析的方法主要包括时间序列法和因果关系分析法。时间序列法，是将经济发展、电力需求增长等同一变量的一组观察值按时间顺序加以排列，构成统计的时间序列，然后运用一定的数学方法使其向外延伸，从而预计电力供需的未来发展变化趋势，确定预测值。因此，时间序列法也称历史延伸法或外推法。时间序列法又具体包括简易平均法、移动平均法、指数平滑法、趋势延伸法、季节指数法等。运用时间序列法进行预测，必须以准确、完整的时间序列数据为基础。为了让时间序列中的各个数值正确地反映电力供需的发展规律，各数值间具有可比性，编制时间序列时要做到：①总体范围一致；②代表的时间单位长短一致；③统计数值的计算方法和计量单位一致。

因果关系分析法是从事物变化的因果关系出发，寻找电力市场发展变化的原因，分析原因与结果之间的联系，建立数学模型以预测电力市场未来的发展趋势和可能的供需水平。因果关系分析法需要的数据资料比较完整、系统，建立模型要求一定的数理统计知识，其预测精度一般要比时间序列法的预测精度高。因果分析法最常用的有回归分析法和经济计量分析法。

三、理论分析与实证分析相结合

进行电力供需分析时，还要注意理论分析和实证分析相结合。理论分析注重的是运用经济学原理等相关理论知识及逻辑推理的方法对电力供需进行分析；实证分析是指对电力供需的现状进行描述和分析。理论分析的结论和电力供需的现状可能不一致，实证分析中应该对这种不一致作出解释，从中发现我国电力市场供需的特点，并用于指导对未来电力供需的预测分析。

四、进行动态分析与对比分析

动态分析是指将本年度的电力供需情况放在一个发展变化的环境中去分析，结合历史数据和未来发展趋势，对当前的电力供需进行分析，即把当前的电力供需情况看作是电力供需的整个发展链条中的一个环节，历史地、系统地分析当前的电力供需，而不是孤立地分析问题。

此外，电力供需分析的主要内容虽然是分析本年度的情况，但是，为了更清晰地反映本年度电力供需的特点，需要与上一年度甚至前几年的电力供需情况进行对比分析；若有可能，最好再同与我国经济发展阶段较为接近的其他国家的电力供需情况进行对比分析，通过横向、纵向的对比，可以更加深入地、全面地分析当年的电力供需情况。

第八章　电力供需分析的发展趋势

第一节　建立预警分析系统

一、监测预警系统的作用及基本概念

建立电力供需监测预警系统是有效防范电力行业和企业发展风险的一项基础工作，其目的是根据我国的具体情况和特点，在借鉴国内外其他行业建立预警监测系统方法和模式的基础上，建立一套具有中国特色的电力供需监测预警系统，通过及时采集重点地区、重点行业具有典型性和代表性的信息，采用系统、科学、定量化的方法进行分析，对各地区的电力供需形势进行及时监测和预警，为这些地区以及全国的电力发展规划和电力企业的电力营销工作提供决策参考信息。

监测预警包括监测和预警两个方面的含义。

(1) 监测是指对系统目前的运行状态进行实时性评价，以发现系统运行的非正常之处及其成因，为及时进行调控决策、采取调控措施提供依据，监测主要侧重于对系统目前状态的分析。

(2) 预警是指对系统未来的演化进行预期性评价，以提前发现特定系统未来运行可能出现的问题及其成因，为提前进行决策、实施防范和化解措施提供依据。预警主要侧重于对系统未来状态的预测和警示。预警从广义上讲也是一种预测，但这种预测不同于一般的预测研究，它主要通过对预测指标的评价，预报出今后一段时期内所研究的系统是否有异常情况出现，以及异常的程度如何。预警按时段可分为短期预警和长期预警。

预警理论无论从其发展过程还是在方法的运用上，都是以波动与周期分析为基础的。

二、经济周期波动的基本理论

回顾经济周期波动的历史，经济周期波动有其规律性，即每个周期都有大致相同的复苏、扩张、衰退、收缩过程；经济周期又有其特殊性，即不同的周期持续的时间不完全相同，周期过程不完全一样，周期波动的程度也不完全一样。故经济周期主要是指经济现象或变量在连续过程中重复出现涨落的情况，所强调的只是再现性和重复性。

西方经济学家把经济周期波动按周期长度分为四类：①基钦周期，又称为短周期，其持续期间约为 40 个月，这种波动主要同商业库存的变化有关；②朱格拉周期，其持续期间为 9～10 年，一般认为它是由于失业、物价随设备投资的波动而发生变化产生的；③库兹涅茨周期，其持续期间为 15～25 年，一般认为其产生是由于建筑活动的循环变动而引起的；④康德拉季耶夫周期，又称为长周期，其持续期间为 50～60 年，一般认为技术进步和革新是其产生的根源。

为了及时准确地把握经济周期波动，一般采用月度或季度数据来进行分析预测。月度、季度模型能够比年度模型使用更多的观测值，因而可以容纳更多的经济变量和滞后

期更长的滞后结构，特别是能够解释年度模型难以涉及的短期周期现象，因而月度、季度模型特别适合分析和预测经济的短周期波动，而年度模型主要适用于长期结构分析和预测。

研究经济周期，首先要确定经济周期波动的基准循环和基准日期，基准日期是指宏观经济波动到达经济周期的高峰或低谷的时点（时刻），即历史上经济周期波动的转折日期。基准日期一旦确定，周期的持续时间以及扩张、收缩的时间也就确定了，基准日期既是分析波动周期及波动特征的主要依据，又是确定经济变量之间的时差关系的基准。

目前，确定基准日期的做法是选择一组重要的宏观经济指标，这组指标的波动与经济周期的波动大体一致，并能从不同的侧面反映宏观经济的波动。通过这组指标计算历史扩散指数，初步推算出基准日期，然后根据记录经济现象和经济政策等的景气循环年表，以及专家意见等综合判断，最终确定基准日期。不同类型的景气循环，如古典循环和增长型循环，其基准日期一般是不同的。用于描述经济景气循环的景气指标有如下三种。

先行指标：是指在基准循环达到高峰或低谷前，超前出现峰或谷的指标。先行指标需满足下列条件：①先行指标序列循环的峰（或谷）的时点要比基准循环时点至少先行 3 个月以上，且这种先行关系比较稳定，即超前时间相差不多；②在最近两次连续的循环中，先行指标序列循环的峰（或谷）的时点要保持超前，且超前时间在 3 个月以上；③先行指标在物理意义上要具有比较肯定、明确的先行关系。

一致指标：也称为同步指标，它是指该指标达到高峰低谷的时间和基准日期的时间大致相同，一致指标主要反映了当前景气变动的状况，在与基准循环的对应上，要求一致指标循环的时点与基准循环时点的时差保持在正负 3 个月以内。

滞后指标：是指达到高峰低谷的时间滞后于基准日期时间的指标。滞后指标峰或谷的出现可以用来确认基准循环周期波动的高峰或低谷的出现。要求滞后指标与基准循环的时差关系要滞后 3 个月以上。

常用的景气指标的选择方法有时差相关分析法、K-L 信息量法、基准循环分段平均法、聚类分析法等。

三、我国电力供需监测预警系统的总体框架

电力供需监测预警系统是在借鉴经济景气监测预警分析系统基本原理和方法的基础上，充分考虑电力系统的特点建立起来的。我国电力供需监测预警系统是以保障国民经济持续发展、保障电力工业的健康发展、提高电力企业的经济效益为基本出发点，研究在市场经济体制下我国电力供给与需求的动态变化，及时分析、监测当前和未来全国及各地区的电力供需形势与发展趋势，并对出现供需不平衡的可能性、供需不平衡的程度以及供需不平衡可能带来的危害及时发出警报的系统活动。我国电力供需监测预警系统的总体框架结构如图 8-1 所示。

四、电力供需监测预警系统的基本模块

我国电力供需监测预警系统大体可以分为三大模块（见图 8-2）：一是警源分析，即警源指标的分析计算和监测预警指标体系的建立，它是通过对大量影响因素的历史数据进行相关性分析、周期波动性分析，寻找先行指标、同步指标、滞后指标以及能够反映电力供需平衡状态的综合指标，建立一套能够敏感反映我国电力供需状态的监测预警指标体系；二是警情警兆指标的计算，即选择合适的数学方法对指标进行测算或预测，然后根据我国电力系统发展的历史经验，结合不同时期我国电源结构的特点和电力需求的特点，确定各指标的预警警界限及由警界限所划分的状态和等级，将指标的观测值转化为评价值；三是警度预报，即对各指标权值进行测算；再选用特定的数据处理方法，将不同量纲的多个指标折算为无量纲的可比指标，然后对各指标进行综合评价，计算出我国电力供需平衡状态的综合指数及其等级。

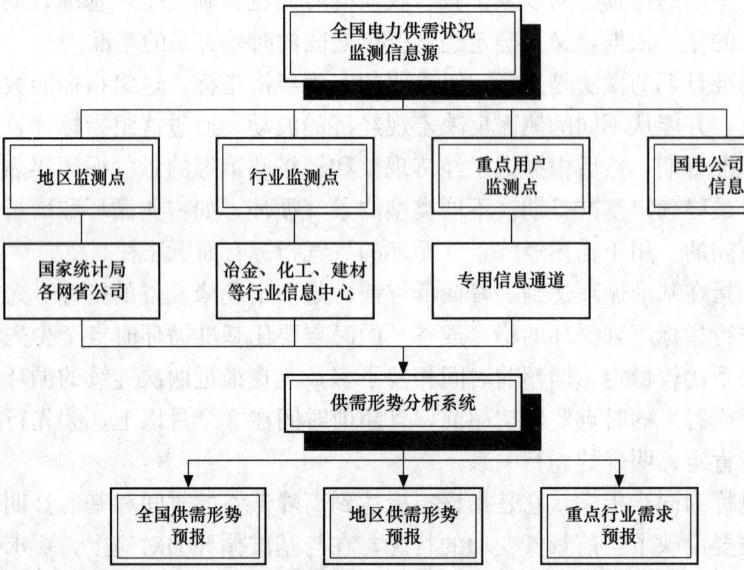

图 8-1 我国电力供需监测预警系统总体框架结构

我国电力供需监测预警分析的基本步骤为：①寻找警源；②明确警情；③分析警兆；④预报警度。

(1) 寻找警源：警源是电力供需不平衡的起因和根源，是进行电力供需监测预警的起点。引起电力供需不平衡的警源可以概括为三大类：电力需求、电源供应和电网输配电能力。

(2) 明确警情。警情是对警源的衡量，明确警情是对警源的量化与相互关系的分析和研究。因而，警情的描述需要用各类指标来反映。电力供需监测预警的警情，主要是电力供需关系的反映。警情分析就是要研究警情的产生、警情的排除和警情的预防，是一个发现问题、分析问题的过程。因此，明确警情的过程，也就是建立预警指标、分析与测算的过程。

(3) 分析警兆。它是电力供需监测预警的关键环节，警源本身不能预警，只有把握住每次警情爆发前由警源产生的各种现象或在其扩散过程中的各种共生现象，并加以数量化，才能达到预警的目的。

(4) 预报警度。它是预警的定量分析结果。警度是反映警情指标数值实际变化所含的“警”的程度或强度。预报警度可分为两个层次：第一个层次是定量处理，找出反映警情指标的数量特征标志；第二个层次是定性描述，把警情指标量值的最大值与最小值之间的最大可能区间分为若干个性质不同的区间，即不同的预警警界限。通过对警度的分析和预报，要达到对我国电力供需形势进行监测预警的目的。

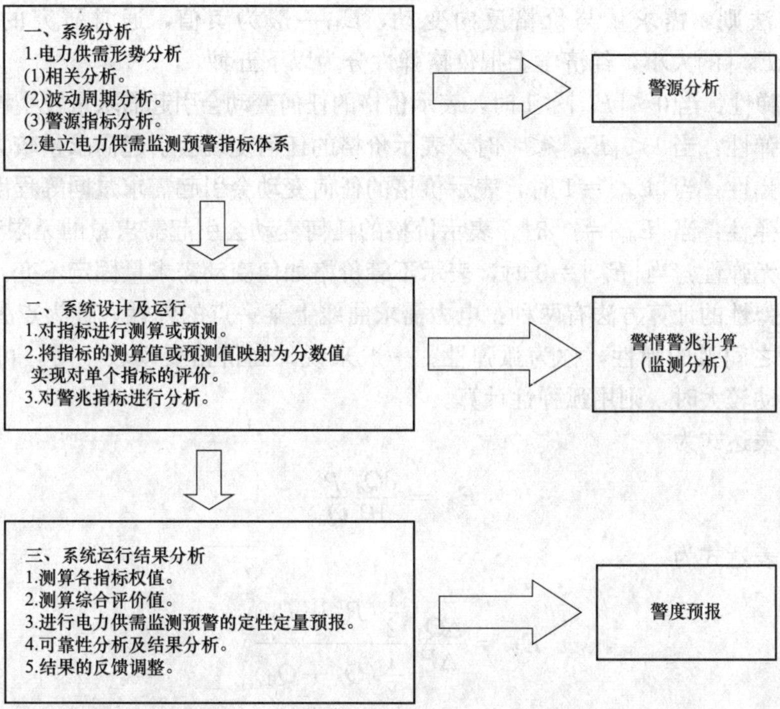

图 8-2　监测预警系统主要模块图

第二节　电价需求弹性分析

一、电价需求弹性的定义

经济学意义上的弹性是指函数中自变量的相对变动引起的因变量的相对变动，即因变量的变化率与自变量的变化率之比。其值是与衡量单位无关的两个“流量与增量之比”的值，因而可以相互比较。

微观经济学认为影响消费者对商品需求的因素是多方面的，其中商品的价格影响是一个重要因素。对正常商品的需求量与该商品的价格通常服从负相关的规律，价格同需求量形成的需求曲线向下倾斜，即价格上涨，需求量变小；反之，价格下降，需求量变大（假定其他因素不变）。这种价格变动对需求量变动的影响程度，即为价格需求弹性。电价需求弹性是指电力需求变动对价格变动的反映程度。弹性系数有正有负，一般将需求价格弹性取绝对值。

（一）电价需求弹性的计算

电价需求弹性用数学公式可表示如下

$$E_{dp}=\frac{\Delta Q_d/Q_d}{\Delta P/P}=\frac{\Delta Q_d}{\Delta P}\frac{P}{Q_d} \tag{8-1}$$

式中：ΔQ_d、ΔP 分别为电力需求的变动量和电价的变动量；Q_d、P 分别为电力需求和电价的绝对量。

当 ΔQ_d、ΔP 为连续变量时，式（8-1）可用微分表示为

$$E_{dp}=\frac{dQ_d}{dP}\frac{P}{Q_d} \tag{8-2}$$

按照需求法则，需求量与价格反向变动，E_{dp}一般为负值，通常研究的是其绝对值$|E_{dp}|$，根据$|E_{dp}|$的大小，经济学上把价格弹性分为以下五种。

（1）缺乏弹性：当$0<|E_{dp}|<1$时，表示价格的任何变动会引起需求量较小程度的变动。

（2）富有弹性：当$1<|E_{dp}|<\infty$时，表示价格的任何变动会引起需求量较大的变动。

（3）单一弹性：当$|E_{dp}|=1$时，表示价格的任何变动会引起需求量同等程度的变动。

（4）完全弹性：当$|E_{dp}|=\infty$时，表示价格的任何变动会引起需求量的无限变动。

（5）完全无弹性：当$|E_{dp}|=0$时，表示不管价格如何变动需求量固定不变。

电价需求弹性的计算方法有两种：电力需求曲线上某一点的弹性，称为点弹性；电力需求曲线上两点之间弧的弹性，称为弧弹性。一般来说，当价格变动较小时，可用点弹性计算；当价格变动较大时，则用弧弹性计算。

点弹性的表达式为

$$E_{dp}=\frac{dQ_d}{dP}\frac{P}{Q_d} \tag{8-3}$$

弧弹性的表达式为

$$E_{dp}=\frac{\Delta Q_d}{\Delta P}\frac{\frac{1}{2}(P_A+P_B)}{\frac{1}{2}(Q_A+Q_B)} \tag{8-4}$$

式中：Q_A、P_A、Q_B、P_B分别为对应于电力需求曲线上A、B两点的电力需求和电价的绝对量；$\Delta Q_d=Q_B-Q_A$，$\Delta P=P_B-P_A$。

（二）影响电价需求弹性的因素

通常情况下，决定电价需求弹性大小的因素有：①不同的用户及其用电设备，如居民照明用电、制造业用电相对缺乏弹性，而居民电采暖、冶炼业则富有弹性；②替代能源的价格，如天然气、石油、煤炭等电力的替代能源，如果它们的价格偏低则可在一定程度上替代电力；③用户电费占其总支出的比例，在全部总支出中占比例越大，电价需求弹性越大，反之越小；④时间的长短，随着时间的变化，许多因素的不确定性，使电价需求弹性发生变化。

二、电价变化对电力需求与供给产生的影响

（一）对电力需求产生的影响

电价对电力需求影响很大，特别是用户对电价的承受能力对电力需求的影响较大。对于工业用户，低耗电的普通工业用户电费占其成本的比例不大，其电价需求弹性小，电价上下浮动，不会对这部分用户的用电量带来多大影响；高耗电工业，特别是一些金属冶炼业、化工业，电费占其成本的比例超过10%，甚至达到30%左右，它们对电价的承受能力低，即电价需求弹性大，但如果这些用户的产品价格随电价上涨而相应提高，则其用电量不会受大的影响。

电价需求弹性对峰谷期用电量的影响较大，对平期影响不大。实行分时峰谷电价对一班制企业影响不大，对三班制企业影响较大；对居民照明、电炊、娱乐用电等影响不大，但对电采暖、电热水器影响较大，这两种电器会转向谷期用电。

城市居民对电价敏感度低，承受力相对较强，城市居民人均生活用电量相比农村要高出很多，但各地区有差别；农村居民对电价敏感度高，承受能力弱，应该说，农村居民生活用

电量上升空间还很大，根本在于收入的提高幅度与电价水平的合理性。

（二）对电力供给产生的影响

与电价需求弹性类似，电价供给弹性是指电能价格的相对变动所引起电力供给量的相对变动，即其供给量的变化率与价格变化率之比。前述电价需求弹性的种类、计算和某些性质，同样适用于电价供给弹性。但电价供给弹性一般为正值，即电力供给量与电力市场价格正向变动，电价提高，会吸引更多资金投资电力工业，从而增加电力供给量；反之电价偏低，可能导致电力供给不足。

三、电价需求弹性案例分析——居民人均生活用电需求弹性分析

居民日常生活消费的电能是一种商品能源，其需求量受电价、可支配收入、替代能源价格等因素的影响和制约；同时，由于电力同其他资产的专用性高度相关（如冰箱购买后，同电力的关系可谓100%相关，其前提是使用冰箱），电力消费量的大小与家庭电器普及水平和电器使用的频率高低密切相关，这对分析居民生活用电的需求函数又增加了不确定因素。分析我国居民的生活用电需求函数时应考虑以下因素。

(1) 居民的收入水平。它是影响我国居民生活用电的主要因素。随着国民收入水平的提高，居民将偏重于更高水平的家庭电器消费，居民用电需求必将有较大增长。

(2) 电价。它也是影响居民生活用电水平的主要因素，居民家用电器投资以后，其利用程度的高低受制于电价高低，目前我国电价存在地区之间的差异，电价结构尚需调整，限制了电力在居民生活中的使用，引起的问题日益受到社会的重视。

(3) 相关替代能源（电力替代品）的价格。它也是影响电力需求的因素之一。由于我国不同地区生活能源差别显著，煤、天然气、其他能源消耗的比例不同；城乡用能结构的巨大差异；尤其是现阶段其他能源对部分居民生活用电缺乏替代性（如电炊与天然气）等原因，在研究全国居民人均生活用电需求函数时，应把相关替代能源并入随机因素中一并考察。

居民人均生活用电需求函数可以表示为

$$q_a = f(p_e, s, u) \tag{8-5}$$

式中：p_e 为单位电量（kWh）的价格；s 为人均年收入；u 为其他随机因素。

具体在测算 q_a 时，采用对数函数形式

$$\ln(q_a) = \alpha + \beta\ln(p_e) + \gamma\ln(s) + u \tag{8-6}$$

式中：α、β、γ 分别为居民人均生活用电需求函数中的有关变量的系数。

（一）居民生活用电需求函数的测算与统计检验

测算过程中涉及有关变量的说明和处理原则如下。

(1) 测算时采用的样本为2002—2018年的有关数据，计算时涉及计算基期年份为2002年。

(2) 人均居民收入变量采用全国居民人均可支配收入来度量，其值为城市居民家庭人均可支配收入和农村居民家庭人均可支配收入的加权均值。测算时，s 采用经济学意义上的可比较的人均可支配收入，即抛去通胀的影响，s=当期人均可支配收入/当期居民消费价格指数。

(3) 居民生活用电电价通过下列方法求得：从国家电网公司电价处得到2018年各电网的居民生活用电的目录电价，通过计算得出全国生活电价的平均水平作为2018年的居民生活电价水平，鉴于其他年份电价信息不全，因此在计算样本范围内其他年份的电价时，采用2018电价和电力出厂价格指数来推算其他年份的电价，2018年以前以2018年为推算基年，如2017年电价=2018年电价/2018年电力出厂价格指数，在此基础上，p_e 采用经济电价，

即消去通胀影响后的电价。

（4）居民人均生活用电量是在全国居民生活用电量基础上，除以全国人口总量求得。

具体测算需求函数时采用经济计量学的有关回归分析理论，运用普通最小二乘法对有关系数进行测算。模型计算的源数据见表 8-1。数据计算的结果见表 8-2。

表 8-1　居民人均生活用电量模型计算中的源数据

年份	全国居民家庭人均可支配收入（元）	居民年人均生活用电量（kWh）	电力出厂价格指数（上年＝100）	电价（元/kWh）	居民消费价格总指数	经济价格（分/kWh）	实际人均可支配收入（元）	居民年人均生活用电量的自然对数	经济价格的自然对数	实际人均可支配收入的对数
2002	4531.6	138.3	100.8	0.3904	100	39.04	4531.6	4.929	3.6646	8.4188
2003	4946.6	159.7	100.9	0.3935	101.2	33.9	4887.9	5.0733	3.5235	8.5066
2004	5383.1	184.0	102.4	0.3970	105.14	41.74	5119.9	5.2149	3.7315	8.5912
2005	5964.4	221.3	104.2	0.4066	107.04	43.52	5572.1	5.3995	3.7733	8.6936
2006	6653.4	255.6	102.8	0.4237	108.65	46.04	6123.7	5.5436	3.8294	8.8029
2007	7538.3	308.3	102.2	0.4356	113.86	49.6	6620.8	5.7311	3.9039	8.9278
2008	8256.9	331.9	101.8	0.4452	120.58	53.68	6847.65	5.8048	3.983	9.0188
2009	9167.1	366.0	102.3	0.4532	119.72	54.26	7657.12	5.9026	3.9937	9.1236
2010	10121.1	383.1	102.0	0.4636	123.67	57.33	8183.96	5.9483	4.0489	9.2226
2011	11160.5	418.1	101.6	0.4729	130.33	61.63	8563.3	6.0357	4.1212	9.3205
2012	12342.4	460.4	103.7	0.5209	133.73	69.66	9229.3	6.1321	4.2436	9.4210
2013	13341.6	515.0	100.2	0.5402	137.21	74.12	9723.5	6.2442	4.3057	9.4989
2014	14406.2	526.0	100.2	0.5413	139.95	75.75	10293.8	6.2653	4.3275	9.5757
2015	15474.6	551.7	98.7	0.5424	142.91	77.51	10828.2	6.313	4.3505	9.6402
2016	16452.3	610.8	96.9	0.5353	144.75	77.48	11366.0	6.4148	4.35	9.7085
2017	17657.2	654.3	99.3	0.5187	147.06	76.28	12006.8	6.4836	4.3344	9.7792
2018	18798.3	—	99.0	0.5135	150.15	77.1	12519.7	—	4.3451	9.8416

注　表中数据来自历年《中国统计年鉴》《中国能源统计年鉴》《中国电力年鉴》。

表 8-2　居民人均生活用电量模型计算结果表（括号内为 t 检验值）

参数名称	参数结果
α 估计值	−4.146（−4.956）
β 估计值（价格系数）	−0.038（−0.086）
γ 估计值（收入系数）	1.109（4.023）
R^2（可决系数）	0.977
R^2（调整后的可决系数）	0.974
r（复相关系数）	0.989

（二）回归结果的经济意义

1. 经济学对需求弹性的定义

对式（8-6）中电价与收入两个自变量求偏导，可得

$$\beta=\frac{\partial q_a/q_a}{\partial p_e/p_e}$$

$$\gamma=\frac{\partial q_a/q_a}{\partial s/s}$$

可知β、γ分别为人均生活用电量的价格（电价）弹性与收入（全国居民家庭人均实际可支配收入）弹性。

2. 居民生活用电需求弹性的特点及算例结果的意义

尽管存在争议，但国外学者在具体测算生活用电需求时，有以下共识：①由于一些国家电力市场形成较早，调节用电手段非常丰富（经济手段）（如电价体系多样化，不同用电量不同电价、分时电价、峰谷电价等），加上自20世纪80年代以来，为缓解能源危机的冲击，各种DSM项目的实施出现不同的优惠电价，一方面加大了对居民生活用电的调剂，另一方面加大了使经济学者对采用的电价产生更大的异议，经济学者本身对“边际”的重视，形成了研究文献里对电价的争论；②尽管存在对电价弹性测算的差异，但大多数学者对电价的弹性应为负值还是持肯定态度的，并对实证测算用电函数的作用（体现在调控电量、政策建议、用电预测等）持肯定态度。

通过运用对数模型对我国2002—2018年居民人均生活用电函数的测算可以看出：电价的系数得出负值，说明居民用电对电价呈负相关，符合经济学的先验性假设（通常假定价格的系数为负值）；对数模型得出2002—2018年的电价弹性为－0.038，说明电价对居民的生活用电需求的影响是比较显著的，居民对价格的反映是敏感的，由于我们在模型中采用的是以国家发改委公布的目录电价，估计测算的电价弹性可能偏小（绝对值）。通过运用对数模型测算得到居民用电需求对居民可支配收入的弹性为1.109，同国外学者测算的发达国家的结果比较接近，国外测算值一般围绕在1左右，我国居民的收入也在逐年增加，电器耗电量升高。随着我国居民收入的增长，按恩格尔定律，居民在满足日常日用品需求后，必将对家用电器甚至奢侈品的需求加大，这部分产品的收入弹性应是增大的，将提高居民对电力的需求。通过我们的测算，可以说明，电力对居民来讲还是一种富有弹性（价格）的正常品，改革开放以来，我国社会正进行着巨大的体制转变，电力体制也在发生着变化，长期制约居民用电水平的制度因素（以前对生活用电的牺牲来换取企业的正常运转）慢慢地被打破，长期被积压的消费欲望得以释放；同时，能源消费的学习效用随社会流动性的加强而不断扩散，使我国居民的电力消费呈现非常快的增长趋势，造成我国居民的用电收入弹性较发达国家偏大。随着我国现代化步伐的加快，居民对各种电器的消费必将加大，必然要求有更多的电力来满足需求。

第三节　需求侧管理

一、需求侧管理的含义

电力需求侧管理（Demand Side Management）简称DSM。需求侧管理是20世纪70年代美国环境保护基金会最先提出的概念，并进一步实行了“电力需求侧管理”计划，把电力需求侧管理技术引入能源规划中，即把需求侧减少电能消耗量和降低高峰电力负荷需求量，也视为一种“新的资源”来参与电力规划统筹研究。不局限于发电资源侧，同时兼顾电力需求侧统筹规划的新方法称为综合资源规划（Integrated Resource Planning），简称IRP。因此

DSM和IRP一样具有以下基本观点。

(1) 改变了传统的资源观念，把节电作为资源与供电侧置于同等地位参与规划，目的是最经济、有效地利用电力资源。

(2) 改变了传统的规划模式，把综合经济效益置于突出地位，以成本效益为准则，以社会效益为主要评价标准，注意协调供、需双方的贡献和利益，达到改善社会整体环境的目的。

(3) 把终端节电的实施作为一个重要的规划领域。把节电的落脚点放置在终端的具体用能技术设备上，关注的是实实在在的节能节电活动，防止规划与实施脱节。

二、需求侧管理的运营特点

需求侧管理是管理方式的一种变革。

(1) 需求侧管理非常强调在提高用电效率的基础上取得直接的经济效益。需求侧管理是一种运营活动，它既追求效率，又追求效益。任何一项节电措施，都要给社会、电力公司和用户带来经济效益，使电力公司和用户都有利可图。电力公司在运营过程中，在获得允许节电收益的前提下，要采取以鼓励为主的市场手段推动用户主动节能节电。

(2) 需求侧管理也非常强调建立电力公司与用户之间的伙伴关系，改变过去用户对电能使用无选择余地的求助地位。电力公司要调动用户节电的主动性。需求侧管理要求电力公司和用户间建立融洽的合作感情，在供电和用电效益上共同承担风险，共同争得利益。

(3) 需求侧管理还非常强调基于用户利益基础上的能源服务。电力公司必须树立优质能源服务观点，摒弃以不顾用户承受能力和经济利益强行限电去减少用电需求的做法。更多的是鼓励采用科学的管理方法和先进的技术手段，促使用户主动改变消费行为和用电方式，提高用电效率和减少电力需求，做到既提高电网运行的经济性，又节省用户的电费支出。

三、需求侧管理的内容

需求侧管理包括负荷管理、新用电服务项目、战略性节能、电气化、用户自备电站和用电市场调整等内容。

需求侧管理只包括那些为改变负荷形状电力公司有意介入用电市场的活动。因此，用户自身由于认识到节能的重要而购买高效电器之类活动不属于需求侧管理。而电力公司通过经济刺激或广告宣传促使用户购买高效电器属于需求侧管理。虽然用电模式的改变来自用户自身或来自公司的促进很难区分，然而这个区分是重要的。

需求侧管理目前在美国已超出节能和负荷管理内容，它还包括扩大用电市场等内容。因此它也适用于备用容量富裕的公司。

电力公司制定和实施需求侧管理时要考虑如何鼓励用户参加需求侧管理规划，与用户建立良好伙伴关系。在需求侧管理中提供一个用户可以自行控制电力费用的机会。

对于负荷增长快的电力公司，实施负荷管理和战略节能能够有效减少或推迟新机组的建设。对于高备用或负荷率低的公司，扩大用电市场能够改善负荷特性和优化备用容量。同时，由于负荷形状的改善也可以调整各机组的经济负荷，因此可减少系统运行成本。我国电力需求侧管理措施主要包括：①利用价格机制，包括峰谷分时电价、季节性电价、可中断电价；②直接负荷控制；③激励措施（改变考核奖励办法）；④蓄能工程；⑤电力需求侧管理的宣传；⑥错峰；⑦电力交换；⑧让电；⑨轮休；⑩用电企业节能设备技术改造。

对于用户，需求侧管理中的成本控制/用户选择功能使用户有能力控制每月电力费用。

成本控制/用户选择功能可以使用户了解公司如何关注电力成本上升，可以为用户提供控制电费的方法。另外，实施需求侧管理还能使得公司扩大用电服务市场，提高用电服务质量。

电力公司实施需求侧管理的全部工作内容包括对各种可行的技术措施进行评估，对选定的方案进行规划并实施和监督等。需求侧管理措施的评估和规划必须放到整个电力规划工作中。不同的公司应根据实际情况选择合适的需求侧管理措施。影响需求侧管理措施选择的主要因素有：公司目前装机构成，估计负荷增长率，装机计划，负荷率，平均日和极端日的负荷形状，政策法规和系统备用容量等。另外，需求侧管理措施实施成功与否还取决于公司促进用户接受需求侧管理的努力是否成功。

四、需求侧管理的战略意义

电力公司通过实施需求侧管理的若干措施可以使用户在特定的时间（某年、某季节或某日）增加或减少负荷。而需求侧管理的具体实施方式取决于公司、它的用户以及技术措施本身的具体特性。

有些情形下人们只注重某项需求侧管理措施对供应侧装机计划的影响的评估，而很少探讨这项需求侧管理措施是怎样选定的。评估和选择需求侧管理措施的合理方法是将需求侧管理措施作为整个电力规划（计划）中备选方案的一部分，从整体进行评估和优选，实现电力公司、用户、全社会的资源优化配置，从而满足可持续发展的战略要求。公司需求侧管理计划目标确定在三个层次上进行：确定公司宏观目标，设置特定操作（实施）目标以及确定负荷形状改善的期望值。

公司计划的第一层次是确定整体宏观目标，这些目标通常包括改善现金流，增加盈利或改善公司与用户的关系。这些目标受法规约束。例如，必须为用户提供满足可靠性和质量要求的电力。

虽然宏观战略性目标对于指导公司长期计划是重要的，但是仍需要有第二层次目标，这一层次目标用于指导公司对具体工作进行管理。需求侧管理措施在这一层次进行检验和评估。例如，对某项需求侧管理措施投资进行评估和经济论证。通过实施某些需求侧管理措施，可以推迟新装机需求，以减少投资需求，改善公司财政状况。第二层次目标，即操作目标是基于电力系统结构、现金储备、运行环境以及竞争状况来确定的。在制定目标时考虑需求侧管理措施是否有下列效果：减少短缺燃料需求，推迟或减少装机投资，控制电力成本水平，增加收入或售电量，使用户能控制每月电力费用，分散投资以减少投资风险，增加运行灵活性和系统可靠性，通过改善机组负荷特性减少单位成本，满足政策法规要求，减轻环境污染，改善公司形象。根据公司第二层次目标，可以确定期望改善负荷形状的内容，也就是第三层次目标。通常改变负荷形状包括：削峰、填谷、负荷移动、战略性节能、增加负荷需求及可调负荷形状。电力公司通常采用以上几类措施的组合来改善负荷形状。在公司计划中需求侧管理的作用看上去是模糊的，然而它确实为公司计划增加了新的可选方案。在公司计划中考虑改变用户负荷形状，这一全新思路将改变传统的电力供给侧计划模式和体制。

实施需求侧管理，仅仅是改善了用户负荷模式，它能否达到规划目标？改变需求模式对公司是有利的，这一点已被许多行业证明。例如，在美国电话业通过夜间优惠来鼓励用户，在非商业高峰期多使用电话，即改变需求模式。民航业、影剧院等均是如此。这些例子都是通过鼓励改变需求模式来有效利用资源，并从中得利。通过实施需求侧管理，改善负荷形状来降低电力成本主要表现在下列三方面：①新装机需求和短缺性燃料需求减少；②现有的和计划的机组利用率提高；③现有的和计划的机组更高效经济运行。

通过实施若干需求侧管理措施可以显著降低峰荷容量需求和电量需求，减少短缺燃料需求。通过鼓励负荷增加规划（需求侧管理规划中的一种），如在美国，鼓励使用附加热泵的规划，可以提高机组利用率。实施这些规划虽然增加了总成本（燃料成本），但减少了单位成本。实施需求侧管理措施改善了负荷形状，使得机组高效运行，降低了运行成本。

五、需求侧管理对电力供需的影响

实施需求侧管理可以改善负荷形状，然而并不是负荷形状改善都来自需求侧管理。用户组成的变化，新工业用户、新工艺的出现，居民和商业用电终端的增加都可能使负荷形状变化，因此区分自然发生和需求侧管理对负荷形状的影响是重要的。居民生活用电需求受居民用电设备购买决策和设备使用水平的影响。同样，工业和商业用电终端种类和利用率也影响它们的负荷需求。通过对居民用电设备购买及用电行为预测，能估计居民负荷需求。设备购买和用电行为受多种因素影响，包括：①电价和与其竞争的燃料价格；②收入、年龄和受教育程度等人口统计学指标；③设备特性（饱和度、利用率、成本和寿命）；④行为因素；⑤公司鼓励效果；⑥法定标准。

当实施了需求侧管理措施后，每个用户的负荷需求变化来自两方面因素：①现有设备用电模式变化了，或者说用电行为变化了（如在公司鼓励下安装了定时温控器等）；②用电终端技术和运行特性变化了（如用热泵替代电热炉等）。这两个因素会同时起作用。系统负荷需求变化是每个用户负荷变化的累加，再加上新用户的负荷。虽然上述两因素都会引起负荷需求变化，但是区分两者对负荷作用是重要的。研究用电行为改变对负荷作用的重点是研究用户如何改变用电行为以及这种改变的持久性。因为在许多情形下用户不投资，这种行为改变可能不持久，最终又恢复原来用电行为模式。通过改进终端技术而引起负荷形状的改善取决于改善的设备特性和运行水平。因此，负荷形状的改善是持久的和可预测的。关键的问题是用户对需求侧管理措施的接受程度如何。不同的需求侧管理措施对负荷形状有不同的作用。

各种需求侧管理措施相互影响使预测负荷需求变化比较困难，通常需求侧管理规划处于整个系统规划中。例如，实施热泵措施不仅影响热负荷，而且影响冷却负荷。而且如果热泵规划与气候化规划结合，对于同时参加这两个规划的用户将减少能源需求。同样，如果接受空调器循环控制的用户又安装了一个智能温控器，那么实施空调器循环控制对负荷形状的作用将受智能温控器的影响。因为这种温控器可感知空调负荷的中断时间，事先自动降低室温。因此在预测需求侧管理对负荷形状的作用时必须注意交叉影响。

如同系统负荷特性一样，需求侧管理措施对负荷形状的作用是动态的，是随时间变化的。不能认识和考虑这个问题将使未来电力供给出现严重问题。例如，对于制冷负荷直接控制，其控制量在整个计划期内将发生变化。例如，在美国，一方面集中式空调用户仍在增加，假定参加直接负荷控制的用户比例相同，因此总控制量增加；另一方面用户正用高效空调替代低效空调，假定控制量相同，那么由于新空调器能耗降低，将减少负荷控制的作用。这两个相反趋势的净效果如何取决于服务区的特定状况，然而重要的是负荷形状是动态的，在计划期内是变化的。

总的来说，需求侧管理能够改善电力供给状况，一些需求侧管理措施可以推迟装机；通过采用一些激励措施，刺激用户使其朝着电力公司所期望的目标改变（电力需求量、需求方式与需求时间等）。

参 考 文 献

[1] 牛东晓，曹树华，卢建昌，等. 电力负荷预测技术及其应用 [M]. 北京：中国电力出版社，2009.
[2] 肖国泉，王春，张福伟. 电力负荷预测 [M]. 北京：中国电力出版社，2001.
[3] 张福伟，谭忠富. 社会发展对电能消费的定最分析 [J]. 中国电力，2005 (9).
[4] 赵希正. 中国电力负荷特性分析与预测 [M]. 北京：中国电力出版社，2002.
[5] 宋守信. 电力市场机制 [M]. 北京：中国电力出版社，2002.
[6] 周晖. 电力市场分析与预测 [M]. 北京：清华大学出版社，2011.
[7] 牛文琪. 电力市场概论 [M]. 北京：中国电力出版社，2017.
[8] 汪寿阳，郑桂环，张珣. 宏观经济预测方法应用与预测系统 [M]. 北京：科学出版社，2018.
[9] 牛东晓，李顺昕，汲国强. 重点用能行业电力需求预测 [M]. 北京：中国电力出版社，2019.
[10] 蒋惠凤. 中长期电力负荷预测技术与应用 [M]. 南京：东南大学出版社，2016.
[11] 陈昊. 采用现代时间序列分析方法的电力负荷预测 [M]. 北京：中国电力出版社，2016.
[12] 鲍勤，汪寿阳. 经济分析与政策分析 [M]. 北京：科学出版社，2020.
[13] 李文溥. 走向经济新常态：2006—2016 年中国宏观经济预测与分析 [M]. 北京：人民出版社，2017.
[14] 孙壮志，全面建成小康社会，共享民生发展 [M]. 北京：社会科学文献出版社，2017.
[15] 潘瑞. 中国全面建设小康社会监测报告 [M]. 北京：社会科学文献出版社，2011.